KB069568

전문가 매뉴얼

COGNITIVE THERAPY

정신증을 이해하고 전문가가 되기 위한

조현인지치료

전임홍 · 이수영 · 선자연 · 송선미 · 백수연 · 이희영
조혜현 · 신경백 · 박종석 · 박지인 · 송윤영 · 안석균
공저

서 문

우리는 오랜 기간 '조현병이란 짐을 짊어지고 가는 사람들'의 눈으로 본 회복(recovery)과 전문가들의 일반적 목표인 관해(remission) 및 기능회복(functional recovery) 사이의 개념을 명료히 정리하지 못하였다. 우리는 일차적으로 증상의 소실, 좀 더 정확히는 양성 증상의 소실에 초점을 맞추고 있고 그것으로 모든 것이 해결될 것처럼 생각하던 시대를 지나, 1990년대 중반부터 기능의 회복에 과학적 관심을 갖기 시작했다. 이후 항정신병약물을 통해 증상의 관해를 추구하고, 정신사회적 치료를 통해 기능의 회복을 추구하는 것이 치료자의 역할이라고 정리하고 있다. 그러나 우리는 항정신병약물을 통해 증상이 관해되지 않는 경우, 항정신병약물치료로 대표되는 현재의 일반적인 정신과적 치료 시스템이 외적 통제위(external locus of control) 같은 조현병 환자의 심리적 특성과 충돌하는 경우가 있음을 경험하였다. 이는 새로운 치료적 접근이 필요함을 의미한다.

회복은 정신적 문제를 짐으로 짊어진 사람이 스스로 선택한 지역사회에서, 자신의 가능성에 도전하면서, 의미 있는 인생을 살아갈 수 있도록 해주는 치유와 변화의 여정이다. 이는 모든 인간의 숭고한 삶의 여정을 그들도 똑같이 밟고 있는 것이고, 단지 우리 모두가 지고 있는 짐과 달리 조현병이란 무거운 짐을 지고 있을 뿐이란 점을 명확히 해준다. 이 관점에서 보면 항정신병약물은 환자가 자신의 인생 목표를 향해 나아가는 데 걸림돌을 제거하기 위해 증상을 조절하는 것이고, 정신사회적 치료는 회복에 이르는 여정 자체에 초점을 맞추어 재편된다.

우리는 이 야심찬 새로운 패러다임을 오래전부터 밟아오고 있는 세브란스병원의 정신사회적 치료 프로그램인 '포도나무'의 뜻과 경험을 이어 받고, 1997년 이후 과학적 기반에서의 정신사회적 치료를 추구한 '통합심리치료'와 '통합재활치료'의

성과를 기반으로 하여 2007년부터 'GRAPE(Green program for Recognition and Prevention of Early psychosis)' 프로젝트를 시작하였다. GRAPE 프로젝트는 단계-특이성(phase-specificity), 과학적인 기반, 인본적인 접근을 핵심 단어로 하고 있다. 프로젝트의 첫 번째 성과물로 정신증 고위험군을 대상으로 한『GRAPE 인지치료』를 2010년도에 내놓았고, 이번에는 정신병적 수준의 증상을 보이는 조현병을 비롯한 정신증 환자를 대상으로 한 '조현인지치료' 를 정신증 환자들에게 전하는 우리의 메시지와 함께 내놓게 되었다. 이 메시지는 청년 워크북에 '함께 이해하고 작업을 하기에 앞서 드리는 말씀' 이란 제목으로 서문 대신 들어 있고, 전문가 매뉴얼인 이 책에는 서문에 연이어서 제시하였다.

우리는 1년여의 기간 동안 매주 모여 정신증의 인지치료 모델에 대해 공부하였다. 우선은 '노멀라이제이션(normalization)' 과 '탄력성(resilience)' 을 공부하였고, 그다음으로 '섣부른 결론 편향(jumping to conclusion bias)' '사고의 유연성 저하(thought inflexibility)' '다른 사람의 상황 헤아리기(theory of mind)' '출처 점검(source monitoring)' '귀인 편향(attribution bias)', 그리고 '자기 경험 손상(self experience disturbance)' 순으로 공부를 하였다. '노멀라이제이션' 과 '탄력성' 은 이 책의 '제3장 정신증의 인지 모델 이해하기' 와 '제4장 재앙화 사고에서 벗어나기' 의 핵심 개념이다. '섣부른 결론 편향' '사고의 유연성 저하' '다른 사람의 상황 헤아리기' '귀인 편향' 과 '자기 경험 손상' 은 '제6장 망상을 이해하고 극복하기' 와 '제8장 특이한 경험을 이해하고 극복하기' 의 핵심 개념이며, '출처 점검' 은 '제7장 목소리를 이해하고 극복하기' 의 핵심 개념이다. 이는 모두 영국의 A. P. Morrison, D. G. Kingdon, D. Turkington, R. P. Bentall 및 C. D. Frith가 제시한 개념으로, 매우 과학적으로 망상과 환청의 심리적 기전을 제시한 것이다. 우리는 이들로부터 지대한 영향을 받았다.

익힌 이 개념을 실제 인지치료에 적용하는 1년 동안 우리는 증상에 대한 치료 효과를 경험하게 되었다. 치료 프로그램을 개발하고 널리 보급하자는 당초 GRAPE 프로젝트의 목적에 따라 매우 구조화된 형태로 전문가용 매뉴얼과 환자용 워크북을 만들기로 하였다. 이후 1년의 기간에 걸쳐서 전임홍과 선자연이 거의 모든 장을 새롭게 구성하고 조직화하였으며, 이를 이슬비, 박천일, 장수아, 방민지가 실행에 옮기고 피드백해 주었다. 이 경험을 통해 우리는 이 인지치료가 정신증 환자에게 작동하고 있다는 것을 다시 확인할 수 있었고, 정신증에 대한 총괄적 프로그램 내에서의 위치에 대해 정리할 수 있었다. 즉, 항정신병약물에 의해 양성 증상이 관해되는 (주로 첫 발병) 정신증 환자에게는 이 인지치료가 정신증적 경험을 함으로써 자신을 더 잘 이해하고 통합할 수 있게 하는 기회가 될 것이며, 약물에 대한 반응이 미미한 급성 혹은 만성 정신증 환자에게는 증상 경감 자체를 표적으로 하여 이용할 수 있을 것이다. 물론 전자를 위해서는 정신증적 경험이라는 외상 이후의 안녕(wellness)에 대한 별도의 프로그램이 필요할 것이다.

우리는 이 인지치료를 '조현인지치료' 라 부르기로 하였다. '조현' 은 현학기를 조율해 '조화로운 음률' 을 만드는 것처럼 조율한다는 뜻이면서 동시에 인간이 '상호 감응' 한다는 의미다. '조현인지치료' 를 통해 조율과 감응을 꾀할 수 있다고 생각했으며, 이는 정신분열증을 조현병으로 개명하는 취지를 그대로 따른 것이다.

조현인지치료를 개발하면서, 우리는 몇 가지 연구를 병행한 결과 신경인지기능 및 사회인지기능(마음 이론)이 귀인 편향(위협지각)과 표정 정서 인식의 변산에 대한 설명력을 갖는다는 것을 알게 되었다. 이는 정신증적 증상의 발생에 대한 심리적 기전인 위의 핵심 개념에 대한 우리의 이해와 추론을 검증할 수 있게 해주었고, 그 결과는 조현인지치료의 개발 과정에 통합되었다. 그리고 조현병의 좀 더 근원적인 문제인 자기 경험 손상에 대해 새로운 연구 및 치료 프로그램 개발의 아이디어를 도출할 수 있게 되었다. 향후 별도의 심층적이고 체계적이며 창의적인 치료개입 프로그램 개발이 필요하다고 생각된다. 향후의 이 과정은 근본적으로는 환원론자인 우리에게 정신사회적 접근을 통한 경험을 신경과학으로 또한 그 역으로도 중개하는 중요한 계기가 될 것이다.

우리는 지난 3년여간의 노력의 성과물인 『조현인지치료』의 출판을 맡아 주신 학지사 김진환 사장님께 감사드린다. 정신의학과 심리학 분야의 발전을 위해 기꺼이 한 축을 담당하시는 분이란 것을 느낄 수 있다.

저자들(전임홍, 이수영, 선자연, 송선미, 백수연, 이희영, 조혜현, 신경백, 박종석, 박지인, 송윤영, 안석균)은 정신과의사, 간호사, 임상심리사 등 각자 전공 분야도 다르고 임상 경험에서도 차이가 있지만, 모두 정신증 환자에 대한 체계적이고 구조화된 인지치료 매뉴얼을 개발 보급하는 것이 필요한 일이라 생각했고, 그 뜻을 모아 이 작업을 지속할 수 있었다. 이 경험은 우리 모두에게 즐거운 경험이었고, 또 소중한 이

기회에 참여할 수 있게 해준 서로에게 진심으로 감사할 수 있었다. 특히 전임홍은 위의 과정을 겪으면서 조현병 환우들에게 있어 진정 필요한 치료가 무엇인지에 대해 다시 한 번 생각해 보게 되었고, 스스로 치료자로서의 자신감을 키워 나갈 수 있었다. 이 책은 특히 '1%의 호전 가능성이 있다면 무슨 노력이라도 할 수 있다.' 라는 진실되고 고귀한 마음을 갖고 있지만, 막상 조현병 환우에게 실제적으로 어떤 도움을 줄 수 있을지 고민하고 망설였던 전문가에게 큰 도움이 될 수 있을 것으로 생각한다. 선자연은 임상현장에서 정신증의 증상을 경험하는 사람들을 휴머니즘에 기초하여 이해하고, 그들의 삶과 함께 호흡하며 같이 걸어가는 치료자가 되고 싶다는 소망을 품고 있었다. 그러한 바람을 이번 조현인지치료 개발에 참여하면서 실제로 고민하고 도전하며 그 결과물로 구체화할 수 있어 즐거웠다. 좀 더 환자들의 입장에서 바라보고 돕고 싶은 마음으로 현실적인 방법과 방향을 고민하고 있는 많은 치료자들에게 이 책이 반가운 소식이 되길 바란다. 안석균은 위의 과정을 겪으면서 이만홍 교수님이 던져준 세시스(thesis)인 회복(recovery)에 대해 머릿속에 좀 더 명확한 개념을 잡게 되었고, 나아가 사회인지편향과 신경인지결핍이 대척점에 있다기보다는 결핍이 편향의 뿌리가 되고 밀접이 상호작용하고 있다는 생각을 하게 되었다. 이런 즐거움을 통해 다시 만남을 기쁘게 맞이할 수 있었고, 뜻과 힘을 모아 새로운 세상을 준비할 수 있게 되었다.

2013년 1월

동료 저자들을 대표하여

전임홍, 선자연, 안석균 드림

함께 이해하고 작업을 하기에 앞서 드리는 말씀

여러분은 주변 일들이 이전과 다르게 받아들여지거나, 평소 하지 않던 생각을 하거나, 혹은 낯선 목소리 같은 것이 들리는 경험을 했던 적이 있을 것입니다. 그리고 그 경험으로 인해 힘들었을 것입니다. 이런 문제로 여러분 스스로뿐만 아니라 여러분의 가족, 친구 등이 걱정하게 되었을 것입니다. 우리는 여러분이 이 경험을 올바르게 바라보고, 이해하며, 대처해 나가서 고통을 줄일 뿐만 아니라 삶의 통합을 추구할 수 있도록 도와드리려 합니다.

최근에 여러분은 어떤 이유로 평소보다 더 많은 스트레스를 받거나, 불면증 같은 것이 생겼을 수 있습니다. 또는 평소보다 술을 더 많이 마신다든지, 인터넷 게임에 몰두한다든지 했을 수도 있습니다. 또 친구들과의 관계가 어려웠을 수도 있습니다. 잠이 부족한 상태에서 스트레스까지 겹치거나 이전과 달리 친구들과의 관계가 소원해지면, 평소 하던 대로 생각하고 느끼고 주변과 관계를 맺는 게 힘들어집니다. 사회적으로 고립되고, 방황하고, 혼란스럽고, 착각을 하게 됩니다. 점점 주변 사람들의 사소한 말이나 행동까지도 어떤 위협적인 의미가 있는 듯이 느껴지고, 의심이 들고 낯선 목소리를 듣게 됩니다. 이로 인해 여러분의 자존감에 많은 상처가 남았을 것입니다.

어떤 분들은 이 경험이 나쁘지 않은 것이고, 대수롭지 않아서 굳이 얘기할 필요가 없다고 느낄 수도 있습니다. 때로 이 경험이 실제로 무엇인지 확신할 수는 없지만, 그다지 '힘들지 않다.' 고 느낄 수도 있습니다. 그러나 이 경험은 여러분의 친구 관계, 학업이나 직장 생활 같은 일상에 영향을 줄 수 있습니다.

다른 어떤 분들은 이 경험이 자주 일어나고 이로 인해 고통스럽고, 잠을 더 못 자게 되고, 혼란스럽고, 자신의 정체성을 잃어버리는 듯하고, 자신이 점점 '미쳐가는 것이 아닐까?' 라고 생각하기도 합니다. 이 때문에 여러분의 생각과 행동이 제한을 받게 되며 친구관계, 학업, 직장 생활 같은 일상에 커다란 영향을 주게 됩니다. 그러나 이에 대해 다른 사람에게 얘기하고 도와달라는 것이 여러 이유 때문에 어렵게 느껴질 수 있습니다.

이 경험은 시간이 흐르면서 저절로 없어질 수도 있습니다. 즉, 모든 것이 제자리로 돌아오고, 미래에는 이러한 일들이 다시 생기지 않을 수도 있는 것입니다. 그러나 안타깝게도 이 경험은 지속되고 점점 악화될 수도 있습니다.

지금은 이 경험을 그냥 놓아두거나, 이 경험의 포로가 될 때가 아닙니다. 직접 부딪쳐 볼 때입니다. 여러분의 이 경험은 실상 '나만 하는 것이 아니라 사람이면 누구든지 힘들 때 경험할 수 있다.' 는 것이 현재까지 알려진 가장 객관적인 사실입니다. 여러분은 잘못된 것이 아니라 세상을 다른 눈으로 바라볼 수 있는 강점을 가지고 있는 사람입니다.

우리는 이 경험이 어떤 맥락에서 생겨났는지 과학적으로 살펴보고, 또 이 경험이 조기에 해소되도록 도우며, 다시 생기지 않도록 혹은 그럴 가능성을 최소화하도록 여러분과 함께 노력해 나갈 것입니다. 이 노력의 하나로 '조현인지치료' 를 권유해 드립니다. 조현은 현학기를 조율해 '조화로운 음률' 을 만드는 것처럼 조율한다는 뜻이면서 동시에 인간이 '상호 감응' 한다는 의미입니다 '조현인지치료' 를 통해 조율과 감응을 꾀할 수 있다고 생각해서 붙여진 이름입니다. 이 책을 통해 고립, 방황, 혼란을 넘어 의심과 낯선 목소리로 인한 고통을 이겨내고, 하나의 통합된 삶을 추구하는 마음 안의 생각하는 힘을 가지시기 바랍니다.

2013년 1월

저자 일동

차 례

제9장 안전 행동과 행동 실험하기 203

제10장 음성 증상을 이해하고 극복하기 219

제11장 재발 방지와 프로그램 정리하기 249

COGNITIVE THERAPY

제1장

인지치료에 앞서

1. 나의 문제와 어려움 찾기
2. 나의 멋진 모습 찾기

이제부터 여러분은 자신이 가진 어려움을 여러 각도에서 치료자와 함께 탐색해 보고, 자신의 장점을 발견해 봄으로써 스스로를 더 잘 이해할 수 있는 기회를 갖게 될 것입니다. 이 회기는 '1. 나의 문제와 어려움 찾기' '2. 나의 멋진 모습 찾기'로 구성되어 있습니다.

치료자 tip......

면담하기에 앞서 부록 '1. 환자와 관계 맺기' 를 읽고, 정신증 환자와 면담할 때의 요령과 주의할 점에 대해 알아봅니다. 환자의 경우는 워크북의 부록에 실린 '1. 치료자와 관계 맺기' (이 책에는 278쪽에 있음)를 먼저 읽어 보도록 합니다. 부록의 내용을 잘 유념하셨다면 이제 다음 순서에 따라 세부 사항들을 환자에게 질문해 봅시다.

반드시 정해진 순서대로 질문을 할 필요는 없으며 환자가 이야기하고 싶은 것부터 말하도록 하면 됩니다. 하지만 환자의 얘기를 쭉 듣고 있다 보면 치료자도 가끔씩 해야 될 질문을 빠뜨리는 경우가 있는데, 비록 사소한 부분이라 할지라도 모든 분야에 대해서 필요한 정보를 모아 놓지 않으면 환자를 이해하는 데 어려움을 겪게 됩니다. 따라서 치료자는 어떤 분야에 대해 질문해야 하는지에 대한 밑그림을 머릿속에 그려 놓은 후에 면담을 시작하는 것이 좋습니다. 이번 회기는 최대 2~3번에 걸쳐 유동성 있게 진행하는 것이 좋습니다.

그러면 지금부터 차근차근 현재와 과거의 문제들을 알아보고, 가족 및 사회적 환경에 대한 평가, 물질 남용 및 위험도 평가, 발병 시점에 대한 조사, 그 밖의 내과적 문제도 알아보고, 숨겨진 나의 장점을 찾아보도록 하겠습니다.

1. 나의 문제와 어려움 찾기

1) 현재의 문제와 어려움

치료자 tip......

첫 질문은 중립적이고 무난한 것으로 해야 합니다. 또한 가족들로부터 환자의 증상에 대해 미리 알게 된 바가 있다고 하더라도 환자가 스스로 말하기 전에는 그 문제에 대한 언급을 먼저 하지 않는 것이 좋습니다.

(나쁜 질문의 예 1) 치료자: "무슨 문제로 오시게 되었습니까?" 환 자: "나는 문제가 없는데요."	(나쁜 질문의 예 2) 치료자: "우울해 보이시는데 안 좋은 일이 있었던 것 같군요." 환 자: "괜찮은데요, 제 표정이 원래 이런데요."
(나쁜 질문의 예 3) 치료자: "망상이 있었거나 환청이 들렸던 적이 있습니까?" 환 자: "나를 미쳤다고 생각하는 거요? 뭐 이런 사람이 다 있어."	(나쁜 질문의 예 4) 치료자: "가족들에게 듣기론 누가 환자분께서 의심이 많아졌다고 하시던데 사실입니까?" 환 자: "누가 그래요? 그 사람들이 뭘 안다고 그래요?"

첫 시간에는 환자와의 라포(rapport)가 아직 충분히 쌓이지 않은 상태이기 때문에 증상에 대해 직접적으로 질문하는 것이 어려울 수도 있습니다. 이런 경우 일상적인 대화를 먼저 해 보는 것도 도움이 될 수 있습니다.

(증상을 이끌어 낼 수 있는 일상적인 대화의 예 1)	(증상을 이끌어 낼 수 있는 일상적인 대화의 예 2)
치료자: "요새 밤에 잘 주무셨나요?" 환 자: "아니요, 잘 못 잤습니다." 치료자: "혹시 잠들려고 노력하는 사이에 무슨 일이 있었습니까?" 환 자: "네 자꾸 이상한 소리가 들려서."	치료자: "요새 식사는 잘하셨나요?" 환 자: "잘 못했어요." 치료자: "왜 그러셨나요?" 환 자: "아니 뭐, 입맛도 없고……귀찮아서요." (또는) 환 자: "그냥 먹으면 안 될 것 같아요. 누가 독을 탄 거 같기도 하고……."

현재 여러분의 문제와 어려움은 무엇인지 생각해 봅시다. 가급적 여러분이 처음에 표현한 그대로를 적어 보도록 합시다.

현재의 문제와 어려움

1. ______________________________

____

2. ______________________________

____

3. ______________________________

____

갑자기 현재의 문제나 어려움을 생각하기에 막막하고 잘 떠오르지 않을 수도 있습니다. 그렇다면 다음의 여러 가지 항목을 읽어 보면서 추가로 생각나는 것들이 있는지 알아봅시다.

1. 대인관계에 있어서 문제가 있나요? 있다면 어떤 것인가요?

____

2. 일상생활을 하는 데 있어서 문제가 있나요? 있다면 어떤 것인가요?

____

3. 직업활동을 하는 데 있어서 문제가 있나요? 있다면 어떤 것인가요?

____

4. 혼자 있을 때 다른 사람의 목소리를 들은 적이 있나요? 누구의 목소리였나요?

____

5. 남들은 보지 못하는 것을 본 적이 있나요? 무엇이었나요?

____

6. 누가 당신을 해칠 것 같다는 생각을 해 본 적이 있나요? 누구인가요?

____

7. 다른 사람들이 내 이야기를 하고 있다는 생각을 해 본 적이 있나요?

____

8. 최근 기분이 우울했던 적이 있나요? 무엇 때문이었나요?

____

9. 죽고 싶다는 생각을 해 본 적이 있나요? 자살을 계획하거나 시도한 적이 있나요?

____

10. 스스로 조절이 안 될 만큼 난폭한 말이나 행동을 한 적이 있나요? 왜 그랬나요?

____

11. 일에 집중이 안 되거나 기억력이 떨어지는 일이 있었나요? 왜 그랬나요?

____

치료자 tip ……

처음 환자에 대해 알아 갈 때, 치료자는 아직 정보가 부족하고 환자 역시 자신에 대한 얘기를 할 만큼 충분히 준비가 되지 않았을 수 있습니다. 환자가 아직 치료자가 충분히 믿을 만한 사람인지, 내 얘기를 귀담아들어 줄 만한 사람인지 판단이 서지 않아 얘기를 안 할 수도 있고, 단순히 기분이 나빠서 얘기를 안 할 수도 있습니다. 이럴 때는 환자가 면담에 묵묵부답으로 일관하거나 '예' '아니요' 같은 수동적인 대답만 하여 치료자가 어떤 질문을 해야 하고 어떻게 대화를 이끌어 나가야 할지 몰라 당황하게 되는 경우가 종종 생기곤 합니다. 이럴 때는 치료자가 환자에게 위와 같은 구체적인 질문을 하는 것이 더 수월할 수 있습니다.

앞의 질문으로 새로 알게 된 문제와 어려움을 정리하여 봅시다.

새로 알게 된 현재의 문제와 어려움

1. ______________________________

____

2. ______________________________

____

3. ______________________________

____

2) 과거의 문제와 어려움

과거의 문제들에 관한 정보를 얻을 때는 다음의 것들을 알아봅니다.

- 영 · 유아기의 성장과정: 걷기, 말하기, 대소변 가리기 등의 발달과정, 주 양육자와의 관계, 식이 및 배변 습관
- 초기 아동기, 학령기 전: 집안 분위기, 부모님과의 관계, 형제 및 친구와의 놀이
- 학령기와 사춘기: 교우관계, 성적, 선생님들과의 관계, 성에 대한 호기심과 경험
- 성인기: 직장에서의 대인관계, 애인 혹은 배우자와의 관계, 직업 관련 활동

워낙 어릴 때 일이라 기억이 나지 않는 것도 있고, 짧은 시간 내에 생각해 내기 어려운 것도 있을 것입니다. 또한 지금과 관계가 없어 보이는 옛날 얘기를 하는 것이 무의미하게 느껴질 수도 있습니다. 그러나 성장과정에서 경험했던 문제들과 대인관계 등은 성격을 형성하는 데 아주 중요한 영향을 끼쳤으며 또한 현재의 문제와도 관련이 있습니다. 다음의 '나의 자서전 쓰기' 를 작성해 보면서 이전까지의 나의 성장과정을 정리해 본다면 지금의 문제를 구조화하고 이를 목표로 삼는 데 유용할 것입니다.

나의 자서전 쓰기

1. 살아오면서 가장 행복했던 일 세 가지

① ______________________________

② ______________________________

③ ______________________________

2. 살아오면서 가장 불행했던 일 세 가지

① ______________________________

② ______________________________

③ ______________________________

3. 나의 어머니 이야기

① 나의 어머니의 특징(성격, 외모 등)

____

② '어머니' 에 대한 가장 첫 기억

____

③ '어머니' 와 나의 관계를 표현해 줄 수 있는 3개의 형용사와 단어

__________ __________ __________

4. 나의 아버지 이야기

① 나의 아버지의 특징(성격, 외모 등)

____

② '아버지' 에 대한 가장 첫 기억

③ '아버지' 와 나의 관계를 표현해 줄 수 있는 3개의 형용사와 단어

5. 나의 형제 이야기

① 나의 형제관계

② 형제의 특징(성격, 외모 등)

③ '형제(형, 오빠, 누나, 언니, 동생)' 하면 생각나는 단어

④ 각 형제에 대한 추억과 다투었던 일

6. 초등학교 생활 이야기

① 집안 분위기가 어땠나요? 집에서 벌과 규율은 엄격했나요?

② 선생님들에 대한 기억 중 가장 생각나는 일은 무엇인가요?

③ 친구들과의 관계는 어떠하였나요? 가장 추억에 남는 일은 무엇인가요?

④ 악몽이나 공포를 심하게 느낀 적은 없었나요?

⑤ 초등학교 때 부모님에게 바라던 것이 있다면?

⑥ 어릴 때 소원으로는 무엇이 있었나요?

7. 청소년기

① 공부할 때 힘든 점은 무엇이었나요?

② 부모님과 심하게 다투었던 적이 있나요?

③ 직업적으로 되고 싶었던 꿈이나 존경하는 사람이 있었나요?

④ 2차 성징을 겪으면서 걱정되었던 것 또는 궁금했던 것이 있나요?

⑤ 성에 대한 지식을 배울 기회가 있었나요? 누구로부터 어떻게 배웠나요?

8. 성인기

① 처음 취직하게 된 시기를 떠올려 봅시다. 그때 기분은 어땠나요? 주위의 반응은 어땠나요?

② 일할 때 어떤 점이 힘들었나요?

③ 동료들과 다투거나 관계가 서먹해졌던 일이 있었나요?

3) 가족의 가족력

가족에 관한 정보를 얻을 때는 우선 기본적으로 다음의 것들을 물어야 합니다.

- 부모, 형제자매가 있으신가요?
- 결혼을 하셨나요? 자녀가 있으신가요?
- 가족 중에 혹시 정신과를 다니는 사람이 있습니까?
- 현재 같이 살고 있는 가족들은 누구입니까?

위의 질문을 토대로 다음과 같은 가계도를 그려 봅시다.

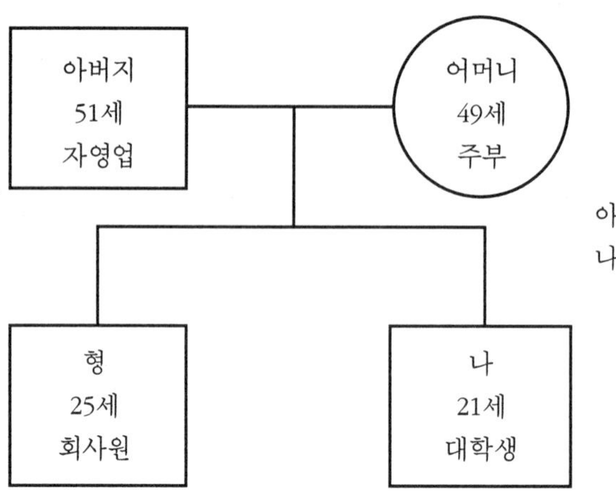

아버지와 어머니, 형은 함께 거주
나는 학교 앞에서 자취생활 중

나의 가계도

치료자 tip ......

가족 중에서 정신과를 다녀 본 적이 있거나 정신과 질환을 경험해 본 사람이 있다면 그 사람에 대한 환자의 생각을 물어볼 필요가 있습니다.

다음의 '가족의 자서전 쓰기' 를 작성해 보면서 가족들과 자신의 관계와 이로 인한 어려움이 있는지 생각해 봅시다.

가족의 자서전 쓰기

1. 우리 가족에게 가장 중요하고 영향을 많이 미쳤던 일 세 가지

① ______________________________

② ______________________________

③ ______________________________

2. 우리 가족끼리 지냈던 일 중 가장 재미있고 추억으로 남았던 일 세 가지

① ______________________________

② ______________________________

③ ______________________________

3. 할아버지, 할머니를 비롯해 우리 가족에게 가장 많은 영향을 미친 사람들

____

____

4. 가족 구성원들 사이에 서로 닮은 사람은 누구누구인가요? 어떤 점이 닮았나요?

____

____

5. 가족끼리 헤어져 지낸 적이 있나요? 이사는 몇 번이나 갔나요?

____

____

6. 자신이 가장 좋아하는 가족, 가장 싫어하는 가족은 누구인가요?

____

____

7. 결혼에 대한 생각은 무엇이고, 계획이 있나요?

____

____

8. 내 배우자로 삼고 싶은 이상형은 어떤 사람인가요?

____

____

4) 사회적 환경 평가

여러분이 자주 만나는 사람이 누구인지, 애인이나 배우자가 있는지, 직업이 있는지의 여부와 재정 상태, 취미에 대한 정보들도 함께 인지치료를 해 나가는 데 필요합니다. 여러분의 주요 관심사를 모르고는 치료의 진행이 어렵기 때문입니다. 다음은 우진이와 치료자가 나눈 대화의 한 예입니다.

치료자: "친구들을 얼마나 자주 만나는 편이세요?"

우 진: "학교에서 같이 수업 들을 때 만나는 거 빼면 따로 만나지는 않아요. 한 달에 한두 번 정도."

치료자: "혼자 지내는 게 외롭거나 하지는 않으세요? 친구들과 잘 어울리지 않는 이유가 있나요?"

우 진: "그냥요. 좀 부담스럽기도 하고."

치료자: "흠, 어떤 점이 좀 부담스러우신 건가요?"

우　진: "저에 대해 좀 수군거리는 거 같기도 하고."

치료자: "쉬는 날엔 주로 무엇을 하며 보내십니까?"

우　진: "집에서 TV를 보거나 인터넷 같은 거 주로 해요"

치료자: "집 안에서 주로 지내는 편이세요? 외출은 잘 안 하시고요?"

우　진: "네, 특별한 일이 없으면."

치료자: "외출을 하거나 다른 사람과 만나는 게 좀 부담스러우신가요?"

우　진: "사람들 많은 곳은 좀 부담스러워요, 이상하게 쳐다보고."

치료자 tip ……

위의 우진이와 치료자의 대화와 같이 대화를 나누어 봅시다. 이러한 대화를 통해 직접적으로 말하기 힘들어했던 사회적 고립이나 관계사고(주변에서 일어나는 관련 없는 일을 자신과 관련지어 생각하는 증상), 사회공포증, 나아가 망상적 믿음 등에 대한 정보를 얻을 수도 있습니다. 환자와 자주 만나는 친구와 가족, 동료들의 학력 수준이나 경제 수준을 아는 것도 도움이 될 수 있습니다. 환자에게서 얻은 정보로 충분치 않은 경우에는 가능하다면 환자의 친구나 주위 사람을 만나 직접 환자와의 관계에 대한 질문을 해 보는 것도 좋을 것입니다.

다음은 선영의 사회적 환경에 대한 관계도입니다.

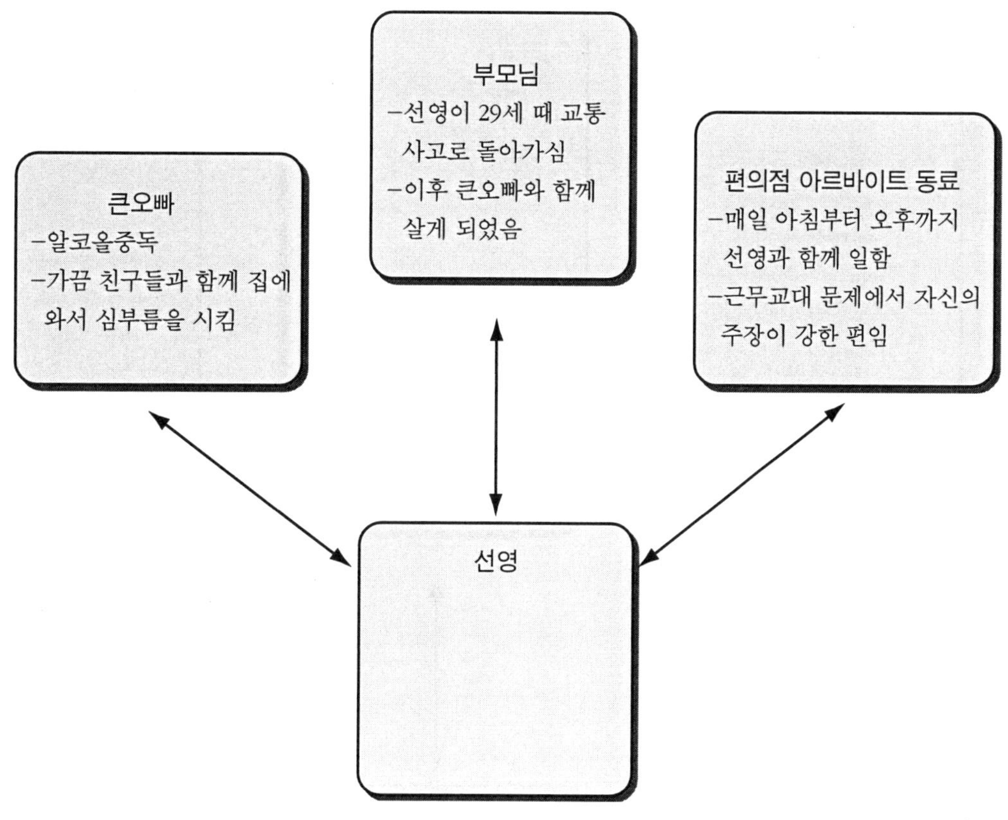

선영의 관계도를 참고로 하여 나의 사회적 환경에 대한 관계도를 작성해 봅시다.

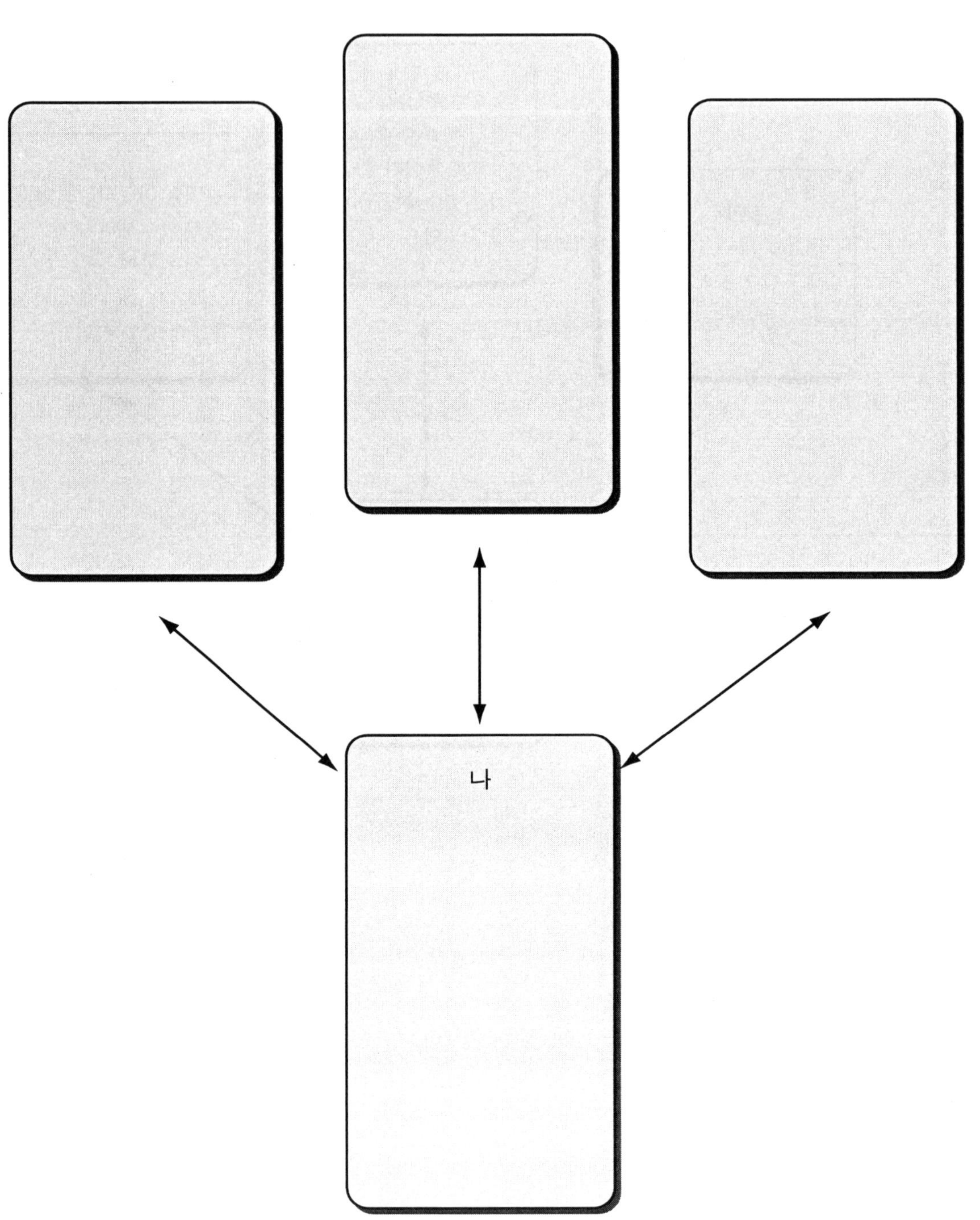

5) 물질 남용 평가

정신증 환자들 중에는 술, 담배, 기타 불법 약물들의 남용이 흔한 편입니다. 여러분의 물질 남용 정도가 남용 혹은 의존 수준인지 평가해 보아야 하며, 사용하는 양과 그것이 미치는 효과에 대해서도 알아보아야 합니다. 물질 남용은 현재 복용 중인 약의 혈중 농도에도 영향을 끼칠 수 있을 뿐만 아니라 충동성이나 기분 변화를 자극하여 사회 · 직업적 기능에 중대한 저해를 가져오기도 합니다. 따라서 이에 대한 자세한 정보는 무척 중요합니다.

치료자 tip ......

질문을 할 때 치료자의 표정이나 말투가 환자를 탓하는 식이라면 환자가 죄책감이나 반감을 느낄 수 있으니 유의해야 합니다. 또한 물질 남용 이유에 대해서도 환자의 측면에서 이해하려고 하는 노력이 있어야 환자와 상호 협력적인 관계를 맺을 수 있습니다.

알코올의 경우

1. 언제부터 술을 마시기 시작했습니까?

____

2. 주 몇 회나 술을 마십니까?

____

3. 어떤 종류의 술을 주로 마십니까? 한 번 마실 때 음주량은 얼마나 됩니까?

____

4. 식사는 하면서 술을 마십니까?

____

5. 누구와 함께 술을 마십니까?

____

6. 음주로 생긴 내과적 문제가 있습니까?

____

7. 음주로 생긴 다른 법적인 문제가 있습니까? (교통사고, 폭행 등)

___

니코틴 남용의 경우

1. 언제부터 담배를 피우기 시작했습니까?

___

2. 하루에 얼마나 담배를 피우십니까?

___

3. 끊으려는 시도를 한 적이 있습니까? 가장 오랫동안 끊어 본 기간은 얼마입니까?

___

4. 금연에 몇 번이나 실패하였습니까? 실패한 이유는 무엇입니까?

___

5. 담배를 계속 피우는 이유는 무엇입니까?

___

6. 흡연으로 인해 생긴 내과적 문제가 있습니까? (호흡기 질환 등)

___

기타 불법 약물의 남용이 의심되는 경우

1. 언제부터 불법 약물(대마초, 아편 등)을 하기 시작했습니까?

___

2. 어디서, 누구로부터 불법 약물을 구했습니까?

___

3. 불법 약물을 계속하게 되는 이유가 무엇입니까?

___

4. 불법 약물의 장점은 무엇입니까? 그 효과는 지속적입니까?

___

5. 불법 약물의 단점은 무엇입니까?

____

6. 불법 약물로 인해 생긴 문제가 있습니까? (내과적 문제 또는 법적인 문제)

____

치료자 tip ......

다음은 불법 약물의 남용 여부를 질문한 치료자가 환자와 한 대화입니다. 대마초나 아편 같은 불법 약물의 남용을 조사하는 것은 어렵고 부담스러울 수 있지만 환자의 상태를 파악하는 데 무척 중요한 일입니다.

치료자: "언제부터 대마초를 하게 되신 거죠?"
환　자: "어학 연수 다녀온 뒤부터요."
치료자: "어디서 구하셨습니까?"
환　자: "홍대나 강남 클럽 같은 데 많아요."
치료자: "대마초를 계속 하시게 되는 이유가 뭘까요?"
환　자: "너무 불안하고 힘드니까, 약을 하면 좀 안정이 되고요."
치료자: "마음이 편해지나요? 효과는 지속적입니까?"
환　자: "금방 다시 불안해져요. 그럼 또 찾게 되고, 돈이 필요하니까 또 아버지한테 거짓말하게 되고, 사고도 치게 되고 그래요."

약물의 남용은 여러분에게 스트레스를 유발하고, 경찰에 잡히게 하거나, 잡히지 않아도 불안감과 두려움 그리고 재정적인 어려움까지 줍니다. 어떤 이들은 약물이 일시적으로 불안감과 우울감을 해소시킬 수 있고 사회적인 압박감으로부터 벗어나는 데 효과가 있다고 얘기하지만, 대부분은 다시 우울감과 혼란을 주고 정신과적 증상을 악화시키는 악순환을 가져올 뿐입니다.

다음은 47세의 한 무역회사 과장의 예입니다.

47세 남자 환자(무역회사 과장)
하루에 소주 2병씩
일주일에 3번
대학생 때부터 마시기 시작
25년간 음주력
담배는 하루 한 갑, 술 마실때는 두 갑, 금연 시도해 본 적 없음

- 음주운전으로 인한 면허 취소 2차례
- 전날 음주로 인한 무단 결근 빈번, 감봉 조치 받았음
- 회사에서도 술문제에 대해 여러 사람들이 알고 있는 상태임
- 알코올성 간염으로 소화기내과, 만성기관지염으로 호흡기내과 진료를 받음

위의 예를 참고로 하여 나의 물질 사용과 이로 인한 영향에 대하여 작성해 봅시다.

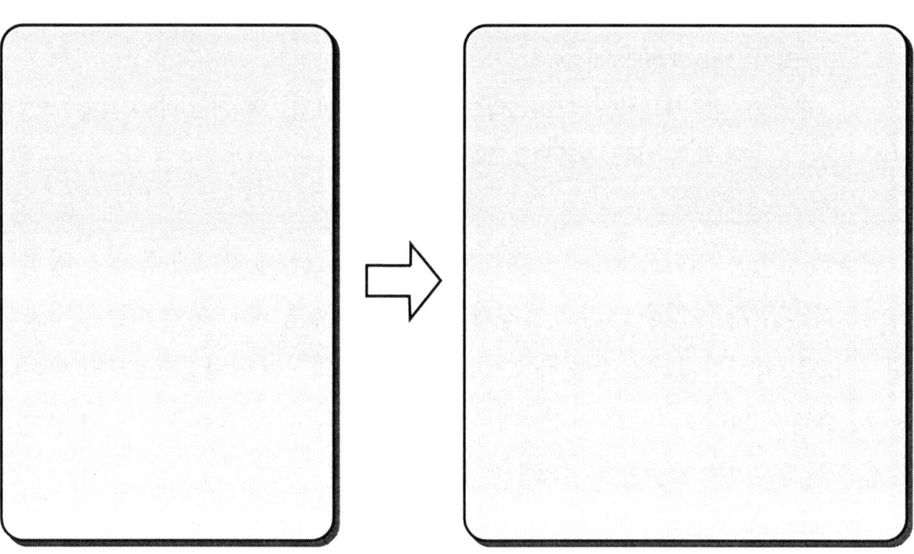

6) 발병 시점과 당시 환경에 관한 질문

치료자 tip……

(나쁜 질문의 예)	(좋은 질문의 예들)
치료자: "아프기 시작한 지 얼마나 되셨나요?" 환　자: "나는 아프지 않은데요."	치료자: "처음으로 힘들다고 느껴진 시기가 언제인가요?" 치료자: "처음으로 '무언가 잘못되었다' 혹은 '이상하다'고 느낀 시기가 언제인가요?" 치료자: "이런 문제에 대해 처음으로 다른 사람과 상의해 본 때가 언제인가요?"

정신과적 증상의 발병 시점과 그 시점을 전후하여 일어났던 일, 환경에 대해 이해하는 것은 아주 중요합니다. 문제가 생겼을 때 여러분이 어떻게 생각하고, 무엇을 느꼈으며, 어떠한 행동을 했는지 파악하고 이해하는 것은 치료자뿐만 아니라 여러분 스스로에게 어떻게 생각의 결론에 도달하고 행동하고 증상을 경험하는지 알 수 있게 해 주기 때문입니다.

①

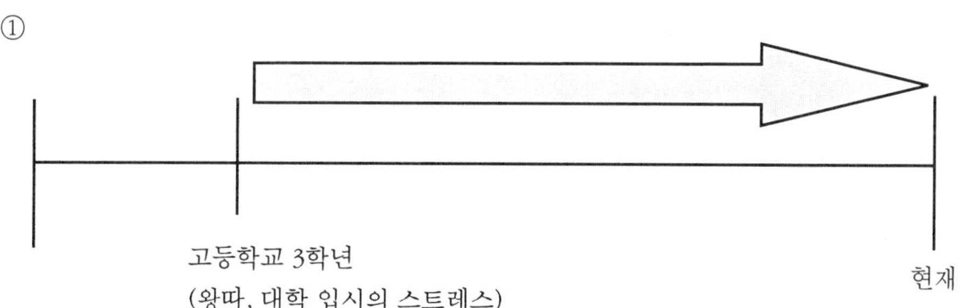

②

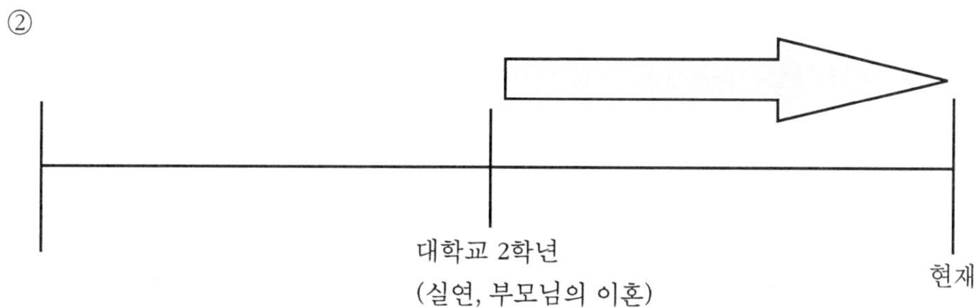

앞의 두 표처럼 여러분의 발병 시점을 체크해 두도록 합시다. 또한 그때 당시 있었던 문제에 대해서 간략하게 메모해 봅시다.

7) 위험도 평가

여러분이 우울감 및 자살사고가 있는지에 대해 주의 깊게 평가하여야 합니다. 다음에 제시된 척도들은 우울 증상, 자살사고 및 심각성, 충동성의 정도 등에 대하여 여러 세부 항목들을 점검하면서 평가해 나가는 것입니다. 척도를 작성하여 증상이 있는지, 있다면 어느 정도인지 확인해 봅시다.

- 벡 우울척도 점수 ______________________________

  (0~9점: 우울하지 않은 상태, 10~15점: 가벼운 우울 상태, 16~23점: 중한 우울 상태, 24~63점: 심한 우울 상태)

- 레이놀즈 자살사고척도 점수 ______________________________

  (62~76점: 자살생각을 많이 하는 편임, 77~90점: 자살생각을 상당히 많이 하는 편임, 91점 이상: 자살생각을 매우 많이 함)

(출처: 고려대학교 부설 행동과학연구소, 1999)

8) 그 밖의 내과적 문제

다음의 질환 중에서 여러분이 가진 내과적 질환이 있으면 체크하십시오.

여러분이 가진 타과적 질환에 대한 진단과 치료는 여러분의 정신과적 예후에도 영향을 미치며 치료자와 인지치료를 잘해 나가는 데 있어서도 중요한 일입니다.

간담도질환	□ 종류 □ 약 복용 및 치료 여부	뇌질환	□ 종류 □ 약 복용 및 치료 여부
위장관계 질환	□ 종류 □ 약 복용 및 치료 여부	골다공증	□ 종류 □ 약 복용 및 치료 여부
혈변/토혈/객혈	□ 종류 □ 약 복용 및 치료 여부	골절, 디스크	□ 종류 □ 약 복용 및 치료 여부
당뇨 및 내분비질환	□ 종류 □ 약 복용 및 치료 여부	혈액학적 질환	□ 종류 □ 약 복용 및 치료 여부
고혈압/심장질환	□ 종류 □ 약 복용 및 치료 여부	피부질환	□ 종류 □ 약 복용 및 치료 여부
폐렴/기관지염/결핵	□ 종류 □ 약 복용 및 치료 여부		

기타 ______________________________

여기까지 진행하였으면 이제 제5장의 집짓기를 위한 문제의 목록 만들기를 할 수 있습니다. 하지만 그 전에 위에서 체크한 것들 외에 더 얘기할 것이 있는지, 새로 기억이 난 것이 있는지 한 번 더 확인해서 정보에 추가하도록 합니다.

기타 나의 문제

2. 나의 멋진 모습 찾기

문제를 찾다 보니 자신을 '문제 덩어리' 라고 생각할 수 있겠지만 자신의 장점을 찾아보면 얼마든지 많습니다. 이번에는 여러분의 장점을 함께 찾아보도록 합시다. 자신감이란 '내가 가지고 있는 나' 에 대한 전반적인 의견을 말합니다. 나 자신에 대한 평가, 다른 사람들과 비교해서 내가 가지고 있는 가치들에 대해서 나 스스로가 어떻게 생각하는지를 말합니다. 따라서 자신감은 실제로 내가 가지고 있는 능력, 현실이라기보다는 내가 스스로를 어떻게 평가하는지에 더욱 가깝습니다.

사슴 '루돌프' 에 대한 이야기를 아시나요? 빨갛고 반짝이는 코를 가진 루돌프는 늘 친구들에게 놀림을 받으며, 항상 주눅이 들어 있고 자신감이 없는 모습으로 지냈습니다. 스스로에 대한 자신감이 낮은 채로 지낸 것이지요. 하지만 미처 모르고 있던 자신의 장점을 발견해 자신감을 회복하게 된 루돌프는 이후로는 씩씩하게 산타 할아버지의 썰매를 끌면서 자신감 넘치는 사슴이 됩니다. 이처럼 자신감은 실제로 내가 가지고 있는 능력, 가치라기보다는 내가 스스로를 어떻게 평가하고 있느냐에 따라 높아질 수도 있고 낮아질 수도 있습니다.

이렇게 경험이나 기억, 다른 사람들과의 관계 속에서 형성된 자신감은 여러분의 일상생활 많은 부분에 영향을 미칩니다. 스스로에 대한 생각이나 평가, 행동, 감정, 신체 상태와 같이 내 안의 여러 부분에도 영향을 미치고, 가정 및 학교 생활, 친구관계, 취미 활동 등에도 영향을 미칠 수 있습니다.

자신감이 없던 루돌프가 자신감을 되찾는다면 어떻게 달라질 수 있을까요?

자신감이 낮은 루돌프		자신감이 생긴 루돌프
기분이 가라앉는다(늘 슬프고 우울하고 때로는 공허한 느낌이 든다).		
흥미있는 활동을 할 수 있는 의욕이 떨어진다.		
식욕이나 체중이 변화하게 된다.		
수면 양상이 변화하게 된다(너무 많이 자거나 잠이 오지 않아 뒤척이는 날이 많아진다).	⇨	
늘 피곤하고 에너지가 없다.		
죄책감이 들고 스스로가 쓸모없게 느껴진다.		
집중력이 떨어지고 올바른 판단을 하기 어렵다.		
죽고 싶거나 자해를 하고 싶은 생각이 든다.		

1) 숨겨진 나의 장점 찾기

만약 이처럼 자신감이 낮은 상태가 오랫동안 지속된다면 스스로가 가지고 있는 장점이나 자질들을 발견하기 어려울 수 있습니다. 실제로는 나에게 장점이나 자질이 없는 것이 아니라 장점이나 자질을 발견할 수 있는 습관이 몸에 배지 않은 것이라고 할 수 있습니다. 지금부터 숨겨진 나의 장점을 찾아보도록 하겠습니다.

먼저 형용사 5개를 이용해서 나를 표현해 봅시다.

예) 나는 성실한 사람이다.
나는 유머감각이 있는 사람이다.
나는 눈치가 빠른 사람이다.

나는 인사성이 밝은 사람이다.

나는 ________________________________ 사람이다.

나는 ________________________________ 사람이다.

나는 ________________________________ 사람이다.

나는 ________________________________ 사람이다.

나는 ________________________________ 사람이다.

자, 이제 다음의 각 질문에 대한 대답을 생각하면서 나조차도 미처 생각지 못했던 나의 모습으로 무엇이 있을지 생각해 봅시다.

- 내 성격의 장점은?
  - 스스로 생각하기에 100%는 아니더라도 또는 늘 보이는 장점이 아니더라도 좋습니다. 세상에 늘 완벽하게 친절하고 정직하고 정확하고 사려 깊고 자신감 넘치는 사람은 없습니다.

____

____

- 내가 지금까지 살아오면서 달성했던 목표, 승리로는 무엇이 있었나요?
  - 꼭 온 세상을 떠들썩하게 할 만큼 큰 일일 필요는 없습니다. 아무리 작은 것이라도 여러분이 노력해서 얻게 된 것들을 생각해 보면 됩니다. 상장을 받았던 일도 좋고, 내가 가지고 있는 수료증이나 자격증도 좋습니다. 저의 경우는 동네 친구들에게 배워서 지금은 한 손을 놓고도 균형을 잃지 않고 자전거를 탈 수 있게 되었습니다. 그리고 다른 친구들보다 먼저 태권도 검은 띠를 따고 상장도 받았습니다.

• 내가 가지고 있는 재능에는 무엇이 있나요?

- 우리는 미켈란젤로나 베토벤이 아닙니다. 라면을 잘 끓이는 것, 휘파람을 잘 부는 것도 남들이 가지지 못한 나만의 재능일 수 있습니다.

• 내가 가지고 있는 기술로는 무엇이 있나요?

- 여러분이 할 수 있는 일에는 어떤 것들이 있을까요? 모든 것이 다 포함될 수 있습니다. 자전거를 타는 것, 수영을 할 줄 아는 것, 바느질을 할 수 있는 것, 사람들의 이야기를 잘 들어 주는 것, 영어를 조금 할 줄 아는 것들이 포함됩니다.

• 사람들이 좋아하는 나만의 매력으로는 무엇이 있나요?

- 주위 사람들이 주로 칭찬하고 인정해 주는 것에는 어떤 것이 있나요? 여러분 스스로는 정작 잘 모르고 있을 수도 있습니다. 지금 한 번 생각해 봅시다.

• 다른 사람들과 내가 공통적으로 가지고 있는 장점에는 어떤 것들이 있나요?

- 다른 사람들의 장점을 생각해 보는 것도 나의 장점을 찾는 손쉬운 방법입니다. 여러분도 가지고 있으면서 내가 다른 사람들을 볼 때 장점이라고 생각하는 것에는 어떤 것들이 있을까요? 예를 들어, 나는 성실한 사람들을 원래 좋

아하는데, 생각해 보니 나도 꽤 성실한 사람일 수 있습니다.

- 내가 가지고 있지 않은 단점으로는 무엇이 있나요?
  - 마음속에 단점들을 떠올리면 오히려 장점에 대해 생각하기 쉬워지는 경우가 있습니다. 때로는 장점이 그림의 뒷배경처럼 당연하게 여겨지는 경우가 있습니다. 그래서 나쁜 점들에 대해 생각해 보면 장점이 잘 떠오르는 경우가 있습니다. 예를 들어, 무책임, 잔인함, 부정직 등을 가지고 있는가라는 질문에 대한 여러분의 대답은 아마도 '아니요' 일 것입니다. 그렇다면 여러분은 책임감 있고 친절하며 정직한 사람일 가능성이 많습니다.

위에서 찾은 나의 장점들을 정리해 봅시다.

2) 자신감 회복 단계

앞의 장점 목록을 바탕으로 나의 새로운 자아상을 만들어 봅시다. 다음은 진우의 '자신감 회복 단계' 입니다.

〈 진우의 자신감 회복 단계 〉

나의 예전 자아상: 나는 사랑받을 만한 가치가 없는 사람이다.		
	나의 자신감 점수(점)	나의 감정(점)
예전 자아상이 확실하다고 느껴질 때	20점	절망감: 50점 죄책감: 60점
예전 자아상이 확실하지 않을 때	50점	절망감: 30점 죄책감: 20점
새로운 나의 자아상: 나는 소중한 사람이다.		
	나의 자신감 점수(점)	나의 감정(점)
새로운 자아상이 확실하다고 느껴질 때	50점	희망: 30점 안심: 40점
새로운 자아상이 확실하지 않을 때	20점	희망: 10점 안심: 10점

〈 진우의 예전 자아상에 대한 증거 찾아보기 〉

증거	새로운 이해
사람들이 나에게 짜증을 내고, 불친절하며, 나를 실망시킨다.	항상 그런 것은 아니다. 모든 사람들을 기쁘게 할 수는 없다. 그렇다고 해서 내가 나쁜 것은 아니다.
외로운 학교생활	우리 집이 자주 이사를 다니지 않았다면 전학을 자주 다니지 않았을 것이고, 친구 사귈 기회가 많았을 것이다.
아버지의 폭력	기분 나쁜 일이었다. 아버지도 숨기시는 것을 보면 나쁘다는 것을 알고 계신 것 같다. 어떤 어린아이도 그렇게 맞을 만큼 심한 잘못을 했을 리가 없다. 따라서 아버지의 문제일 수도 있다.
지금 느끼는 나의 자신감 점수	85점

회복된 자신감을 유지시키기 위한 나의 장점 목록
1. 다른 사람들을 도울 줄 아는 배려심
2. 창의적이고 예술적인 상상력
3. 나를 좋아하고 믿어 주는 가족, 친구들
4. 무슨 일이든 끝까지 해내는 성실함

〈 나의 자신감 회복 단계 〉

나의 예전 자아상: 나는 ______________________ 사람이다.		
	나의 자신감 점수(점)	나의 감정(점)
예전 자아상이 확실하다고 느껴질 때	______점	절망감: ______점 죄책감: ______점
예전 자아상이 확실하지 않을 때	______점	절망감: ______점 죄책감: ______점
새로운 나의 자아상: 나는 소중한 사람이다.		
	나의 자신감 점수(점)	나의 감정(점)
새로운 자아상이 확실하다고 느껴질 때	______점	희망: ______점 안심: ______점
새로운 자아상에 대한 확신이 없을 때	______점	희망: ______점 안심: ______점

〈 나의 예전 자아상에 대한 증거 찾아보기 〉

증거	새로운 이해
지금 느끼는 나의 자신감 점수	______점

회복된 자신감을 유지시키기 위한 나의 장점 목록
1. 2. 3. 4.

자신감은 스스로 믿는 것이 중요합니다. 다음의 칸에 나의 장점을 채워 봅시다.

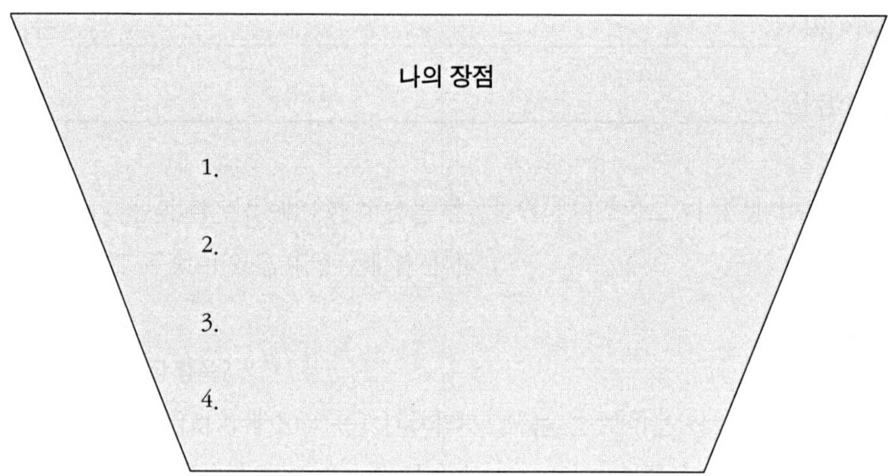

COGNITIVE THERAPY

제2장

정신증 이해하기

1. 불안성 정신증 이해하기
2. 민감성 정신증 이해하기
3. 외상성 정신증 이해하기
4. 약물관련 정신증 이해하기

치료자 tip ......

우선 지난 시간의 숙제를 환자와 함께 검토합니다. 만약 숙제를 하지 않았다면 다음과 같이 접근합니다.

일단 첫 숙제이므로 아직 치료 구조에 대한 이해가 부족해서 해 오지 않았을 가능성이 있습니다. 따라서 검사 시간에 철저히 숙제에 대한 의의 및 동기를 부여해야 다음 회기에도 숙제가 원활히 이루어질 수 있을 것입니다. 하지만 환자가 숙제를 해 오지 않은 말 못한 이유가 있을 가능성도 있으며, 이것이 환자를 이해하고 환자가 이전에 호소하지 못한 어려움에 대해 알아볼 수 있는 새로운 기회가 될 수 있습니다. 따라서 숙제에 대한 책임에 대해서는 강조하되, 동시에 지지적인 태도를 견지하면서 환자가 자신의 솔직한 마음을 표현할 수 있도록 해야 합니다.

회기는 숙제를 해 온 사람 위주로 진행되어야 하며, 숙제를 해 오지 않은 사람은 시간을 주고 생각할 기회를 주거나 회기가 끝난 후에 따로 진행하는 것이 좋습니다.

'정신증' 이라는 용어는 다른 사람의 목소리가 들리는 경우 또는 다른 사람들은 이해하기 어렵고 근거가 부족하다고 생각하는 어떤 강력한 믿음을 갖는 경우를 일컫는 것에 사용되어 왔습니다. 이 질환은 고대 그리스 문헌에 쓰여 있을 정도로 오랜 기간 인류와 함께해 왔으며 여러 증상을 나타냅니다. 어떤 증상들이 있는지 부록 2 '정신증의 증상'을 함께 검토해 봅시다.

치료자 tip ......

함께 부록을 보면서 증상들을 가볍게 훑어봅니다. 부록 2에 나열된 증상들은 오늘의 숙제와 관련되어 있습니다.

다음과 같이 정신증을 몇 가지로 구분하여 이해해 봅시다. 물론 상황에 따라 어떤 그룹에도 잘 맞지 않거나 여러 그룹에 속할 수도 있지만, 이러한 분류는 앞으로의 치료에 도움이 될 것입니다.

치료자 tip ......

그룹을 나누면서 어떤 그룹에 해당될지 함께 이야기를 나누어 봅시다. 그룹을 나누어 생각해 보는 것은 다양한(heterogenous) 증상을 가진 정신증 환자의 치료를 보다 명확히 하고, 정신증의 원인을 여러 스펙트럼에서 이해함으로써 낙인(차별과 편견)을 줄이는 데 그 의미가 있습니다.

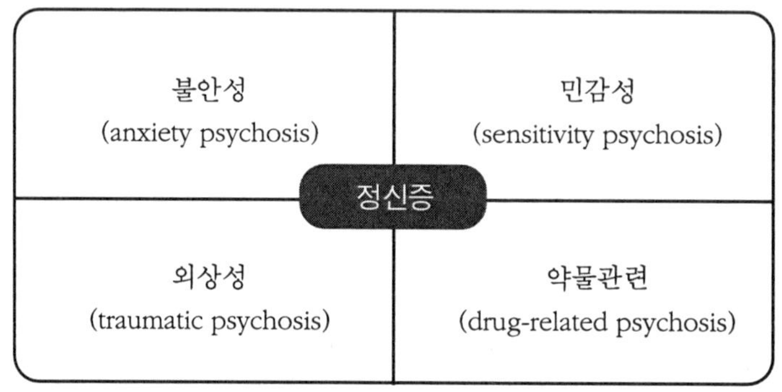

1. 불안성 정신증 이해하기

우리는 의외로 '내가 불안하다' 또는 '내가 우울해지고 있다' 는 것을 알지 못할 때가 있습니다. 하지만 스트레스가 쌓이고 불안감이 심해지면 '뭔가 심상치 않은 일이 일어나고 있다' 는 느낌(치료자 tip: 이를 망상적 분위기[delusional mood, atmosphere]라고 합니다)이 생길 수 있습니다. 그리고 어떤 시점에 이르면 갑자기 ① 나에게 지금 무슨 일이 일어나고 있는지, ② 내가 왜 이렇게 느끼는지 '그 이유를 알게 되었다' 는 순간이 오기도 합니다. 이러한 깨달음이 오면 불안이 경감되곤 합니다.

예를 들어, '그건 이웃들이 독을 타고 있기 때문이었다.' '그건 내가 알고 보면 재벌가에서 잃어버렸던 자식이어서 사람들이 날 질시하기 때문이었다.' 와 같은 것입니다. 그러면 자신의 생각에 빠져 지내면서 누군가와 의논하지 못하게 되고, 생각에 대한 증거가 부족함에도 매우 강하게 그 믿음을 고집할 수 있습니다. 그 믿음은 자기 자신에게는 정말 최소한 그럴 만하다고 생각될 수 있지만, 잘 살펴보면 그렇게 확신할 만큼 그 생각을 뒷받침하는 증거가 충분하지 않을 수도 있습니다.

치료자 tip ......

불안성 정신증의 경우는 환자 자신의 믿음을 이해하는 것에서부터 도움을 줄 수 있습니다.

〈표 2-1〉 불안성 정신증 환자의 특징

- 20대 후반 이후 상대적으로 늦은 나이에 발생하며 수일 또는 수 주 내에 급성으로 발생함
- 직장, 인간관계 등에서 오는 스트레스에 대한 반응으로 나타남
- 스트레스로 인한 고통스러운 느낌의 원인이 어떤 '의미 있는 생각' 으로 정리되면서 동시에 불안이 경감됨

  〈**치료자 tip**〉 이를 망상적 지각(delusional perception) 또는 망상적 결론(delusional conclusion)이라고 합니다.
- 보통 강력한 믿음이 존재하며, 이는 자초지종이 있으나 다른 사람들은 이 믿음으로 인해 갈등과 심리적인 고통이 유발되었다고 생각함
- 혼자 고립되는 경우가 흔함

〈 증례 1. 우진 〉

우진은 28세로, 인근 병원에서 응급으로 인지치료 팀에 의뢰되었습니다. 부모님은 지난 10일 동안 우진이 달라진 것에 대해 매우 걱정하고 있었고, 몇 주 전에 전 여자친구가 약혼했다는 것을 알게 된 직후 다소 격앙된 듯 보였다고 하였습니다. 그 이후 우진은 취직을 하려고 노력했지만 성공적이지 못했다고 합니다.

이러한 문제에도 불구하고 내원 10일 전까지는 잘 지내는 듯 보였다고 합니다. 그런데 열흘 전 우진은 형이 유명 S 전자회사의 과장으로 승진했다는 소식을 들었습니다. 이 소식을 들은 뒤 우진은 불안해졌고 잠을 자지 못했다고 합니다. 내원 3일 전에 그는 극도의 불안, 두근거림, 속 뒤틀림, 떨림 등의 증상이 있었다고 합니다. 우진은 점차 방어적이 되고, 사고가 흐트러지고 혼란에 빠졌으며, 이틀간 거의 한숨도 자지 못했다고 합니다. 우진은 자신이 예전에 여자 옷 입기를 좋아했던 것을 떠올리고는 자신의 성별이 바뀌었을 것이라고 믿게 되었습니다.

입원 후 우진은 자신이 여장 가게에서 여자 옷을 입었던 장면을 찍은 비디오테이프가 있고, 그것이 퍼져서 누군가가 자신을 어떤 식으로든 해치게 될 것이라고 이야기했습니다. 초조 증상이 점차 가라앉은 후, 그는 자신이 여자로 변하고 있다고 하였습니다. 또한 자신이 유명한 가요를 작곡했는데, 어떤 사람이 테이프의 내용을 어떻게 듣고 나서는 자신이 그 가요의 작곡가라고 하였다고 했습니다.

우진은 항정신병약물을 복용하면서 망상에 의한 행동이 자제되긴 했지만, 망상의 체계 자체는 약물에 별 반응이 없는 것으로 평가되었습니다. 약물치료로 그의 사고장애, 혼란, 심한 신체적 불안은 안정되었으나, 망상이 그의 생활을 지배하고 있어서 삶의 질은 매우 저하되어 있었습니다. 우진은 치료에 잘 반응하지 않는 체계화된 망상을 가지고 있어 인지치료 팀으로 의뢰되었습니다.

치료자 tip ......

증례를 읽으면서 환자와 어떤 점이 비슷한지 이야기를 나누어 봅시다. 증례가 이해하기 어렵거나 환자를 자극하는 경우는 치료자가 간략하게 인지치료의 적응증과 관련된 부분을 설명하고 넘어가면 됩니다.

2. 민감성 정신증 이해하기

민감성 정신증 환자들은 청소년기나 성인 초기부터 사회적 상황이나 학업, 독립, 대인관계에서 발생하는 스트레스를 다루는 데 많은 어려움을 보입니다. 그들은 혼자 지내는 경향이 있지만 그런대로 학교생활을 잘하는 경우도 있고, 또는 대인관계에서 심각한 문제가 드러나지만 다시 학교생활을 시작하거나 한 해를 쉬고 다음 해에 저학년을 다니는 경우도 있습니다. 그러나 직업이나 학업 환경의 변화와 같이 스트레스를 받는 상황이 오면 어떤 변화를 보이는 경우가 많습니다.

이러한 경우 증상의 시작은 어떤 사건을 자신과 관련이 있다고 생각하거나(개인화, personalization) 자신이 다른 사람들의 대화 또는 라디오나 TV에 언급되고 있다는 믿음의 형태로 나타납니다. 당연히 가족들은 환자의 이러한 변화를 걱정하면서 환자를 돕기 위해 많은 노력을 기울이지만 때로는 가족들의 관심과 노력이 역효과를 일으키기도 합니다.

치료자 tip……

정신증적 삽화는 사고 형태 장애, 환청, 편집증 등이 주가 되지만, 이러한 증상들이 좋아진 다음에도 음성 증상의 잔재를 남길 수 있습니다.

〈표 2-2〉 민감성 정신증 환자의 특징

- 숫기가 없는 성격으로 고립되어 있는 편임
- 가족들이 환자의 과거 수행 능력에 비추어 높은 기대치를 가지고 '열심히 해야지' 라는 식으로 간섭하며, 환자는 가족에게 압박을 받는다고 느끼지만 가만히 있는 편임
- 스스로에게 동기부여가 어렵고, 멍하게 무감각한 감정 상태, 의사소통에 어려움이 있는 음성 증상이 두드러짐
- 집을 떠나 대학에 들어가는 것, 일을 시작하는 것과 같이 상대적으로 사소한 스트레스가 선행 요소가 됨

치료자 tip……

민감성 정신증의 경우 초기에 압력을 줄이고 현실적인 목표를 설정하여 '스트레스에 대한 내성을 기르는 것'에 초점을 맞춥니다.

〈 **증례 2. 고독** 〉

18세인 고독이는 고등학교를 졸업한 후 생긴 우울감을 주 호소문제로 처음 정신과에 내원하였습니다. 고독이는 고등학교 2학년 때 이과반에 들어가면서 '나와 맞지 않는다'는 생각이 들었고, 그 사실에 대해 반복해서 생각하게 되었으며, 친구들은 자신보다 잘 지낸다는 생각이 들었다고 합니다. 고독이는 자신이 사회 부적응자라고 느껴져 자살을 할까 하는 생각이 들었다고 하며, 실제로 철로를 가로질러 건너 보기도 하고 기차에 몸

을 던질까 하는 생각도 했다고 합니다. 고독이는 그 무렵 자신이 '다른 사람의 생각과 파장을 맞춰서 생각을 알아낼 수 있다' 고 느껴졌다고 합니다. 그러나 고독이는 자신의 정신증적 증상에 대해서 누구와도 이야기하지 않았다고 합니다.

고독이는 재수를 하게 되었는데, 그 무렵부터 색채로 이루어진 환시를 경험하기 시작했고, '색깔을 통해 다른 사람의 특징을 알아낼 수 있는' 어떤 방법에 대한 생각이 들었다고 합니다. 또한 그는 자신을 비난하는 여성의 목소리를 듣기 시작했다고 합니다. 고독이는 다른 학원 학생들과는 그런대로 잘 지냈으나 공부하는 데 문제가 있었다고 합니다.

정신과 내원 후 심리평가 결과 고독이는 항정신병약물을 복용할 것을 권유받고 인지치료 팀으로 의뢰되었으며, 이후 몇 달간 외래치료를 받았습니다. 그러다 점점 우울해지기 시작했는데, 작은 자동차 사고 이후부터는 그 증세가 더 심해졌다고 합니다. 당시 사고에 대해 아버지가 고독이를 너무 심하게 나무라서 집안 분위기가 경직되었다고 합니다. 고독이는 항우울제를 처방받았고 항정신병약물은 중단하였다고 합니다. 고독이는 지방 전문대에 다니기 시작했는데, 첫 학기 성적이 꽤 좋았지만 스스로는 그에 대해 별로라고 생각했다고 합니다. 고독이는 4년제 대학에 편입하는 것을 목표로 하였지만, 새벽에 잠자리에 들어 늦게 일어났기 때문에 수업을 잘 들을 수 없었다고 합니다.

여름방학 이후, 고독이는 외래치료에 안 오거나 학교를 결석하는 일이 생겼다고 합니다. 고독이의 친구들은 거의 수도권 대학으로 진학해서 아주 가끔씩만 만나게 되었고, 그는 스스로 세상으로부터 멀어지기 시작했다고 합니다. 고독이는 외래치료에서 "내가 무슨 생각을 하든 사람들이 내 생각을 듣거나 내 생각을 아는 것 같아요."라고 되풀이하여 이야기하였습니다. 고독이는 '혼란을 줄여 줄 것' 이라는 설명과 함께 다시 투약을 시작하였고, 잠시 동안 학교를 쉬도록 하였습니다. 그는 약을 먹지 않을 때는 방 안에만 틀어박혀 있었고, 부모님은 거의 한계에 다다라 있었습니다. 고독이는 차차 빈정대는 내용의 생생한 환청을 경험하게 되었습니다.

치료진은 고독이의 증상에 대해 '자극 과잉(sensory overload)' 의 관점에서 치료 모델을 작성하였고, 고독이는 '스트레스 완충제' 의 일환으로 아침에 항정신병약물을 복용하는 것에 동의하였습니다. 이후 몇 달 동안 고독이는 치료자를 만나 이야기를 나누면서 사고 전파와 '외부의 힘에 영향을 받는 행동' , 즉 스트레스가 많아지면 심해지는, 자신이 조절할 수 없는 '눈이 천천히 왔다 갔다' 하는 현상을 이해하기 위한 시간을 가졌습니다.

고독이는 이후 직업재활센터에 방문하여 자신이 어디로 가야 하는지, 무엇을 해야 하는지, 이러한 일에 언제 대처 가능하다고 느껴지는지 등에 대해 의논했습니다. 센터를 떠나면서 고독이는 길 반대편에 있는 젊은이들 몇 명이 자신의 생각을 알고 있고 자길 보고 비웃는다는 생각이 들었다고 합니다. 고독이는 이게 정말이라는 강한 확신이 있었지만, 이제는 다른 사람들과 그 생각에 대해 객관적으로 이야기할 수 있는 힘이 있었습니다. 그리하여 고독이는 점점 덜 고립되었고, 조금씩 호전을 보였습니다.

3. 외상성 정신증 이해하기

외상성 정신증은 경계성 인격장애와 외상후 스트레스 장애의 연속선상에 있습니다. 아동기나 성인 초기의 성폭행과 같은 외상 사건이 정신증의 발생과 관련이 있다고 보이는 경우입니다.

예를 들면, 가해자의 목소리나 낙태를 경험한 경우 아이의 목소리가 들릴 수 있습니다. 그러나 이 목소리가 자신의 내부에서 비롯되었다고 생각하는 경계성 인격장애나 외상후 스트레스 장애에서와 달리 그것이 외부의 어떤 사람이나 기관에서 말하는 것이라고 외부로 원인을 돌리게 되면 이를 '정신증적 증상'이라고 할 수 있습니다.

치료자 tip

사고 전파나 편집 증상 같은 진단적인 정신병적 증상이 동반되면 정신증을 진단할 수 있지만, 외상성 정신증 환자들은 정신증적 증상(환청에 대한 이해)과 경계성 인격장애 환자의 특징(충동성, 버려짐에 대한 두려움, 자해, 외상후 스트레스)을 모두 포함하여야 합니다.

〈표 2-3〉 외상성 정신증 환자의 특징

- 발병에 앞선 외상 사건(어린 시절의 신체적 폭행, 성폭행, 따돌림 등)이 원인이 됨
- 발병 이후 병식이 변화하고 스스로를 비난함
- 목소리는 외상과 관련된 사람에 대한 불쾌한 언급 등을 하는 것으로 시작되어 학대적, 공격적 또는 성적인 내용임
- 목소리는 당사자에게 악담 또는 저주를 하거나 명령하는 내용이 많고 매우 고통스러우며, 그 자신이 불편하거나 해로운 일을 반복하도록 하는 등 강력한 힘을 가짐
- 목소리는 과거 또는 과거의 외상 사건과 연관이 있는 누군가로 인식되기도 함
- 외상후 스트레스 장애, 우울증(우울감 및 자살사고), 경계성 인격장애와 관련이 있음

치료자 tip ……

외상성 정신증의 경우, 치료의 초점은 목소리를 이해하고 대처하는 방법을 배워서 적극적으로 임하여 심리적 고통을 줄이는 것입니다. 때로는 상황이 악화되더라도 외상 경험과 관련된 감정을 들여다보는 것이 필요합니다.

〈 증례 3. 선영 〉

선영은 31세에 처음으로 정신과에 내원하였습니다. 그녀는 여성 복지시설에 있다가 경찰에 의해 비자발적으로 입원하였습니다. 선영은 화려한 장신구에 형형색색의 부적절한 옷차림, 진한 화장 등 지나치게 꾸민 모습이었습니다. 선영은 발달상의 특별한 문제는 없었지만, 초등학교 때부터 뒤처지는 학생이어서 개인지도가 필요했습니다. 그렇게 해도 늘 성적이 좋지 못했고, 학교의 지능검사에서 경계선 수준의 지능(IQ 70~84)이라고 진단받았습니다. 선영은 대부분을 부모님과만 지냈습니다. 선영이 29세 때 부모님이 교통사고로 갑자기 돌아가셨고, 당시 두 오빠와 두 언니는 이미 결혼하여 본가에서 멀리 떨어져 살고 있었습니다. 결국 선영은 심한 알코올 중독자였던 큰오빠와만 살게 되었습니다. 큰오빠의 친구들은 술을 마시러 집에 와서 선영에게 추근대었고, 선영은 반복적인 성폭행을 당했습니다. 선영은 처음에 강박사고, 습관적인 행동과 더불어 불안과 우울을 나타냈습니다. 이는 빠르게 환청과 사회적 고립을 일으켰습니다.

정신과에 내원하였을 때, 선영은 지속적인 환청으로 고통받고 있었습니다. 환청은 선

영에게 명령하는 형태였습니다. 그 내용은 "너는 쓸모없어." "화장을 해라. 너 좀 더 나은 옷을 입지 못해?" "넌 창녀야." "넌 더러워." 같은 것들이었습니다. 선영은 그 목소리가 진실을 이야기한다고 믿었지만 그것이 정확히 무엇인지는 알지 못했습니다. 그녀는 목소리와 연관된 시각적 이미지나 때로 환시를 보곤 하였습니다.

선영은 항정신병약물로 약간의 도움을 받았지만 환청과 음성 증상에는 거의 효과가 없었습니다. 선영이 자신의 증상을 이해하게 되면 더 잘 대처할 수 있겠다는 치료진의 판단하에 인지치료가 추천되었습니다.

4. 약물관련 정신증 이해하기

약물관련 정신증은 정신증 증상의 발생이 환각제 사용 시점과 직접적으로 연관되는 경우에 해당됩니다. 코카인, 암페타민, 엑스터시 같은 물질이 가장 흔하지만, 고용량의 마리화나도 증상을 일으킬 수 있습니다. 또한 일부의 다이어트 약 역시 정신증 증상을 일으킬 수 있습니다. 정신증적 삽화는 약물 사용이 지속될수록 더 많이 발생할 수 있고, 약물 사용 이후에는 별도로 다른 사건에 의해서 일어날 수 있습니다(약물에 대한 TV 프로그램을 볼 때, 같이 약물을 사용한 친구와 만날 때 등).

단 한 번의 약물관련 정신증 삽화 이후로도 정신증 증상이 지속될 수 있습니다. 증상은 일부라도 첫 정신증 삽화의 증상을 반복하는 경향이 있기 때문에, 증상이 지속되더라도 처음 약물 복용의 경험에 대해서 되짚어 보아야 합니다.

치료자 tip ......

약물관련 정신증의 경우 가족교육을 하고 치료의 일관성을 강조하는 것이 필요하지만, 가족이 매우 혼란스럽거나 때로는 적대적이어서 어려운 경우가 있습니다. 특히 치료 초기에 환자의 협조를 얻어 내는 부분이 주요 문제가 될 수 있습니다.

〈표 2-4〉 약물관련 정신증 환자의 특징

- 보통 10대나 20대에 발병하며 반항적인 성격일 수 있음
- 가정이 와해되거나 치료에 비협조적인 경우가 많으며, 보호자는 어떻게 도와야 할지 몰라서 환자에게 혼란스러운 메시지를 전달할 수 있음
- 첫 번째 발병은 일부의 다이어트 약, 암페타민, 코카인, LSD, 고용량의 마리화나 등 약물에 의해 유도됨
- 환각 및 편집증 등 첫 정신증 양상이 약물을 사용하지 않는 상태에서 반복되는 경향을 띠고, 첫 내원 시 성격장애나 약물 오용만 진단될 수 있음

〈 증례 4. 갈망 〉

갈망은 큰 키에 긴 머리를 한 건장한 청년으로 환각제를 사용하지 않음에도 환각제를 사용할 때와 유사한 환각 증상을 주 호소문제로 내원하였습니다. 갈망은 자살사고가 있어 약을 과량 복용하였으나 다행히 심각한 손상을 입기 이전에 발견되었습니다. 갈망이 8세 때 부모님이 이혼했으며, 갈망은 아버지와 살면서 할아버지에게서 주로 보살핌을 받았다고 합니다.

갈망은 만 14세부터 마리화나를 시작한 후 LSD 복용을 하게 되었고, 때때로 헤로인을 사용하였습니다. 그는 정신증적 증상이 발생한 이후에는 약물 복용을 자제하였다고 했지만 친구들의 유혹에 때때로 넘어가곤 하였습니다. 갈망은 만 17세에 2~3개월간 머리 밖에서 들리는 목소리를 주 호소문제로 내원하였습니다. 그 목소리는 갈망이의 생각을 반복하기도 하고 자살하라는 것을 비롯한 명령을 하기도 했습니다. 갈망은 자신이 목소리에 반응하여 저절로 행동하게 되고 생각이 중단되거나 전파되는 것 같다고 하였습니다. 그는 자신이 낯선 요원들에 의해 조종당하는 것 같고 전기장에 의해 어떤 알 수 없는 방법으로 영향을 받는 두 명의 사람에게 점령당한 것 같다고 하였습니다. 그는 내원 전 4개월간 헤로인이나 LSD를 한 적이 없고, 2개월간 대마를 피운 적이 없다고 하였습니다. 갈망은 항정신병약물을 처방받았고, 몇 달 후 증상이 호전되었습니다. 갈망은 졸림 때문에 약물 복용을 중단하였고 이후 추가적으로 사고 주입, 신체망상, 자신의 생각이 들리는 증상이 발생하였습니다.

갈망은 형에게 공격성을 보이고 아버지에게 칼을 들이대서 입원하게 되었습니다. 그

는 외계인들이 자신에게 이야기하고 있으며, 자살하거나 친구들을 죽이라고 이야기한다고 하였습니다. 그는 처방하는 약이 청산가리일 것이라고 믿었으며 사고 주입과 사고 중단이 지속된다고 하였습니다.

입원 이후, 갈망은 인지치료에 참가하도록 의뢰되었습니다.

6개월의 기간 동안 그가 증상이 발생하고 재발했을 때의 상황에 대해 재구성하였습니다. 이 작업은 탐색적이고 비판단적인 방식으로 진행되었고, 약물을 복용한 이유와 약물이 일으킨 문제점들에 대해서 재검토하였습니다. 갈망이는 현재 증상들의 원인이 과거의 약물에 의해 발생한 증상들과 연관이 있음을 받아들이기 시작하였습니다.

숙제 ▸▸▸▸

1. 오늘 배운 여러 정신증적 증상 중 스스로에게 해당되는 것이 있는지 한번 체크해 봅시다.

〈 여러 정신증적 증상 〉

불안성	20대 후반 이후 상대적으로 늦은 나이에 발생하며 수일 또는 수 주 내 급성으로 발생함	
	직장, 인간관계 등에서 오는 스트레스에 대한 반응으로 나타남	
	스트레스로 인한 고통스러운 느낌의 원인이 어떤 '의미 있는 생각' 으로 정리되면서 동시에 불안이 경감됨	
	보통 강력한 믿음이 존재하며, 이는 자초지종이 있으나 다른 사람들은 이 믿음으로 인해 갈등과 심리적인 고통이 유발되었다고 생각함	
	혼자 고립되는 경우가 흔함	
민감성	숫기가 없는 성격으로 고립되어 있는 편임	
	가족들이 환자의 과거 수행 능력에 비추어 높은 기대치를 가지고 '열심히 해야지' 라는 식으로 간섭하며, 환자는 가족에게 압박을 받는다고 느끼지만 가만히 있는 편임	
	스스로에게 동기부여가 어렵고, 멍하게 무감각한 감정 상태, 의사소통에 어려움이 있는 음성 증상이 두드러짐	
	집을 떠나 대학에 들어가는 것, 일을 시작하는 것처럼 상대적으로 사소한 스트레스가 선행 요소가 됨	
외상성	발병에 앞선 외상 사건(어린 시절의 신체적 폭행, 성폭행, 따돌림 등)이 원인이 됨	
	발병 이후 병식이 변화하고 스스로를 비난함	
	목소리는 외상과 관련된 사람에 대한 불쾌한 언급 등을 하는 것으로 시작되어 학대적, 공격적 또는 성적인 내용임	
	목소리는 당사자에게 악담 또는 저주를 하거나 명령하는 내용이 많고 매우 고통스러우며, 그 자신이 불편하거나 해로운 일을 반복하도록 하는 등 강력한 힘을 가짐	
	목소리는 과거 또는 과거의 외상 사건과 연관이 있는 누군가로 인식되기도 함	
	외상후 스트레스 장애, 우울증(우울감 및 자살사고), 경계성 인격장애와 관련이 있음	
약물관련	보통 10대나 20대에 발병하며 반항적인 성격일 수 있음	
	가정이 와해되거나 치료에 비협조적인 경우가 많으며, 보호자는 어떻게 도와야 할지 몰라서 환자에게 혼란스러운 메시지를 전달할 수 있음	
	첫 번째 발병은 일부의 다이어트 약, 암페타민, 코카인, LSD, 고용량의 마리화나 등 약물에 의해 유도됨	
	환각 및 편집증 등 첫 정신증 양상이 약물을 사용하지 않는 상태에서 반복되는 경향을 띠고, 첫 내원 시 성격장애나 약물 오용만 진단될 수 있음	

2. 네 가지 정신증 중 나는 어디에 좀 더 해당되는지 생각해 봅시다. 어느 한 곳도 해당되지 않을 수도 있고, 여러 곳에 조금씩 해당될 수도 있습니다. 이러한 증상을 점검해 보면서 정신증의 다양한 증상을 이해하는 것에 의의가 있습니다.

3. 다음의 빈칸에 내가 경험했거나 현재 경험하고 있는 증상의 내용을 적어 보세요(부록 2 '정신증의 증상'을 참조).

〈 증상 알아 가기 〉

양성 증상			
지각(감각)의 장애	환각	환청(목소리)	
		환시	
		환촉	
		환취	
		환후	
생각의 장애	생각 흐름의 장애	연상의 이완	
		생각의 차단	
	생각 내용의 장애 (망상)	피해망상	
		관계망상	
		과대망상	
		애정망상	
		조종망상	
		신체망상	
		사고 전파	
		편집증적 사고	
행동의 장애	상황에 맞지 않는 행동이나 말		
음성 증상			
감정 및 의욕의 장애	감정의 둔화		
	논리의 부족		
	의욕이 없음		
	사회성의 결여		

치료자 tip ......

숙제는 자신에게 해당되는 부분이 있는지 한번 체크해 보는 수준으로 작성하고 다음 회기로 진행하시면 됩니다.

COGNITIVE THERAPY

제3장

정신증의 인지 모델 이해하기

1. 스트레스-취약성 모델
2. 취약성 인자

지난 시간에는 정신증을 구분해 보고, 여러 증상들에 대해 알아보고 그 특성에 따라 네 가지로 구분해 보았습니다.

치료자 tip ......

지난 시간의 숙제를 환자와 함께 검토해 봅시다. 환자가 스스로 어떤 정신증에 가장 가깝다고 생각하는지, 왜 그렇게 생각하는지 이야기를 나누어 봅시다. 또 환자가 양성 증상과 음성 증상 중 어떤 증상들을 경험하는지, 증상들을 어떻게 느끼고 있는지 이야기하도록 합니다.

이번 시간에는 정신증의 인지 모델에 대하여 알아보겠습니다. 현대에 이르러 정신증에 대한 연구가 활발해지기 전까지, 정신증은 흔히 귀신에 들렸다거나 의지가 부족해서 생긴 질환이라고 생각하곤 하였습니다. 정신증의 여러 원인에 대한 이론들 중 가장 많은 지지를 받는 모델이 '스트레스-취약성(stress-vulnerability)' 모델입니다.

1. 스트레스-취약성 모델

다음의 그래프는 '노멀라이제이션(normalization, 정상화하기)' 으로 스트레스와 취약성의 정도에 따라 정신증적 증상이 발생할 수 있음을 보여 줍니다. 높은 취약성을 가지고 있으면 스트레스가 낮은데도 힘들어질 수 있으며, 취약성은 낮지만 스

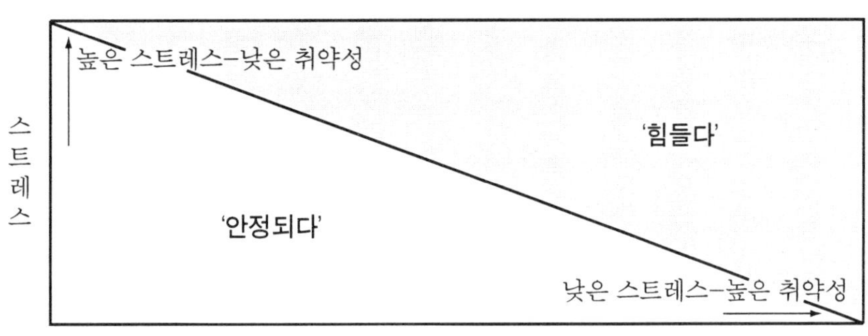

트레스가 높은 경우도 힘들어질 수 있습니다('안정되다' → '힘들다'). 우진의 경우를 예로 들어 보겠습니다. 우진의 위치는 짙은 점으로 표시하였습니다. 우진이 안정되도록 하기 위해서는 스트레스를 줄일 수도 있고 취약성을 낮출 수도 있을 것입니다('힘들다' → '안정되다').

〈 우진의 위치 표시 〉

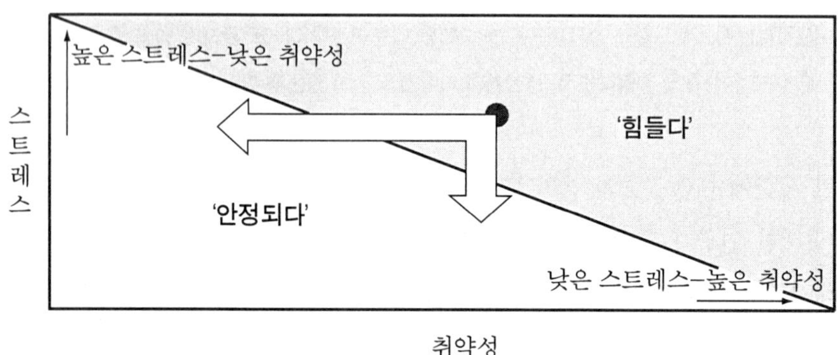

이제 자신의 스트레스와 취약성 정도는 어떠한지 한번 표시해 봅시다.

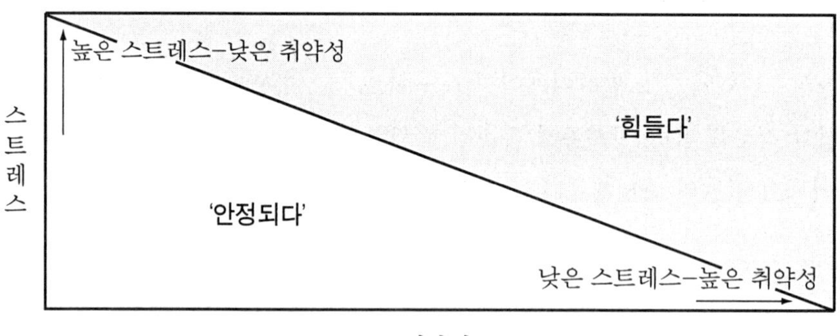

우리가 편안해지기 위해서는 스트레스를 줄일 수도 있고 취약성을 낮출 수도 있습니다. 처음 표시한 자신의 위치에서 좌표를 어떻게 움직이면 좋을지 함께 이야기를 나누어 봅시다. '노멀라이제이션' 에 대해서는 다음 장에서 더 자세히 나옵니다.

위에서 언급되는 '취약성' 이 무엇인지 알아봅시다. '취약성' 이란 타고난 어떤

'민감한 부분' 을 뜻합니다. 어떤 사람은 위장이 민감할 수 있고, 또 다른 사람은 심장이 민감하거나 또는 신경계통이 민감할 수 있습니다. 이와 마찬가지로 마음(뇌)이 민감한 사람은 정신증에 좀 더 취약할 수 있습니다.

하지만 어떤 부분이 태어날 때부터 민감하다고 해서 꼭 그 질병에 걸리는 것은 아닙니다. 위장이 민감한 사람이 짜고 매운 음식을 즐겨 먹고 스트레스를 많이 받는다면 위장병을 비롯해서 여러 가지 병에 걸릴 수 있겠지만, 자극적이지 않은 음식과 꾸준한 운동을 하는 사람은 특정 부분이 약하더라도 병에 걸리지 않을 수 있습니다. 또 설사 위장병에 걸렸다고 하더라도 음식을 잘 조절하고 스트레스를 줄인다면 다시 잘 지낼 수도 있습니다.

그럼 정신증의 경우는 어떨까요? 내 생각을 한번 적어 봅시다.

____

____

치료자 tip......

스트레스-취약성 모델에 비추어 보면 마음(뇌)이 민감한 사람이 스트레스를 직면하여 '힘든 상태(정신증)' 로 이어진다고 볼 수 있습니다. 그러나 환자에게 스스로 취약성을 극복하고 스트레스를 줄이려 노력한다면 충분히 회복될 수 있다고 격려해 줍니다.

취약성과 대조되는 말로 적응탄력성(resilience)도 있습니다. 적응탄력성이란 중대한 변화나 어려움에 직면하여 긍정적으로 적응해 나가는 행동 패턴을 일컫는 말로 자존감(self-esteem), 대처 능력(coping strategy), 자아효능감(self-efficacy), 긍정적인 정서 경험 등과 관련이 있습니다. 위와 같은 스트레스-취약성 모델을 적응탄력성에 적용해 본다면 다음과 같습니다.

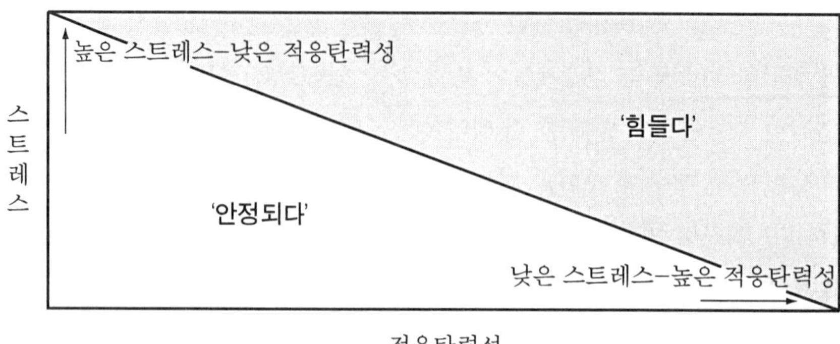

위의 적응탄력성 그래프에서 자신의 위치를 표시해 보고, 적응탄력성을 높이는 방법을 함께 생각해 봅시다.

2. 취약성 인자

그러면 이제부터 정신증과 관련된 '취약성' 인자는 무엇인지, 정신증에 영향을 줄 수 있는 '스트레스'는 무엇인지 알아보도록 하겠습니다. 정신증과 관련된 취약성 인자로는 여러 가지가 있지만, 크게 생물학적, 사회적, 심리적 인자로 나누어 볼 수 있습니다.

이 중 인지적 특성은 정신증의 발생과 지속에 영향을 미친다고 알려져 있으며,

〈표 3-1〉 정신증과 관련된 취약성 인자

생물학적 인자	유전, 분만 시 손상, 비정상적 발달, 바이러스 감염, 약물 중독
사회적 인자	어렸을 때 왕따 경험, 어렸을 때 가정환경, 도시의 복잡한 환경, 자신이 속한 문화의 영향, 가난
심리적 인자	대인관계의 복잡성 인지적(생각하는 방식) 특성 ① 사고의 유연성 저하(thought inflexibility) ② '다른 사람 상황 헤아리기(공감)' 의 어려움(theory of mind deficit) ③ 외부 귀인 편향(externalizing bias) ④ 섣부른 결론 편향(jump to conclusion bias) ⑤ 부정적이거나 혼란스러운 자기상(negative or confusing self-belief)

이러한 인지적 취약성을 극복하는 것이 정신증에 대한 인지치료의 목표입니다. 이 부분에 대해서는 심리적 취약성 부분에서 좀 더 자세히 알아보겠습니다.

1) 생물학적 취약성(biological vulnerability)

모든 질병에는 유전적 요인이 있고, 정신증 또한 유전적 요인을 가진 생물학적인 질환입니다. 하지만 정신증을 일으키는 단 하나의 유전자는 없으며, 여러 유전자의 일정 부분에서 동시에 이상이 생기면 발병하는 것으로 알려져 있습니다.

부모가 모두 정신증인 경우 그 자녀가 정신증 환자가 될 가능성은 50%입니다. 일란성 쌍둥이 중 한 명이 정신증일 경우 나머지 한 명이 정신증이 될 가능성은 36%, 이란성 쌍둥이의 경우는 14%입니다. 그러나 유전자가 완전히 동일한 일란성 쌍둥이 사이에서조차 정신증 발병률이 36%라는 것은 이 병이 단순히 유전적으로만 설명될 수 없으며 환경적 원인도 중요한 부분을 차지한다는 것을 의미합니다. 반대로 생각해 보면, 정신증 환자의 89%가 부모 중에 환자가 없으며, 81%는 형제자매 중에도 환자가 없고, 63%는 친척 중에 누구도 정신증 환자가 없음에도 이 병을 갖게 됩니다. 또한 난산 등 분만 시의 손상이 있거나 태아기나 신생아기 때의 바이러스 감염, 뇌의 선천적 문제 등의 원인도 정신증의 발생에 영향을 미칠 수 있다고 알려져 있습니다.

그러나 많은 환자들이 어떤 가족력이나 생물학적 이상 없이도 정신증이 발병합니다. 이러한 경우에는 사회적, 심리적 취약성에 대한 검토가 필요합니다.

2) 사회적 취약성(social vulnerability)

정신증은 시골보다 도시 지역에서 더 흔한 것으로 알려져 있습니다. 이는 도심 지역에서 가난, 학대(아동학대, 성폭력 등)가 더 많이 일어나기 때문에 다른 사람을 의심하거나 고립되는 경우가 많고, 따라서 정신증의 발생, 특히 경계하는 마음, 더 나아가서 의심하는 마음의 형성에 영향을 줄 수 있습니다. 또한 도시에는 새로 이주한 사람들이 많기 때문에 그들이 도시에서 느끼는 이질감, 문화적 차이, 시골 사람보다 주변 사람의 도움이 적은 것 등도 사회적 취약성으로 작용할 수 있습니다.

〈표 3-2〉 세브란스 병원에서 1년간 조사한 정신증의 발병 및 악화에 관련된 스트레스 인자

	남자(N=47) N%	여자(n=38) N%	전체(N=85) N%
단일 스트레스 인자			
학업	8(17.0.)	5(13.2)	13(15.2)
결혼생활	1(2.1)	6(15.8)	7(8.2)
가족관계	4(8.5)	5(13.2)	9(10.6)
직업	6(12.8)	2(5.3)	8(9.4)
가족의 상실	2(4.3)	3(7.9)	5(5.9)
이성과의 갈등	4(8.5)	2(5.3)	6(7.1)
신체질환	2(4.3)	3(7.9)	3(3.5)
경제적 어려움	0	2(5.3)	1(1.1)
기타(군대생활, 종교,신체적 구타 등)	3(6.3)	1(2.6)	6(7.1)
복합적 스트레스 인자	4(8.5)	1(2.6)	5(5.9)
스트레스 인자(-)	13(27.7)	9(23.7)	22(25.9)

(출처: 고경봉, 2010 참조)

3) 심리적 취약성(psychological vulnerability)

우리는 어떤 상황을 받아들이고 이해하기 위해 머릿속에서 이를 소화하는 과정이 필요하며, 이것이 반복되다 보면 자신의 '구조화된 생각의 틀' 이 생기게 됩니다. 이를 '인지적 특성' 이라고 합니다. 다음의 몇 가지 인지적 특성(구조화된 생각의 틀)은 정신증에 취약한 것으로 알려져 있습니다.

① 사고의 유연성 저하

② '다른 사람 상황 헤아리기(공감)' 의 어려움

③ 외부 귀인 편향

④ 선부른 결론 편향

⑤ 부정적이거나 혼란스러운 자기상

각각의 인지적 특성을 좀 더 이해하기 쉽게 살펴보겠습니다.

(1) 사고의 유연성 저하

인지치료는 우리의 생각과 사고방식을 중요하게 생각합니다(치료자 tip: 부록 3 '인지치료란 무엇인가' 에 더 자세히 나옵니다). 이는 우리의 경험과 문제들을 '어떻게 생각하고 해석하느냐' 가 이후의 기분이나 감정 상태를 결정하고, 우리 자신의 잘못된 생각이 문제를 일으키거나 지속시키기 때문입니다. 사고의 유연성은 자신의 생각과 사고방식에 대해 고집하거나 단정 짓지 않고, 여러 다양한 가능성과 대안적인 설명(alternative explanations)을 함께 고려하여 다른 관점에서 바라보고 생각할 수 있는 기능입니다. 사고의 유연성이 저하되면 어떤 일이 일어났을 때 처음 가졌던 자신의 생각과 사고방식이 잘못되지는 않았는지 고민해 보지 못하게 되고, 따라서 다른 이유로 설명함으로써 얼마든지 기분이 편안해지고 두려움이 줄어들 수 있는 일도 바로잡지 못하게 됩니다.

지난 회기에 나왔던 선영을 예로 들어 보겠습니다. 큰오빠의 친구들에게 오랫동안 괴롭힘을 당해 왔던 선영이 거리에서 검은 차들이 줄지어 지나가는 모습을 보았다고 생각해 봅시다. 선영은 차에 탄 남자들이 자신을 괴롭히러 온 조직폭력배라고 생각했고, 너무나 무섭고 당황하여 황급히 도망을 가다 길을 잃었습니다. 만약 여러분도 선영처럼 조폭이 자신을 잡으러 오고 있다고 생각하면 당황해서 허겁지겁 도망가는 것이 충분히 이해가 될 것입니다. 하지만 거리에 줄지어 가는 검은 차들을 보고 '조폭' 으로 속단하기에는 무리가 있지 않을까요? 이런 모습을 또 달리 설명할 수는 없을까요? 나의 생각을 적어 봅시다.

〈 **나의 생각** 〉

____

____

(2) '다른 사람 상황 헤아리기(공감)' 의 어려움

'다른 사람의 상황을 헤아리는 것' (치료자 tip: 이를 마음이론[theory of mind]이라고 합니다)은 뇌의 전전두엽 및 측두-두정엽이 담당하는 일종의 '뇌의 기능'으로 알려져 있습니다. 이 기능이 손상될 경우 다른 사람의 상황에 서서 이해하는 것에 지속적인 문제가 생기고, 이는 곧 공감 능력의 저하를 일으킵니다. 이 능력이 떨어지는 것은 아래 소개할 외부 귀인 편향에도 영향을 줍니다.

지난 회기에 나왔던 우진을 예로 들어 보겠습니다. 우진은 오랫동안 취직을 하지 못한 상태에서 형의 승진 소식을 들은 뒤 불안해졌고, 다른 사람들이 자신을 무시하고 미워한다는 생각에 방어적인 태도를 취했습니다. 우진이 길을 걷다가 누군가 우진을 향해 "저기요."라며 여러 번 불렀고, 우진은 황급히 자리를 피해 집에 왔을 때 호주머니에 지갑이 사라진 것을 발견했습니다. 우진은 미처 알지 못했지만, 만약 그가 방어적인 태도로 상황을 판단하지 않고 상대방이 자신을 부른 이유를 몇 가지 더 생각해 보았다면 지갑을 찾는 데 도움을 받을 수 있었을 것입니다. 상대방도 내 생각과 같을 것이라고 단정 짓기 전에 다른 사람의 생각을 물어보고 확인해 본다면, 사람들은 각기 자기 생각을 가지고 있고 그것이 내 생각과는 다를 수 있다는 것을 알 수 있습니다.

(3) 외부 귀인 편향

'귀인(attribution)'이란 나에게 중요한 사건이 일어났을 때, 그 원인을 찾아가는 생각의 과정을 말합니다. 귀인은 크게 사건의 원인을 자신에게서 찾는 '내부 귀인'과 사건의 원인을 내가 아닌 다른 사람이나 상황에서 찾는 '외부 귀인'으로 나뉩니다.

사람들은 흔히 좋은 사건에 대해서는 내부 귀인을 하고 나쁜 사건에 대해서는 외부 귀인을 하는 것으로 알려져 있습니다(치료자 tip: 이를 '자기보존 귀인 편향[self-serving attributional bias]'이라고 합니다). '잘되면 내 탓, 안 되면 남 탓'이란 속담이 바로 이 특징을 말하는 것입니다. 언뜻 보면 이기적인 생각으로 보일 수도 있지만, 사람이라면 이런 생각은 누구나 가지고 있는 귀인 양식(attributional style) 중의 하나입니다.

따돌림을 당하는 상황을 예로 들어 봅시다. 내가 따돌림을 당하는 이유를 나에게 돌리면(내부 귀인), '내가 비호감이라서 그래.' '나는 가치 없는 인간이야.' '나는 망했어.'라고 생각하게 되어 우울해지고 자신감이 떨어지게 됩니다. 반대로 그 이유를 외부로 돌리면(외부 귀인) '저 애가 성격이 나쁜 애야.' '저 친구가 나를 질투

하는 거야.' 라고 생각하며 스스로를 보호하게 됩니다. 보통의 경우는 이 두 가지 귀인, 즉 내 탓과 남 탓을 적당한 비율로 하게 되지만, 한쪽으로 너무 치우치게 되면 문제가 발생할 수 있습니다. 지나치게 내 탓을 하는 것은 '우울증' 과 관련이 있고, 반대로 지나치게 남 탓을 하는 경우는 다른 사람이 부당한 피해를 입힌다고 굳게 믿는 '피해망상' 과 관련이 있습니다.

정신증의 대표적인 증상인 환청을 귀인의 차이로 설명하는 경우도 있습니다. 흔히 인지치료의 대상이 되는 공황장애와 강박증의 경우와 정신증의 경우에서 '침습적 사고' 가 관찰됩니다. 침습적 사고란 환자가 원치 않고 받아들이기 어려움에도 떠오르는 생각이나 현상으로, 환자는 그 사고가 조절 불가능하다고 느낍니다. 공황장애와 강박증에서 침습적 사고와 환청의 결정적인 차이라면, 전자는 그 원인을 내부로 귀인하는 데 반해 후자는 외부에 귀인하는 것(즉, 자신의 마음 밖에서 온 것이라는 것)입니다. 예를 들어, '동생을 한 대 때리고 싶다' 는 침습적 사고가 들 때, 강박증 환자는 '이 생각을 하고 싶지 않은데 내가 왜 자꾸 이 생각을 하고 있을까. 괴롭다.' 라고 생각하는 반면, 정신증 환자는 '내가 이런 생각을 하고 싶지 않은데 계속 드는 걸 보니 이건 다른 누군가의 생각이다.' 라고 여기면서 환청이 발생한다는 것입니다. Morrison(2001) 박사는 환청과 같은 양성 증상은 환자가 조절할 수 없는 침습적 사고라 규정하고, 이 사고를 잘못 해석하는 심리적 취약성이 고통과 장애를 일으킨다고 주장한 바 있습니다.

(4) 섣부른 결론 편향

섣부른 결론 편향이란 부족한 정보만으로 일찍 결론에 도달하는 것과 이렇게 내린 결론을 다른 사람보다 더 강하게 고수하는 것을 말합니다.

치료자 tip ......

'섣부른 결론 편향' 은 망상을 가진 사람들에게 발견되는 전형적인 인지적 왜곡 중의 하나입니다.

항아리 실험을 예로 들어 보겠습니다.

항아리 속에는 흰 공 60개와 검은 공 40개가 들어 있을 수도 있고, 반대로 흰 공 40개와 검은 공 60개가 들어 있을 수도 있습니다. 공을 하나씩 꺼내 가면서 이 항아리가 흰 공이 많은 항아리일지 혹은 검은 공이 많은 항아리일지 맞혀 보는 것입니다.

자, 차례로 꺼낸 공에서 다음과 같은 색깔이 나왔다면 이 항아리는 어떤 색깔의 공이 많은 항아리일까요?

① 흰 공이 많은 항아리 ② 검은 공이 많은 항아리 ③ 아직 모른다.

답: ____________________

위의 네 공이 실제로 다음과 같은 공들의 일부였다면 어떤가요? 이 항아리는 어떤 색깔의 공이 많은 항아리일까요?

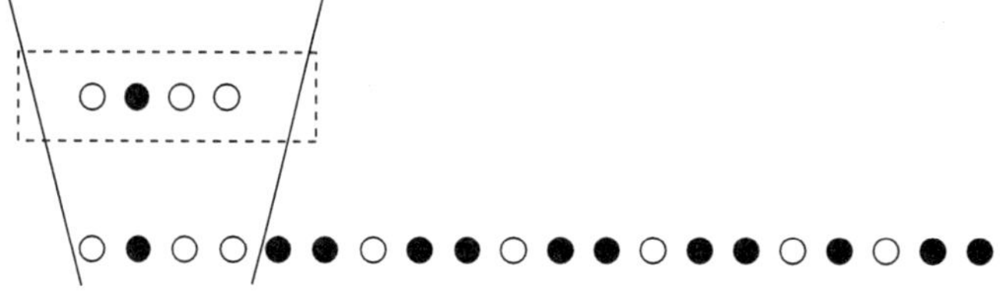

① 흰 공이 많은 항아리 ② 검은 공이 많은 항아리 ③ 아직 모른다.

답: ____________________

항아리 실험에서 당신은 어떤 결론을 내렸습니까? 당신은 섣불리 결론을 내린 것인가요? 어떻게 생각하시나요?

〈 나의 생각 〉

____

____

치료자 tip ......

환자가 섣부르지 않다고 결론을 내린다면 그 생각의 차이에 대해서 이야기를 나누어 봅시다. 생각의 차이가 있더라도 좀 더 회기를 진행하면서 차차 생각해 보면 됩니다. 환자에게 다른 생각을 가진 사람의 말을 경청하고 이야기 나누는 것이 중요함을 치료자가 직접 보여 줄 수 있습니다.

이 섣부른 결론 편향이 실제 생활에서 나타나는 예를 보겠습니다. 검은 정장을 입고 선글라스를 쓴 남자가 내 뒤에서 걸어오는 것을 발견하였다고 합시다. 보통 사람들은 그런 일이 평균 다섯 번 정도 반복될 때 '저 사람이 나를 쫓아다니나?' 라는 생각을 하게 된다고 하면, 피해망상을 가진 사람은 두 번만 반복되어도 또는 심지어 한 번만 보고도 '누가 나를 쫓아다닌다' 는 생각을 하게 된다는 것입니다. 더욱이 그러한 생각이 들었을 때 보통 사람은 '설마 그런 일이 있을까?' 라고 스스로 의심하기도 하지만, 망상이 있는 사람은 '그럴 것임에 틀림없다' 고 자신의 결론을 더 강하게 고수하기도 합니다.

피해망상을 가진 사람의 오류는 무엇인가요? 나의 생각을 한번 적어 봅시다.

〈 **나의 생각** 〉

치료자 tip ......

'섣부른 결론 편향' 은 한두 번만으로 결론을 내리는 것을 의미하는데, 결론을 뒷받침하는 근거 또한 섣불리 결론지은 것들로 이루어져 있어 그 근거들도 불충분하다고 할 수 있습니다.

(5) 부정적이거나 혼란스러운 자기상

자기 자신과 다른 사람에 대한 부정적인 시각의 특성에 따라 정신증 환자군이 나뉠 수 있으며, 이는 '불쌍한 나(poor me)' 와 '못난 나(bad me)' 라고 이름 붙일 수 있습니다.

'누군가 내 음식에 독을 집어넣는다'와 같은 피해망상을 가진 환자를 예로 들어봅시다. '억울한 나'의 시각을 가진 환자는 '누군가 내게 말도 안 되는 나쁜 짓을 하고 있는데 그것도 몰랐던 내가 억울하다.'라고 생각하는 반면, '못난 나'의 시각을 가진 환자는 '내가 워낙 나쁜 생각을 많이 하니까 나를 없애 버리려는 거야. 나는 그런 일을 당해도 싸다.'라고 생각하게 됩니다. 이러한 심리학적 특성은 유전적으로 결정된 취약성 인자일 수도 있으나, 어린 시절의 어떤 스트레스나 상황에 의한 결과 또는 두 가지 모두의 종합적인 결과일 수도 있습니다. 이처럼 자신이 처해 있다고 생각하는 상황이나 문화적 믿음은 자기 자신에 대한 믿음의 내용이나 확신의 정도에 영향을 줄 수 있습니다.

억울한 나와 못난 나는 상황에 따라 변할 수 있습니다. 보통 자신이 불쌍하고 억울하다고 생각하면서 피해망상이 강화되고, 자신이 못났다고 생각하면서 피해망상과 함께 우울증이 동반된다고 알려져 있습니다.

치료자 tip ……

못난 나에서 억울한 나로 변하면서 정신병적 증상이 발생 · 강화되는 것으로 이해되고 있습니다.

숙제

오늘의 숙제는 인지치료란 무엇인지 공부하는 것입니다. 부록 3 '인지치료란 무엇인가'를 읽어 보고, 마지막 부분의 '나의 마음속에 얽혀 있는 문제들을 찾아보기'의 빈칸에 채워 봅시다.

COGNITIVE THERAPY

제4장

재앙화 사고에서 벗어나기

1. 재앙화 사고를 이해하고 극복하기
2. 자동화 사고에 대해 알기

1. 재앙화 사고를 이해하고 극복하기

'재앙화 사고' 란 어떤 일을 두고 실제로는 그렇지 않음에도 '위험스러운' '참을 수 없는' '큰 재앙을 일으킬 것 같은' 사건으로 여기며 불필요한 불안과 공포를 갖게 되는 잘못된 생각입니다. 여러분도 증상이 지속되면서 생소하고 걱정스럽고 혼란스러운 경험이 지속되면 '점점 더 미쳐 버리지 않을까' 라는 생각과 같은 재앙화 사고가 생겨날 수 있습니다. 자, 그럼 여기서 최근 여러분의 기분이 어떠했는지 한 번 체크해 보도록 할까요?

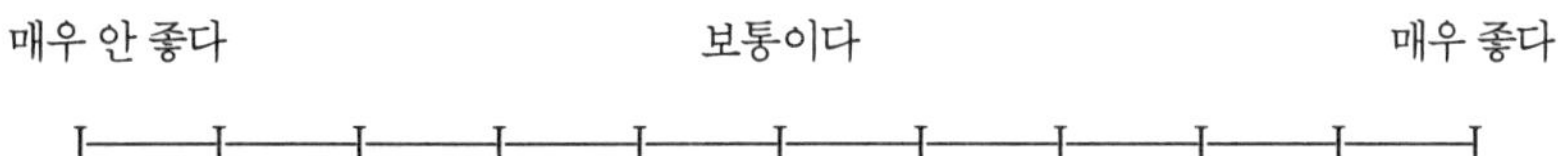

이러한 재앙화 사고는 증상을 악화시킬 뿐 아니라 자신감을 떨어뜨리고 기분을 우울하게 만들며 치료에 대한 의지까지 떨어뜨리게 됩니다.

눈을 감고 마음속으로 한번 생각해 보세요.

'내가 미쳤다' 고요? 천만에요. 여러분은 단지 힘들 뿐입니다!

다음 표에 다시 한 번 현재의 기분 상태를 체크해 봅시다.

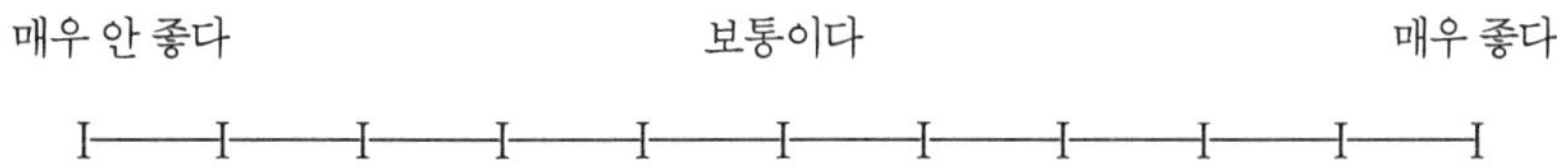

어떻습니까? 자신감이 회복되고 기분이 좀 나아졌습니까?

환자가 자신감, 기분이 나아지지 않았다고 하더라도 아래 두 가지의 과정, 즉 정신증에 대한

정보 알기와 노멀라이제이션(normalization, 정상화하기) 을 통해서 극복할 수 있음을 설명하는 것이 필요합니다.

재앙화 사고는 명백히 잘못된 생각으로 정신증에 대한 정보 알기와 노멀라이제이션을 통해서 이겨 낼 수 있습니다. 이 두 가지 과정은 여러분 스스로에게 어떤 일이 일어나는지 정확하고 객관적으로 알 수 있도록 도와주고, 그 상황을 이해하도록 돕고, 자신을 비난하지 않게 함으로써 결과적으로 잘 지낼 수 있도록 도와줄 것입니다.

1) 정신증에 대한 정보 알기

정신증에 대한 정보를 아는 것은 여러분과 주변 사람들에게 무엇이 잘못된 것인지, 진단이 무엇인지, 이런 증상들이 왜 생겼는지를 알게 해 줌으로써 도움을 줄 수 있습니다.

치료자 tip ......

정신증에 대한 정보 알기는 증상의 호전이나 병에 대한 인식(insight gaining)을 가져오기보다 자살사고를 증가시킨다는 보고들도 있기 때문에 인지행동적인 차원에서 이루어져야 합니다. 일반적인 정신건강 교육에서는 '생물의학적 모델(biomedical model)' 을 주로 설명하지만 인지행동적 차원에서는 다양한 모델을 받아들이고 또 그에 따라 설명하여 줄 수 있습니다.

치료자 tip ......

'조현병(schizophrenia)' 이라는 진단명을 사용할 때는 각별한 주의가 필요하며 가급적 '정신증' 이라는 용어를 사용하도록 합니다.

(1) 나의 병에 대해 알아 가기

여러분은 평소와 다른 경험을 하셨을 겁니다. 다음의 질문에 대해 생각하고 답해 봅시다.

1. 평소와 다른 경험에 대해서 어떤 것을 알고 싶으세요?

___

2. 평소와 다른 경험에 대해 이전에 어떻게 설명을 들으셨나요?

___

3. 평소와 다른 경험에 대해 어떻게 느끼시나요?

___

4. 평소와 다른 경험은 어떤 것을 의미하나요?

___

5. 여러분의 진단명에 대해 알고 있나요?

___

치료자 tip ……

2장 정신증 이해하기의 숙제에서 작성한 '증상 알아 가기' 표를 참조하도록 합니다.

전문적인 용어를 사용하면서 교육하다 보면 환자들이 이해하기 어렵다는 단점이 있습니다. 그러나 환자가 그들의 경험을 잘 이해하고, 그에 대해 명명하고, 그런 경험과 거리를 유지하게 하기 위해 전문적인 용어를 사용하는 것이 효과적일 수 있습니다. 예를 들어, 증상을 설명하기 위해 '신체망상' '편집증' '사고 전파' 등과 같은 용어를 사용하는 것입니다. 이를 위해서는 우선 용어를 정확히 설명하는 것이 필요합니다.

치료자 tip ……

만약 환자가 자신의 진단명에 대해 알지 못하고 그에 대해 혼란스러워하거나 인정하지 않는

> 다면 계속 그것을 강조하지 않는 것이 좋습니다. 가장 중요한 것은 환자들이 치료자에게 도움을 받을 만한 문제를 가지고 있다는 것을 인식하는 것이며, 이 과정에서 환자들이 협조하도록 하는 것입니다. 치료의 필요성에 대해 잘 받아들일수록 그리고 자신의 증상이 내부에서 생긴다는 것을 잘 인지할수록 치료의 효과가 좋다고 알려져 있습니다. 따라서 이러한 요소에 초점을 맞추는 것이 중요합니다.

여러분에게 '왜' 그런 경험이 생긴 걸까요? 가능한 원인에 대해 모두 체크해 보세요.

① 스트레스가 많았다. (　　　)
② 비슷한 경험을 한 가족이 있다. (　　　)
③ 잠을 잘 자지 못했다. (　　　)
④ 예민한 성격이다. (　　　)
⑤ 뇌 속의 변화가 일어났다. (　　　)
⑥ 얼마 전에 복용한 약 때문이다. (　　　)
⑦ 오랫동안 혼자 지냈다. (　　　)
⑧ 오랫동안 제대로 먹지 못했다. (　　　)
⑨ 운이 나빴다. (　　　)
⑩ 기타 ________________________________

'잠을 잘 자지 못했다.' 의 예를 살펴봅시다. 의대생을 대상으로 수면 차단 실험을 통해 스트레스를 받게 한 경우 그들은 예민해지며 환청을 듣거나 기괴한 행동을 하기도 했습니다. 하지만 실험이 중단된 후에 실험 참여자들은 곧 완전히 회복되었습니다. 그러나 스트레스에 취약성을 가진 사람들은 실험이 중단된 이후에도 그러한 경험이 지속되었습니다.

또한 스트레스가 감소하고 병에서 회복되었다 하더라도 과거에 증상이 있었다는 사실 자체가 다시 스트레스로 작용할 수 있습니다. 예를 들어, 정신증적 증상이 있었다는 것으로 인해 직장과 친구를 잃었을 수도 있고, 스스로가 혹은 가족들이 자신을 어떻게 생각할지에 대해 항상 예민하게 반응하게 되었을 수도 있습니다. 이러한 악순환이 나타날 수 있기 때문에 더욱더 자신의 상태에 대해 정확히 하는 것이 필요합니다. 그러므로 자신의 상태에 대해 궁금한 것을 적어 보고 치료자에게 질문해 보도록 합시다. 다음 빈칸에 궁금한 것들에 대해서 적어 보고 치료자와 함께 이야기해 보도록 합시다.

질문 있습니다!!

1.

2.

3.

치료자 tip ......

질문이 없을 경우 환자가 현재 힘들어 하는 문제들(예: 스스로 주눅 들기)을 살펴보며 이러한 것들이 혹시 재앙화 사고로 인한 것은 아닌지 함께 생각해 보도록 합시다.

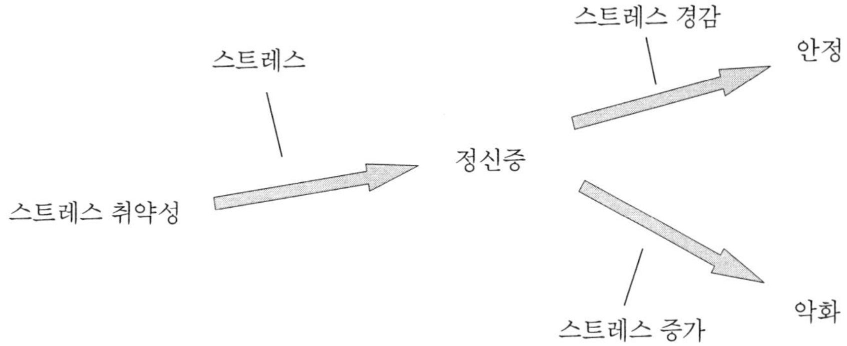

치료자 tip ......

앞의 그림을 함께 보면서 설명하여 주고, 앞 장에 제시된 스트레스-취약성 모델 도표를 다시 한 번 함께 살펴보도록 합시다.

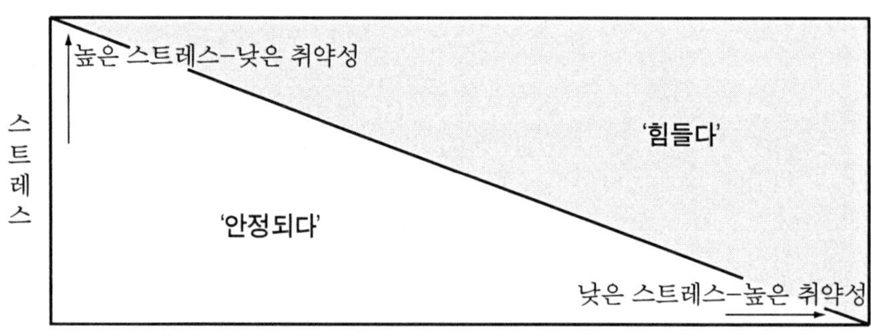

(2) 약에 대해 알아 가기

여러분은 약을 왜 복용해야 할까요? 매번 약을 챙겨서 복용하기 귀찮을뿐더러 '약을 복용하면 혹시 내 몸에 이상한 변화가 생기지 않을까' 라는 두려움도 있을 것입니다. 또한 약을 복용하면서 졸림, 체중 증가, 떨림, 안절부절못함, 경직과 같은 부작용이 생길 수도 있습니다. 하지만 약은 '스트레스 내인력(견디는 힘)' 을 길러 주는 중요한 역할을 합니다. 또한 숙면을 이룰 수 있게 하고 불안을 감소시키며 환청이나 어떤 잘못된 믿음을 호전시키는 데 도움을 주는 것으로 알려져 있습니다. 다음 빈칸에 질문에 대한 답을 적어 보면서 치료자와 함께 이야기해 보도록 합시다.

약을 복용하면서 불편한 점에 대해 생각해 봅시다.

____

____

____

약을 복용하면서 좋아진 점에 대해 생각해 봅시다.

____

____

____

치료자 tip......

그럼에도 불구하고 약을 거부하는 환자에게는 "좋아요. 우리 서로 의견이 좁혀지지 않네요. 그렇다면 약을 복용하지 않으면 어떨지 우선 지켜보도록 합시다. 당신이 힘들어진다면 어떤 현상이 일어날까요?" (환자가 얘기한다면? 불면, 예민해짐, 환청 등) "그런 증상이 나타난다면 바로 저에게 와서 그 상태에 대해서 다시 얘기해 볼 수 있을까요? 얼마나 정기적으로 저를 만날 수 있을까요?" 와 같은 언급을 통해 다시 치료진에게 돌아올 수 있도록 문을 열어 두는 것이 필요합니다. 치료자는 환자에게 지시하는 것이 아니라 설명하는 데 많은 시간을 할애해야 합니다. 다른 시각으로 본다면 환자는 자신이 복용하는 약이나 치료에 대해 결정할 권리를 가진 중요한 사람과 협상을 하고 있는 것입니다.

2) 노멀라이제이션

치료자 tip......

노멀라이제이션은 환자가 아닌 일반인의 경우에도 스트레스를 심하게 받는 상황에서는 환청이나 망상과 같은 정신증적 증상이 나타날 수 있다고 환자에게 설명해 주는 것입니다. 노멀라이제이션의 목표는 다음과 같습니다.

- 자신의 증상에 대해 더 잘 이해할 수 있도록 해 줌
- 자신이 '미친 것' 이라고 생각하면서 생긴 공포를 줄여 줌
- 망상의 대안적 설명과 환청에 대한 재해석을 가능하게 도와줌
- 낙인(stigmatization)과 고립감을 줄여 줌

앞에서 여러분은 여러분의 경험과 그 원인들에 대해 생각해 보았습니다. 그런데 이러한 경험이 여러분 혼자만의 경험일까요? 다음의 예에 대해 함께 생각해 봅시다.

- 태영이는 혼자서 공부를 할 때 간혹 핸드폰 문자 알람 소리를 들음
- 미희는 갑자기 자신이 방에 들어갔더니 조용해진 경우 사람들이 자신에 대해 얘기한 것은 아닌지 생각함
- 미영이는 남편이 죽은 후 가끔씩 남편의 목소리를 들음
- 태희는 시험 공부로 사흘간 잠을 못 자자 '시험 잘 봐야지' 하는 소리를 들음
- 지영이는 은행강도에게 인질로 잡혔던 경험을 한 이후로 모든 사람이 은행강도의 모습처럼 보이는 경험을 함
- 종수는 매우 피곤할 때 아무도 없는데도 자신의 이름을 부르는 소리를 들음

이러한 현상들은 정신증을 진단받지 않은 사람들도 정상적으로 겪을 수 있는 경험입니다. 그리고 생각보다는 흔한 경험입니다. 여러분의 증상에 대해서 '나만 겪고 있는' '미친' 경험이라고 여기면서 고민할 필요는 없습니다.

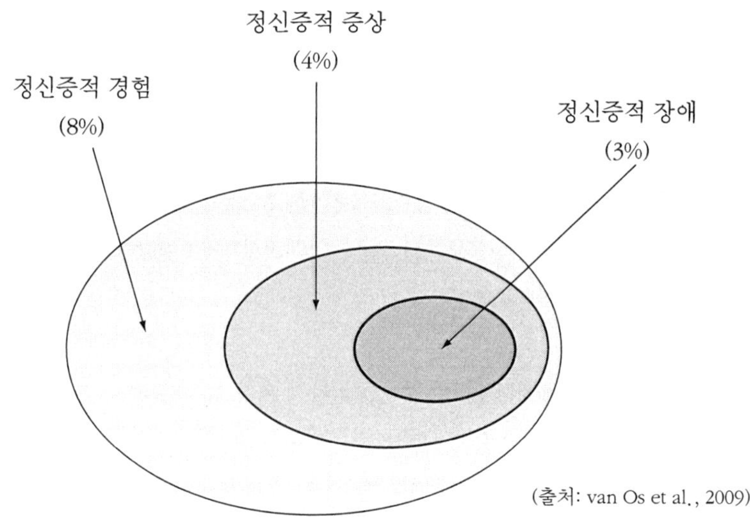

(출처: van Os et al., 2009)

이 그림은 유럽에 거주하는 사람들을 대상으로 정신증적 경험, 정신증적 증상, 정신증적 장애의 비율을 알아본 연구 결과입니다. 이처럼 일반인 중에도 생각보다 많은 사람들인 전체인구의 8%가 정신증적 경험을, 4%가 정신증적 증상을 평생에 1회 혹은 그 이상 경험하는 것을 알 수 있습니다.

하지만 정상적이고 생각보다 흔하다고 해서 이러한 경험이 문제가 되지 않는 것일까요? 치료를 받지 않아도 되는 것일까요? 여러분은 어떻게 생각하시나요?

의문점: "다른 사람들도 목소리(환청)를 듣기도 한다던데, 그러면 내가 듣는 목소리(환청)도 무슨 문제가 되겠어?"

여러분의 생각 : ____________________

____

치료자 tip ......

노멀라이제이션의 단점은 혹시라도 문제를 축소화하고 잘못 이해할 수 있다는 것입니다. 극단적으로는 '우리 모두 환청을 듣는데 환청이 뭐가 문제가 되나?' 와 같은 태도를 보이게 됩니다. 그러나 환자들이 환청을 받아들이는 것은 그 소리와 함께 살아가고 있다는 것을 받아들인다는 의미이지 아무런 문제가 안 된다는 식의 문제를 축소시키라는 의미는 아니라는 것을 유념하도록 말해 주어야 합니다.

중요한 것은 이 경험(환청 등)이 여러분에게 고통을 주고 일상생활에 지장을 주고 있다는 점입니다. 이러한 경험은 저절로 사라질 수도 있지만, 안타깝게도 일부의 경우는 사라지지 않고 진행될 수도 있습니다. 그러므로 우리가 서로 이 경험에 대해서 주목하고 이해하려고 노력하는 것입니다.

그럼 이번에는 정신질환을 앓고 있는 사람에 대해서 일반 사람들은 어떻게 생각하고 있는지 한번 살펴볼까요?

정신질환을 앓고 있는 사람에 대한 일반 사람들의 인식 및 태도

- 능력이 부족하다. - 54%
- 성격이 부정적이다. - 44%
- 심한 정신적 갈등을 갖고 있다. - 31.3%
- 두렵고 왠지 기분이 언짢다. - 13.7%
- 공격적인 행동을 보인다. - 2%

(출처: 김광일 등, 1989; 이은희 등, 2009)

이것은 우리나라 사람들을 대상으로 정신질환을 앓고 있는 사람에 대한 인식 및 태도에 대해서 연구한 결과입니다.

어떠한가요? 여러분의 모습과 비슷한가요?

대부분은 그렇지 않을 것입니다. 그럼에도 불구하고 많은 사람들이 정신증에 대한 잘못된 생각을 갖고 있습니다. 이러한 잘못된 생각은 타인, 여러분의 가족, 치료자, 여러분 자신에 의해 생길 수 있습니다. 미디어의 과장되고 잘못된 정보에 의해 여러분은 불필요한 두려움을 갖거나 심지어 소외되기도 합니다. 또한 '정신증' 이라는 용어 자체를 두려움, 예측 불가능, 당혹스러움, 폭력, 퇴행과 연결시키기도 합니다. 이러한 믿음은 정신증적 증상을 경험한 사람들은 일반 사람들과 다르다는 생각에서 기인하는 것입니다. 이러한 생각은 명백히 잘못된 것이며, 노멀라이제이션을 통해 정신증을 완전히 다른 사람의 특성으로 여기기보다 '집중적인 치료가 필요한' 정신과적 질환으로 인식하는 것이 중요합니다.

3) 믿음과 망상

다음은 비과학적인 현상에 대한 사람들의 믿음을 정도에 따라 나타낸 것입니다.

- 신은 존재한다. – 68%
- 오늘의 운세 등을 통해 미래의 일을 예측할 수 있다. – 50% 이상
- 유령, 귀신이 존재한다. – 25% 이상
- 환생은 실제로 있는 일이다. – 25%
- 별자리가 운명을 결정한다. – 23%
- 악마가 실제로 있다. – 21%

이러한 생각을 가진 사람들은 모두 정신증일까요? 만일 그렇게 생각한다면 그 이유는 무엇입니까?

여러분의 생각: ____________________

____

비과학적인 현상에 대한 믿음은 매우 흔한 일입니다. 우리 주변의 많은 사람들이 운명을 알기 위해 신점을 보고 액운을 없애기 위해 굿을 하기도 하는 것처럼 말입니다. 그리고 악마나 유령의 존재에 대한 생각은 일부 사람들의 삶에서는 중요한 요소가 되기도 합니다. 이에 대해 우리는 정신증적 증상이 있다고 생각하지는 않습니다. 믿음(beliefs)과 망상(delusions)을 구분하는 것은 사회적 · 관습적으로 결정된다고 볼 수 있습니다. 사회적 · 관습적으로 받아들여지지 않는 믿음이 지속되면서 여러분을 괴롭히게 될 때 그것을 망상이라고 하는 것입니다. 사회적 · 관습적으로 받아들여지는 믿음은 망상이 아닙니다.

치료자 tip......

인지행동치료에서는 비과학적으로 설명하는 모델에 대해서도 인정하도록 합니다.

2. 자동화 사고에 대해 알기

치료자 tip......

이 절은 자동화 사고(automatic thought)에 관한 것입니다. 환자는 노멀라이제이션을 시도한 상황에서 자동화 사고가 지속될 경우에는 스스로 '만약 내가 아픈 것이 아니라면 나는 나쁜 사람일 것이다.' '만약 이런 생각을 하는 것이 외부에서 말하는 어떤 존재가 아니라 바로 나라면 나는 악마임에 틀림없다.' 라는 식의 믿음을 갖게 될 수 있습니다. 이럴 경우 다음과 같은 과정을 통해 그 위험성을 줄일 수 있습니다.

다음의 '생각' 은 해서는 안 되는 것일까요? 해서는 안 되는 생각에 표시해 봅시다.

- '물이나 커피를 마시고 싶다.' (   )
- '저 사람을 때리고 싶다.' (   )
- '저 사람은 왜 저렇게 생겼을까?' (   )
- '언제 끝날까?' (   )
- '저 사람은 무슨 말을 하는 걸까?' (   )

생각은 자동으로 떠오르는 것이지 내 의지대로 떠오르는 것이 아닙니다!

많은 경우 우리가 무엇을 하든, 어디에 집중하고 있든 상관없이 우리의 생각은 그냥 흘러가고 있습니다. 이렇게 저절로 흘러서 떠오르는 사고를 '자동화 사고' 라고 합니다. 지금 이렇게 모임을 가지고 있는 동안에도 '물을 마시고 싶다.' 혹은 '언제 끝날까?' 라는 생각이 떠오를 수 있습니다. 심지어는 '저 사람을 때리고 싶다.'

라는 생각도 떠오를 수 있습니다. 이러한 생각은 지극히 자연스러운 것입니다. 생각은 자동적으로 흐르는 것이지 의식적으로 하는 것이 아닙니다.

자동화 사고에 대해 충분히 이해하면서 생각과 행동을 구분하는 것이 인지치료의 핵심입니다. 여러분은 공격적이고 적대적인 생각, 성적인 생각 또는 이상한 내용의 생각이 떠오를 때 '내가 어떻게 이런 생각을 할 수 있지?' 라며 자신을 비난하곤 합니다. 하지만 여러분의 생각은 의도하지 않아도 저절로 생각나는 것들이 많습니다. 또한 생각은 생각일 뿐이지 그 생각대로 행동한 것은 아니기 때문에 스스로를 비난하거나 자책할 필요가 없습니다.

지금까지 정신증에 대한 정보, 노멀라이제이션, 자동화 사고에 대해 알아보았습니다. 이 과정에서 중요한 것은 여러분을 제일 힘들게 하는 '상태가 악화되어 가고 있다.' '내가 점점 미쳐 가고 있다.' 라는 두려움을 가질 필요가 없다는 것입니다. 이 과정에 참여했던 고독이의 경험을 함께 살펴보며 이 시간을 마치겠습니다.

고독이는 '노멀라이제이션' 과정을 통해 자신의 목소리(환청)을 이해하는 데 도움을 받았다. 그는 잠을 자지 않거나 스트레스를 받는 것이 자신에게 환청을 일으킬 수 있다는 것을 받아들이며 자신의 증상을 좀 더 잘 이해할 수 있었다. 스스로의 증상을 잘 이해하면서 자신이 정신증을 가지고 있다는 것을 들어도 이전처럼 속상해하지 않게 되었고, 자신의 병을 더 정확히 잘 이해할 수 있게 되었다.

숙제로는 재앙화 사고에서 벗어나기(탈재앙화) 연습을 해볼 겁니다.
여러분이 갖고 있는 재앙화 사고를 생각하고 이것을 바로잡아 보세요.

예)

재앙화 사고	탈재앙화
- '죽어라' 라는 내용의 목소리가 나한테만 계속 들리는 것으로 보아 나는 정말 죄를 많이 지은 사람인 것 같다.	- 내가 죄를 많이 지어서 목소리가 들리는 것이 아니라 요새 시험 준비를 하느라 스트레스를 많이 받아서 환청을 더 듣는 것 같다. 맞아. 누구든지 스트레스를 받으면 환청을 들을 수 있는 거고. 내가 죄를 지어서 환청을 듣는 게 아니야.

COGNITIVE THERAPY

제5장

집짓기
(조직화하기, formulation)

1. 나의 문제와 보호 요인 조직화하기
2. 생각, 느낌, 행동의 연결 고리 조직화하기
3. 나의 사회적 상황과 신체적 상태 조직화하기
4. 나의 관심사와 소망 조직화하기
5. 집짓기 1차 완성

여러분은 '1장 인지치료에 앞서'의 '나의 문제와 어려움 찾기'를 통해 자신의 과거문제와 사회적 환경, 장점 등 여러 분야에서 자신에 관한 정보를 스스로 정리하였습니다. 또한 2, 3장을 통해 정신증의 증상 및 종류, 스트레스-취약성 모델에 대해서 알게 되었고, 4장에서 재앙화 사고와 노멀라이제이션에 대해 배웠습니다. 이제 이러한 정보들을 토대로 스스로를 더 잘 이해하기 위해 '나 자신에 관한 집'을 짓는 과정을 해 보도록 하겠습니다.

치료자 tip......

집을 짓는 과정은 자신에 관해 정리해 나가는 것에 의미가 있는 것이므로, 빠짐없이 꼼꼼하게 하기 위해 애를 쓰기보다는 정확하지 않거나 부족한 부분을 앞으로 차근차근 고민해 나가는 것이 좋습니다.

1. 나의 문제와 보호 요인 조직화하기

먼저 여러분의 현재 문제 중 가장 중요한 것이 무엇인지 정해야 합니다. 평가 시간에 했던 여러 설문지들이나 '1장 나의 문제와 어려움 찾기' '2장 정신증 이해하기'와 '3장 정신증의 인지 모델 이해하기'의 숙제에서 작성했던 내용들 중 지금 시점에서 가장 중요한 것(증상)이 무엇인지 결정하도록 합니다.

그런 다음 현재의 문제에 영향을 끼쳤을 여러분의 선행 요인(predisposing factor), 촉발 요인(precipitating factor), 지속 요인(perpetuating factor)에는 무엇이 있을지 생각해 봅시다. 이것을 결정하는 데는 평가하면서 얻었던 과거문제, 사회적 환경, 물질 남용 등의 다양한 분야에 대한 모든 정보를 고려해야 합니다.

우선 선행 요인이란 왜 병이 생겼을까, 왜 증상에 더 민감하게 반응하게 되었을까 하고 생각해 보는 것입니다. 여기에는 정신과적 질환의 가족력(조현병, 우울증), 어린 시절의 개인적 경험, 음주 및 약물 남용, 기타 내과적 문제들을 들 수 있습니다.

두 번째, 촉발 요인이란 증상과 관계 있을 만한 비교적 최근의 사건을 말하는 것으로, 최근 학업 및 결혼생활에서의 문제, 가족의 상실, 이성과의 갈등 등을 그 예로 들 수 있습니다.

세 번째, 지속 요인이란 병이 잘 낫지 못하게 하고 재발하게 될 수 있는 악화 요인을 말하는 것으로, 친구가 별로 없다거나 부모님과 사이가 나쁘다거나 하는 대인관계의 문제와 경제적인 어려움 같은 것도 포함됩니다.

아직 무엇이 어디에 해당되는지 잘 모르시겠다고요? 우진의 예를 통해 선행 요인, 촉발 요인, 지속 요인을 구분해 보도록 하겠습니다. 치료자와 함께 우진의 문제 목록 중 어떤 문제가 선행 요인, 촉발 요인, 지속 요인에 해당하는지 줄을 그어 봅시다.

치료자 tip ......

줄을 긋는 과정은 선행 요인, 촉발 요인, 지속 요인이라는 개념을 이해하기 위한 것입니다. 이러한 개념을 이해하고 나면 자신의 문제 목록을 작성하고 줄을 그어 가게 됩니다.

〈 우진의 문제 목록 〉

1. 알코올 중독인 아버지의 폭행
2. 형의 자살로 인한 충격
3. 형과 자신을 차별하던 어머니
4. 대학에서 잘 적응하지 못함
5. 부모님의 이혼
6. 경제적인 빈곤, 등록금 걱정
7. 부모님의 무관심
8. 혼자 살고 있음
9. 친구가 적음
10. 경제적으로 어려움

〈 현재 가장 중요한 문제(증상) 〉

11. 나에 대해 욕하는 소리가 들림
12. 사람들이 나를 보고 비웃는 느낌
13. 불면증
14. 집중하기 어려움

선행 요인

1. 알코올 중독인 아버지의 폭행
2. 형의 자살로 인한 충격
3. 형과 자신을 차별하던 어머니
7. 부모님의 무관심

촉발 요인

4. 대학에서 잘 적응하지 못함
5. 부모님의 이혼
6. 경제적인 빈곤, 등록금 걱정
10. 경제적으로 어려움

지속 요인

7. 부모님의 무관심
8. 혼자 살고 있음
9. 친구가 적음
10. 경제적으로 어려움

우진의 증상은 선행 요인, 촉발 요인, 지속 요인에 의해 발생한 결과물로, 원인이 되는 요인들과 결과인 증상을 구분해야 합니다. 이제 앞에서 치료자와 함께 찾았던 자신의 문제들을 모두 나열해 보고 무엇이 어디에 해당하는지 치료자와 함께 줄긋기를 해 봅시다. 물론 하나의 예가 선행 요인인 동시에 촉발 요인도 될 수 있고, 앞으로의 지속 요인과 겹칠 수도 있습니다.

〈 나의 문제 목록 〉

1장의 '나의 문제와 어려움 찾기' 에서 찾은 것들을 참조합니다.

1.

2.

3.

4.

5.

6.

7.

8.

9.

10.

〈 현재 가장 중요한 문제(증상) 〉

2장의 '정신증 이해하기' 의 숙제에서 찾은 것들을 참조합니다.

11.

12.

13.

14.

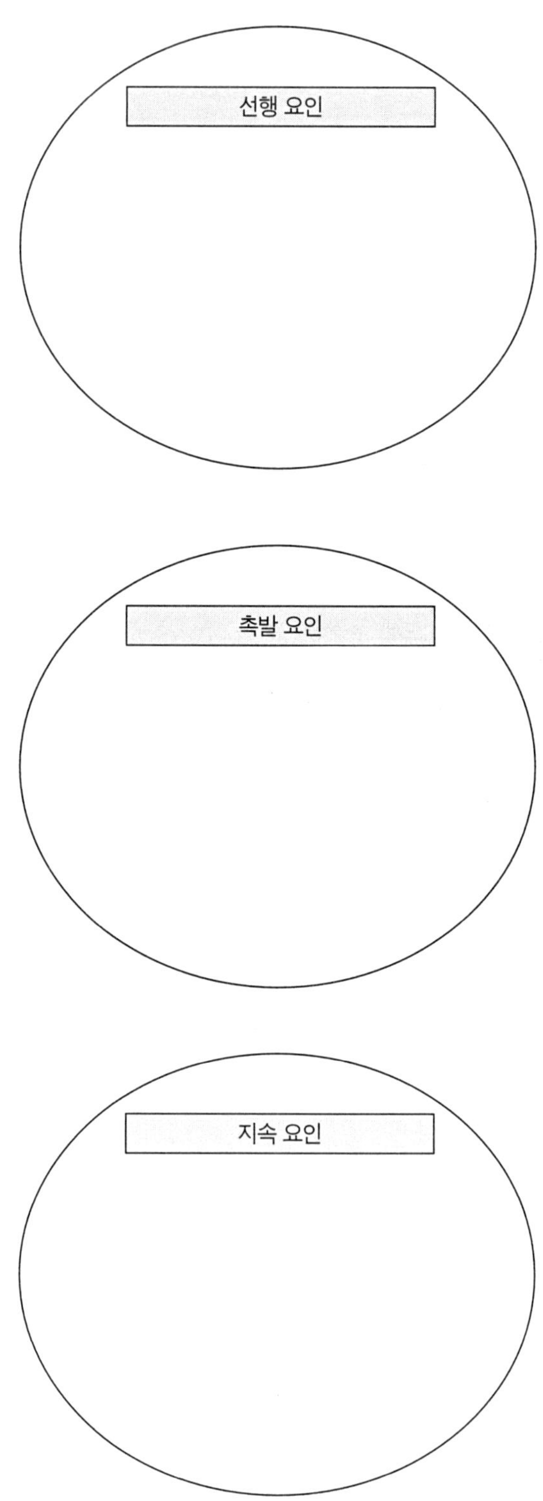

이제 이렇게 나눈 정보를 통해 차근차근 집을 지어 보겠습니다.

먼저 우진의 집짓기 과정을 따라가 보면서 나의 집짓기에 필요한 내용을 작성해 나가도록 하겠습니다.

취약성	스트레스	
선행 요인	촉발 요인	지속 요인
알코올 중독인 아버지의 폭행 형의 자살로 인한 충격 형과 자신을 차별하던 어머니 부모님의 무관심	대학에서 잘 적응하지 못함 부모님의 이혼 경제적인 빈곤, 등록금 걱정 경제적으로 어려움	부모님의 무관심 혼자 살고 있음 친구가 적음 경제적으로 어려움

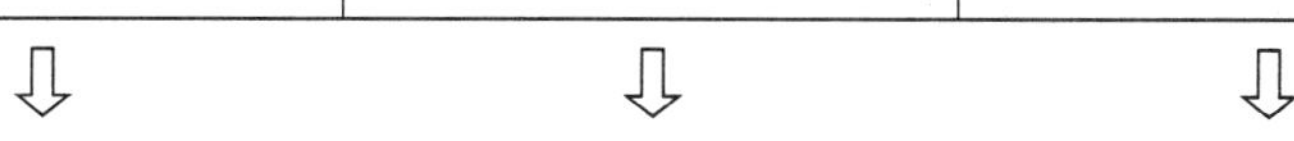

현재 우진의 가장 중요한 문제는?

1. 나에 대해 욕하는 소리가 들린다.
2. 사람들이 나를 보고 비웃는다.
3. 불면증
4. 집중하기 어려움

앞에서 적어 보았던 것 중 나의 가장 중요한 문제(증상)는 무엇인가요? 집짓기에 적용하여 적어 봅시다.

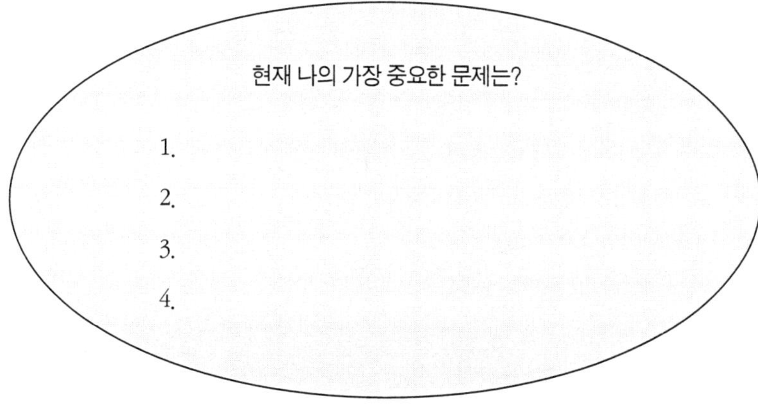

자, 이제는 여러분의 보호 요인을 찾아봅시다. 보호 요인이란 1장 '인지치료에 앞서'의 '나의 멋진 모습 찾기'에서 발견한 나의 장점들을 말하는 것입니다. 이러한 나의 장점들은 이제껏 살아오며 내가 받았던 스트레스나 현재 혹은 미래에도 지속될 문제들로부터 나를 지켜 주는 역할을 하게 됩니다.

신체적으로 건강하다거나, 비교적 높은 수준의 지능이라거나, 특정 작업에 능숙한 것도 충분히 좋은 장점이 될 수 있고, 이것은 여러분의 훌륭한 보호 요인으로 작용할 수 있습니다.

우진의 집짓기를 먼저 볼까요?

취약성	스트레스	
선행 요인	촉발 요인	지속 요인
알코올 중독인 아버지의 폭행 형의 자살로 인한 충격 형과 자신을 차별하던 어머니 부모님의 무관심	대학에서 잘 적응하지 못함 부모님의 이혼 경제적인 빈곤, 등록금 걱정 경제적으로 어려움	부모님의 무관심 혼자 살고 있음 친구가 적음 경제적으로 어려움

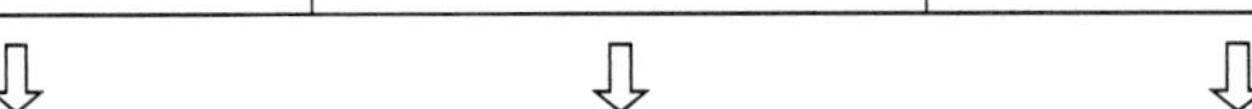

보호 요인

1. 비교적 높은 수준의 지능
2. 신체적으로 건강함
3. 세밀한 작업에 능숙함

현재 우진의 가장 중요한 문제는?

1. 나에 대해 욕하는 소리가 들린다.
2. 사람들이 나를 보고 비웃는다.
3. 불면증
4. 집중하기 어려움

1장의 '나의 멋진 모습 찾기'에서 숙제로 작성했던 여러분의 장점들을 다시 정리해 봅시다.

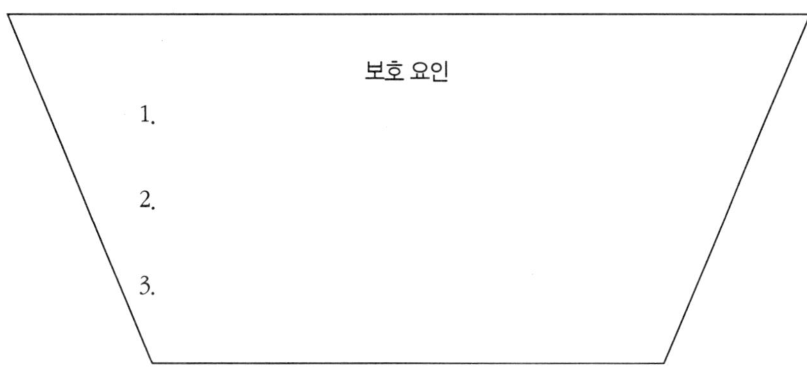

2. 생각, 느낌, 행동의 연결 고리 조직화하기

자, 이제는 여러분이 자신에게 일어난 문제에 대해 어떤 생각을 했는지 알아야 합니다. 일반적으로 어떤 일이 생겼을 때 사람들은 그에 대해 생각하고(thoughts), 느끼고(feelings), 행동하는(behaviors) 일련의 과정을 거치게 됩니다. 그런데 똑같은 상황을 경험하더라도 사람마다 생각이 다를 수 있습니다. 앞에서 예를 들었던 환자인 우진과 승기의 예를 비교해 봅시다.

• 승기의 경우

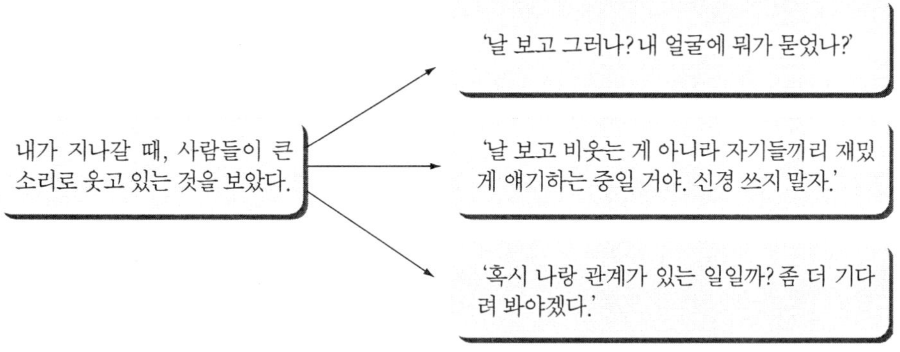

• 우진의 경우

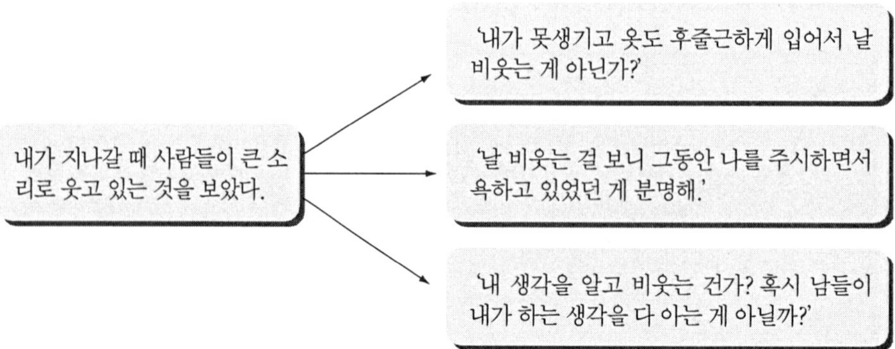

다음으로 생각에 따라 드는 느낌과 행동에 대해서 알아야 합니다. 먼저 느낌을 보면 승기는 자기들끼리 재미있는 이야기를 한 것이라는 생각에 이 일 이후에도 편안하다고 느꼈고 가던 길을 갈 수 있었습니다. 그러나 우진은 같은 일에 대해서 승기와 다른 생각을 가지고 있었고, 따라서 불안해하거나 화가 났습니다. 우진과 같이 생각하고 느낀다면 친구들을 피하거나 벌컥 화를 내고, 학교를 가지 않는 행동을 할 수 있습니다.

위의 예에서 우진과 승기의 '생각-느낌-행동' 의 관계를 정리하면 다음과 같습니다.

• 승기의 경우

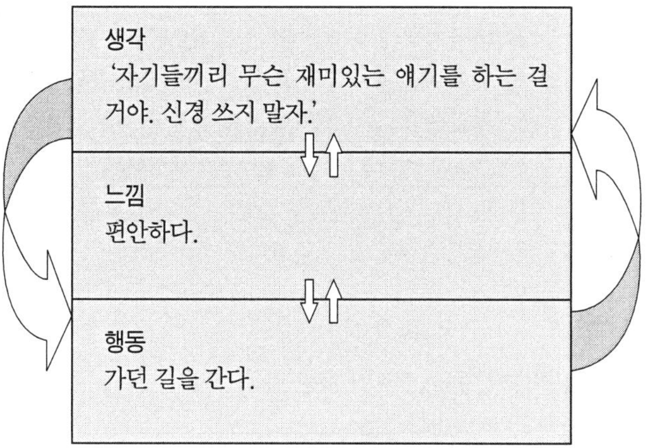

• 우진의 경우

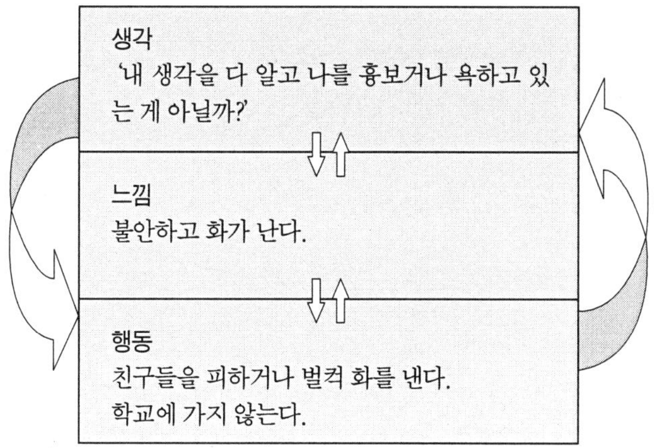

자, 이제 우진의 집짓기에 이를 적용해 보겠습니다.

취약성	스트레스	
선행 요인	촉발 요인	지속 요인
알코올 중독인 아버지의 폭행 형의 자살로 인한 충격 형과 자신을 차별하던 어머니 부모님의 무관심	대학에서 잘 적응하지 못함 부모님의 이혼 경제적인 빈곤, 등록금 걱정 경제적으로 어려움	부모님의 무관심 혼자 살고 있음 친구가 적음 경제적으로 어려움

보호 요인

1. 비교적 높은 수준의 지능
2. 신체적으로 건강함
3. 세밀한 작업에 능숙함

현재 우진의 가장 중요한 문제는?

1. 나에 대해 욕하는 소리가 들린다.
2. 사람들이 나를 보고 비웃는다.
3. 불면증
4. 집중하기 어려움

생각
'내 생각을 다 알고 나를 흉보거나 욕하고 있는 게 아닐까?'

느낌
불안하고 화가 난다.

행동
친구들을 피하거나 벌컥 화를 낸다.
학교에 가지 않는다.

이제 여러분의 집짓기에서 자신이 가지는 '생각-느낌-행동'의 관계를 주의 깊게 생각하면서 다음을 적어 봅시다.

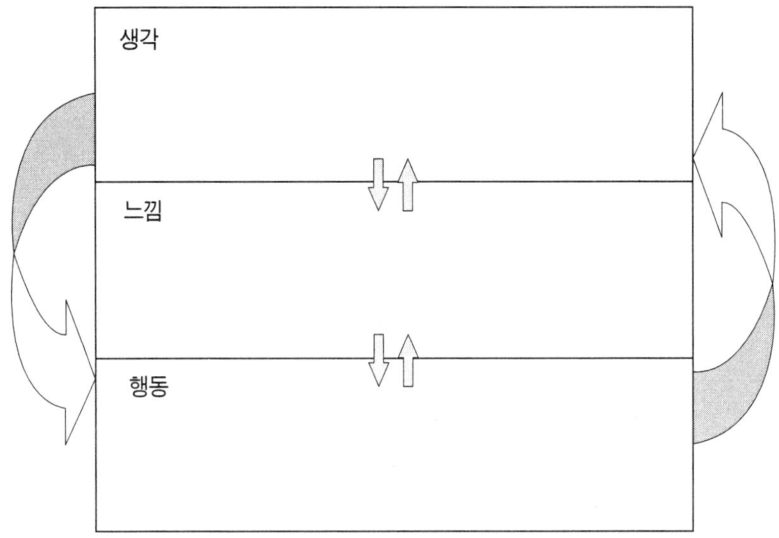

지금까지 여러분은 어떤 취약성이 있고 어떤 스트레스 때문에 현재의 문제나 어려움을 경험하게 되었는지, 또 보호 요인이 될 만한 나의 장점은 무엇인지 조직화해서 파악해 보았습니다. 또 그런 상황에서 어떤 생각을 하고, 무엇을 느꼈으며, 어떻게 행동했는지 파악해 보았습니다.

3. 나의 사회적 상황과 신체적 상태 조직화하기

이제 다음 단계로 현재의 문제와 어려움에 잘 대처하기 위해서 여러분이 처해 있는 사회적 상황과 신체적 상태를 고려할 차례입니다. 사회적 상태란 현재 친구가 거의 없는 것, 부모님과 떨어져 살고 있는 것, 학교나 직장, 경제적인 상황 등까지 포함하는 것으로 촉발 요인과 선행 요인이 이에 중복해서 포함될 수 있을 것입니다. 또한 반드시 부정적인 것뿐만 아니라 친구가 많다거나, 부모님과 함께 살고 있다거나, 경제적으로 넉넉하다거나 하는 등의 긍정적인 요소도 포함될 수 있을 것입니다.

신체적 상태에는 여러분이 가지고 있는 내과적, 신경과적 질환을 비롯하여 변비나 입 마름 등 약을 먹으면서 생기는 부작용에 관한 것도 포함됩니다.

우진의 사회적 상황과 신체적 상태를 한번 볼까요?

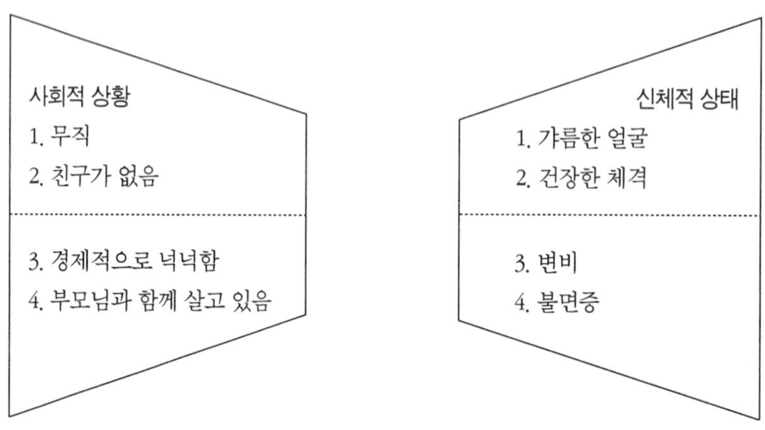

이제 우진의 집짓기를 다시 살펴보겠습니다.

취약성	스트레스	
선행 요인	촉발 요인	지속 요인
알코올 중독인 아버지의 폭행 형의 자살로 인한 충격 형과 자신을 차별하던 어머니 부모님의 무관심	대학에서 잘 적응하지 못함 부모님의 이혼 경제적인 빈곤, 등록금 걱정 경제적으로 어려움	부모님의 무관심 혼자 살고 있음 친구가 적음 경제적으로 어려움

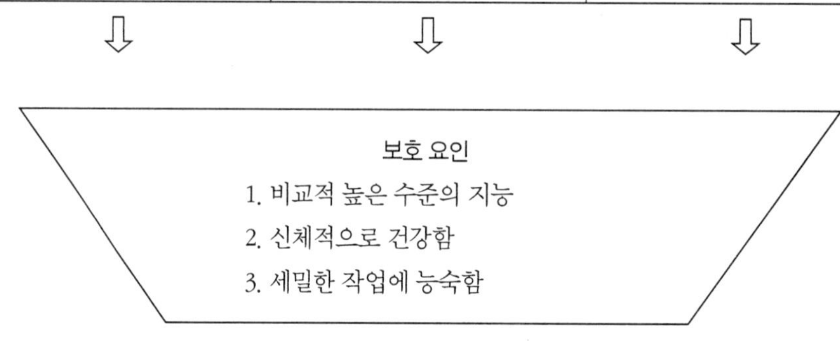

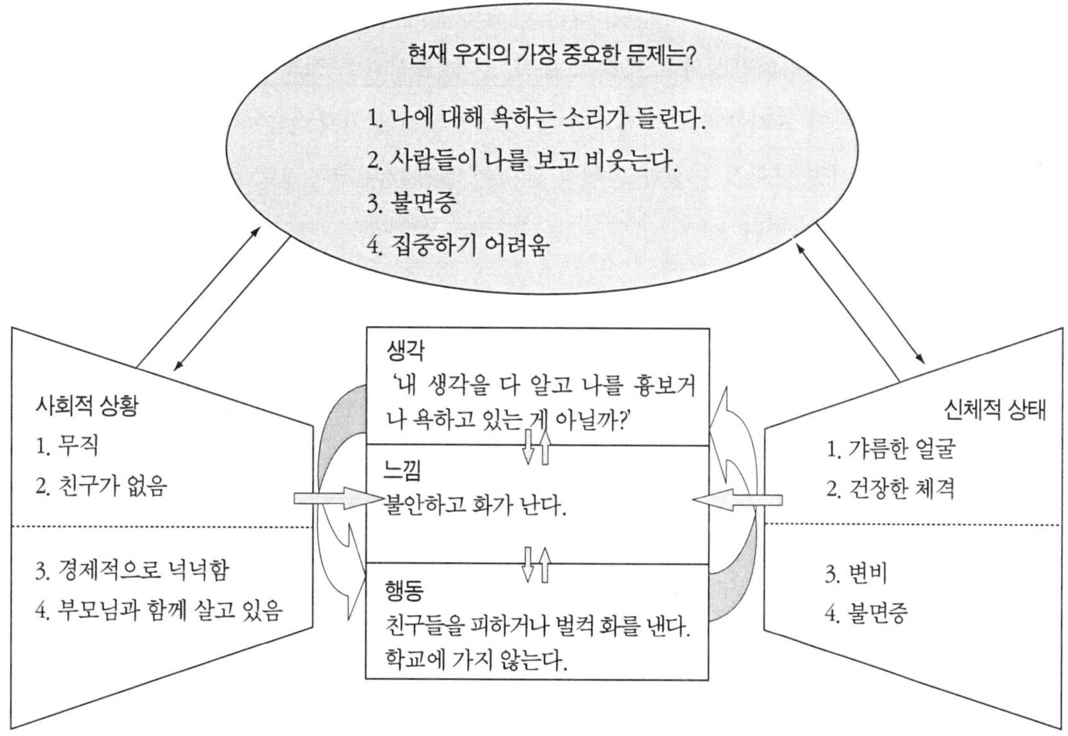

우진의 집짓기에서 보는 것처럼, 사회적 상황과 신체적 상태는 현재의 문제와 어려움에 영향을 미치는 것은 물론, 여러분의 생각-느낌-행동의 고리에도 영향을 미치고, 선행, 촉발, 지속 요인에도 영향을 끼칠 수 있습니다.

이제 여러분의 집짓기에 사회적 상황과 신체적 상태를 작성해 봅시다.

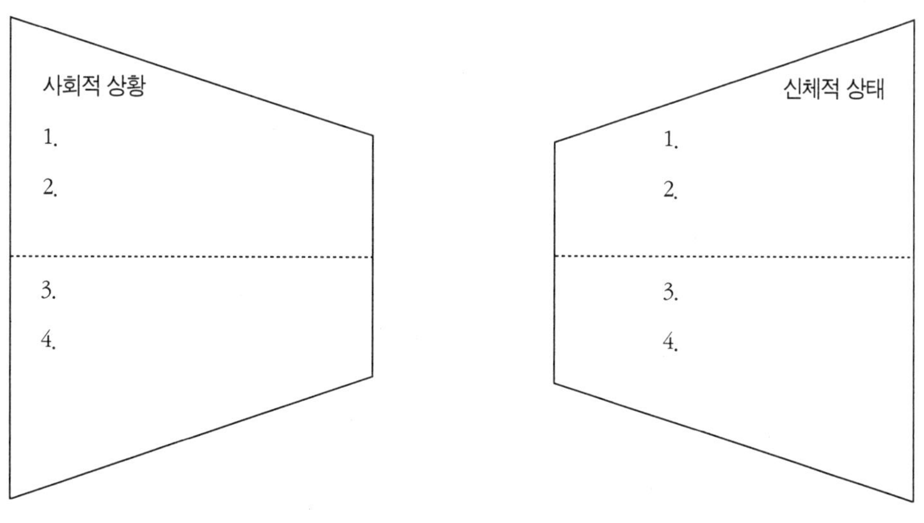

지금까지 우리는 여러분이 겪는 현재의 문제와 어려움을 함께 알아보았고, 이것이 여러분의 취약성과 스트레스 요인, 보호 요인과 어떻게 연결되는지, 또 생각-느낌-행동의 고리들과 어떻게 영향을 주고받는지 알아보았습니다. 또한 여기까지 오는 데 어떤 사회적 환경과 신체적 환경이 영향을 미쳤는지도 조직화하여 파악할 수 있게 되었습니다.

4. 나의 관심사와 소망 조직화하기

이제 여러분의 관심사와 인지치료를 통해 얻고자 하는 소망이 무엇인지 알아보고 이것들을 추가하여 집짓기를 완성하도록 합시다.

치료자 tip ......

환자의 관심사가 무엇인지 파악하는 것은 환자와의 관계 형성에도 도움을 줄 뿐 아니라 향후의 치료계획이나 환자의 예후에 중요한 영향을 끼칠 것입니다.

우선 다음의 것들을 자유롭게 나열해 봅시다.

- 관심사, 하고 싶은 것은 무엇인가요?
- 지금 달라졌으면 하는 것들은 무엇인가요?
- 미래에 대한 계획이 있다면 무엇인가요?
- 가지고 싶은 직업이 있나요?
- 퇴원하게 되면 당장 하고 싶은 것은 무엇인가요?
- 장차 하고 싶은 것들이 있나요?

나열된 것들 중에서 지금 가장 중요하다고 생각되는 관심사나 소망 등을 두세 가지만 선택하여 적어 봅시다.

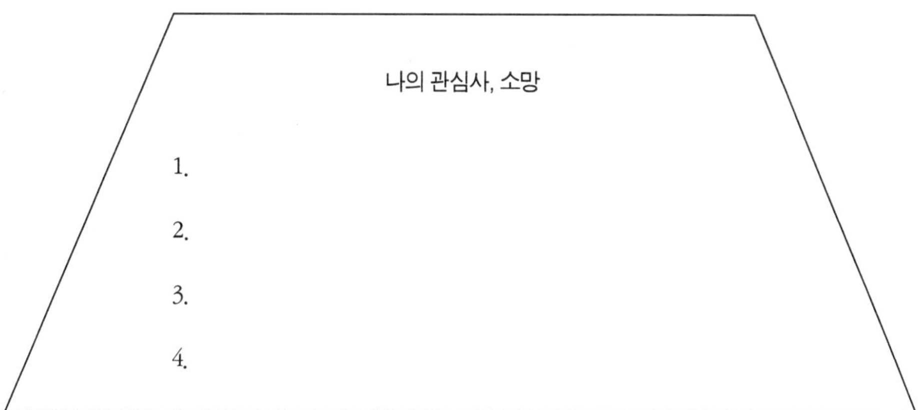

5. 집짓기 1차 완성

이제 집짓기가 다 완성되었습니다.

관심사와 소망이 적용된 우진의 집짓기를 보고, 실제 여러분의 사례를 집짓기에 적용하여 완성해 봅시다.

취약성	스트레스	
선행 요인	촉발 요인	지속 요인
알코올 중독인 아버지의 폭행 형의 자살로 인한 충격 형과 자신을 차별하던 어머니 부모님의 무관심	대학에서 잘 적응하지 못함 부모님의 이혼 경제적인 빈곤, 등록금 걱정 경제적으로 어려움	부모님의 무관심 혼자 살고 있음 친구가 적음 경제적으로 어려움

보호 요인

1. 비교적 높은 수준의 지능
2. 신체적으로 건강함
3. 세밀한 작업에 능숙함

현재 우진의 가장 중요한 문제는?

1. 나에 대해 욕하는 소리가 들린다.
2. 사람들이 나를 보고 비웃는다.
3. 불면증
4. 집중하기 어려움

사회적 상황

1. 무직
2. 친구가 없음
3. 경제적으로 넉넉함
4. 부모님과 함께 살고 있음

생각

'내 생각을 다 알고 나를 흉보거나 욕하고 있는 게 아닐까?'

느낌

불안하고 화가 난다.

행동

친구들을 피하거나 벌컥 화를 낸다.
학교에 가지 않는다.

신체적 상태

1. 갸름한 얼굴
2. 건장한 체격
3. 변비
4. 불면증

나의 관심사, 소망

1. 직업을 가졌으면 좋겠다.
2. 친구들이 많아졌으면 좋겠다.
3. 잠을 편안히 잘 수 있으면 좋겠다.

취약성	스트레스	
선행 요인	촉발 요인	지속 요인

보호 요인

1.
2.
3.

현재 나의 가장 중요한 문제는?

1.
2.
3.
4.

생각

느낌

행동

사회적 상황

1.
2.
3.
4.

신체적 상태

1.
2.
3.
4.

나의 관심사, 소망

1.
2.
3.

집짓기는 여러분 자신에 대해 조직화된 이해를 할 수 있도록 도와줍니다.

오늘 집짓기한 과정을 다시 한 번 찬찬히 검토해 보시기 바랍니다. 또한 회기가 진행되면서 그때마다 느낀 것이 있을 경우 다시 또 검토하시고 수정해 나가시기 바랍니다.

취약성	스트레스	
선행 요인	촉발 요인	지속 요인

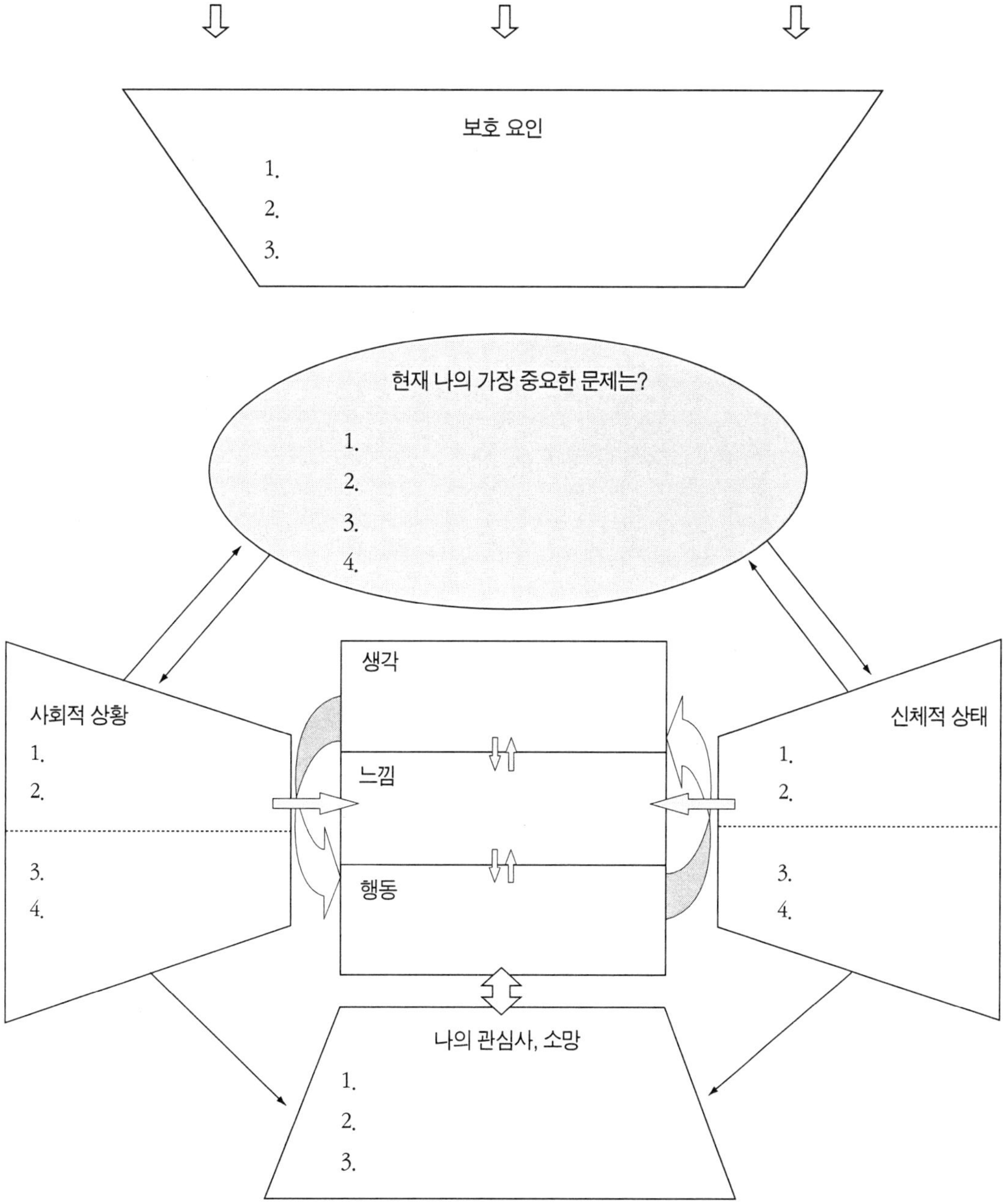

보호 요인

1.
2.
3.

현재 나의 가장 중요한 문제는?

1.
2.
3.
4.

사회적 상황

1.
2.

3.
4.

생각

느낌

행동

신체적 상태

1.
2.

3.
4.

나의 관심사, 소망

1.
2.
3.

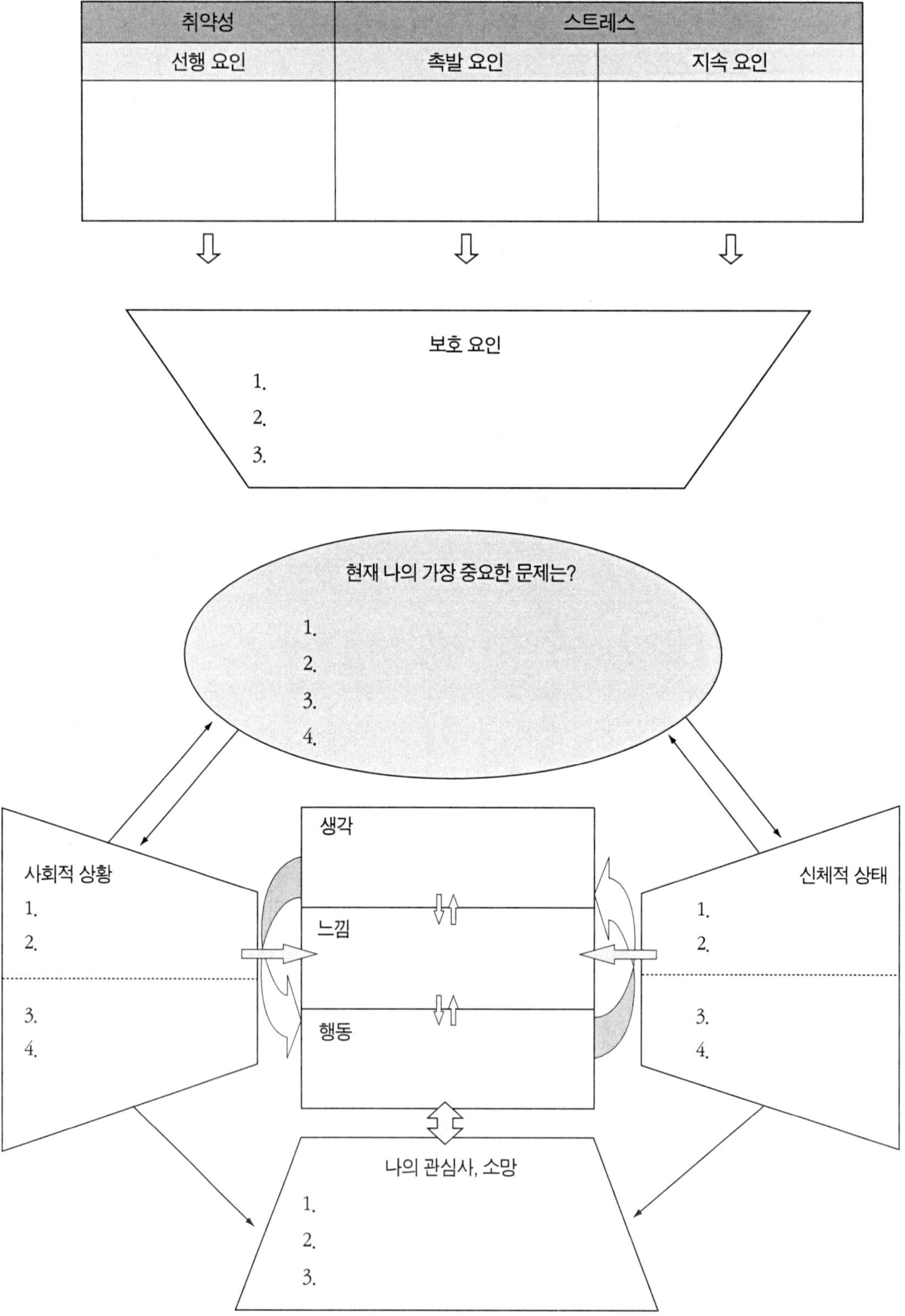

취약성
스트레스
선행 요인
촉발 요인
지속 요인
보호 요인
1.
2.
3.
현재 나의 가장 중요한 문제는?
1.
2.
3.
4.
사회적 상황
1.
2.
3.
4.
생각
느낌
행동
신체적 상태
1.
2.
3.
4.
나의 관심사, 소망
1.
2.
3.

취약성	스트레스	
선행 요인	촉발 요인	지속 요인

보호 요인

1.
2.
3.

현재 나의 가장 중요한 문제는?

1.
2.
3.
4.

사회적 상황

1.
2.
3.
4.

생각

느낌

행동

신체적 상태

1.
2.
3.
4.

나의 관심사, 소망

1.
2.
3.

제6장

망상을 이해하고 극복하기

치료자 tip ……

망상을 다루는 치료과정을 그림으로 그려 보면 다음과 같습니다. 이 그림을 이해하고 유심히 살펴본 다음 이 장을 시작해 보도록 합시다.

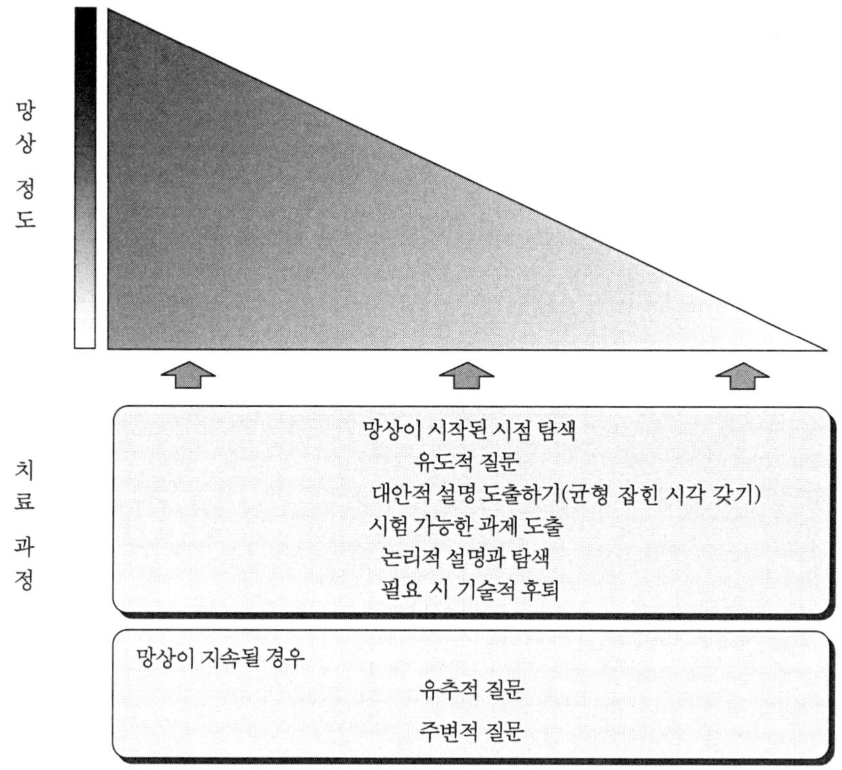

피해망상, 과대망상 등 여러분도 '망상'이라는 단어를 흔히 사용하고 들어 봤을 것입니다. 그렇다면 과연 망상의 정확한 정의는 어떻게 될까요? 우선 다음 빈칸에 여러분이 생각하는 망상의 정의에 대해서 적어 볼까요?

〈 **망상이란?** 〉

답: ____

치료자 tip ......

흔히들 '상상'과 '망상'을 잘 구별하지 못하는 경우가 있습니다. 망상의 아래 정의를 염두에 두고 구별할 수 있도록 도와줍니다.

다들 적어 보셨나요? 망상은 여러분이 적은 대로 다양하게 정의 내릴 수 있습니다. 어떤 경우 나는 사실이라고 믿고 있고, 증거도 있는데, 주변 사람들은 망상이라고 하는 경우도 있을 것입니다. 사실이건 아니건 이 망상 혹은 이 믿음은 계속해서 여러분을 힘들게 합니다.

그렇다면 이 망상(혹은 이 믿음)에서 벗어나려면 어떻게 해야 될까요? 쉽지 않을 것 같다고요?

지피지기면 백전백승!

먼저 망상에 대해서 정확히 알아 가면서 망상(혹은 믿음)에 도전해 보도록 합시다.

1. 망상 바로 알기

망상은 다른 사람들에게는 엉뚱한 이야기로 생각될 수 있습니다. 하지만 망상을 갖고 있는 개인의 입장에서 본다면 가정환경, 경험, 종교 등을 고려해 볼 때 충분히 그럴 만한 가능성이 있다고 생각할 수 있습니다. 우선 이러한 믿음이 생기게 된 과정을 함께 알아보면 망상에 대해 잘 이해할 수 있게 됩니다. 다음 윤호의 예를 살펴봅시다.

윤호는 다른 사람의 의도를 늘 의심하는 편입니다. 윤호는 범죄율이 높은 지역에 살고 있기 때문에 자신이 눈을 부릅뜨고 주의하지 않는다면 남으로부터 손해를 입을 것이라고 생각해 왔습니다. 윤호는 용돈을 벌기 위해 몰래 불법 복제 CD를 팔고 있었는데 경찰의 단속에 걸리지 않기 위해 항상 주위를 의심하는 습관이 생겼습니다. 하지만 윤호는 이러한 의심을 하면 할수록 다른 사람을 의심하는 마음이 점점 늘어나, 요즘은 사람들과 눈이 마주치기라도 하면 '혹시 나를 감시하는 것이 아닐까' 와 같은 생각이 들어 밖에 나가기가 힘들다고 합니다.

망상은 진실과 거짓의 연속성의 끝에 있습니다. 다음 그림을 함께 살펴볼까요?

일반적 생각 | 치우친 생각 | 망상

개념적으로 망상은 치우친 생각(overvalued idea)이나 정상적인 믿음과는 크게 다르지 않습니다. 예를 들면, 신혼생활 중인 민규는 암호를 걸어 둔 부인의 핸드폰을 보고 아내에게 혹시 남자가 생긴 것은 아닐까 하는 생각을 하였습니다. 물론 충분히 조사해 보면 오해일 가능성도 있지만, 최근 부부싸움이 잦았던 것을 고려하면 사실일 가능성도 있습니다. 이러한 것을 치우친 생각이라고 합니다.

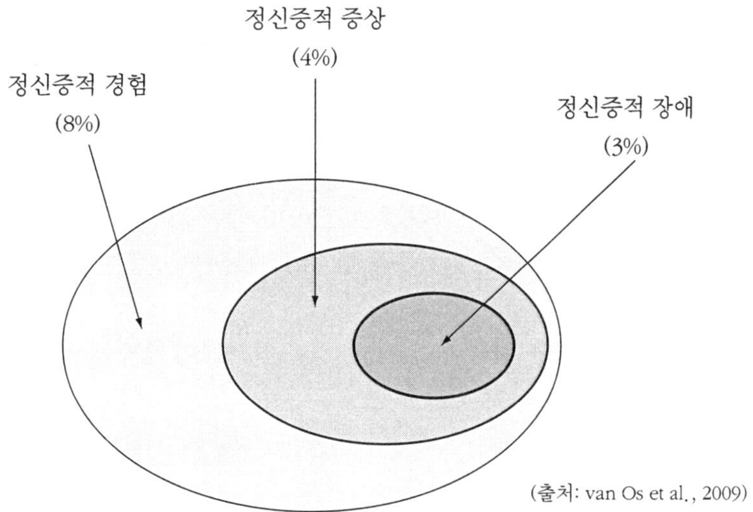

(출처: van Os et al., 2009)

4장 '재앙화 사고에서 벗어나기' 에서 보았던 그림입니다. 이 그림에서처럼 치우친 생각, 망상도 일반적 생각과의 연장선상에서 이해해 볼 수 있습니다.

망상이나 치우친 생각 중에는 여러분 자신을 힘들게 만드는 것들이 많습니다. 여러분의 생각 중 망상이나 치우친 생각이라고 여겨지는 것들에는 어떤 것들이 있나요?

예)

'가족들이 내 방에 감시카메라를 달아 놓고 나를 감시하고 있다.'

'지하철 안 사람들이 나를 쳐다보면서 비웃는다.'

____

____

다른 사람들은 이 경험에 대한 이유를 어떻게 설명하고 있을까요? 한번 다음 예들을 살펴볼까요?

예)

(가족의 설명) "원래 착하고 화도 못 내는 사람이었는데 참다가 쌓여서 결국에 이렇게 된 것 같아요."

"아버지가 잔소리 할 때마다 속으로 아버지가 죽었으면 좋겠다고 생각했는데 아버지가 그걸 알고 절 감시하는 것 같아요."

"사람들의 마음을 읽을 수 있게 된 것은 하나님이 제게 특별히 주신 능력 때문인 것 같아요."

〈표 6-1〉 경험에 대한 가능한 다양한 설명

- 정신역동적 설명: 억압되어 있던 정신적인 충격의 표상
- 융의 심리학에 의한 설명: 무의식적인 이야기에 대한 충동
- 신비주의적 설명: 마음의 확장된 부분
- 종교적 설명: 신과 악마에서 비롯된 것
- 초심리학적 설명: 특별한 재능, 마법, 외계인, 점성술의 힘
- 의학적 설명: 화학적인 불균형, 정신증
- 기술적인 설명: 위성, X선, 실리콘칩, 전자기학

치료자 tip ……

인지행동적 차원에서는 위의 다양한 모델을 다 받아들이고 인정해 줄 수 있습니다.

이러한 경험의 이유에는 이혼, 배우자의 죽음, 폭행, 사고 등과 같이 인생에서 아주 중요한 사건들도 있지만, 자칫 사소하게 여겨질 수 있는 아르바이트 시간의 변화, 대학 진학을 위해 집을 떠나는 것 등도 개인에게는 충분히 스트레스가 될 수 있습니다.

여러분의 경험에 대해 왜 이런 일이 생겼을지, 스트레스가 되었을 만한 것들을 적어 봅시다. 이전의 자료들(5장 '집짓기' 에서의 '촉발 요인' 등)을 살펴보는 것도 좋습니다.

____

____

여러분은 이러한 경험에 대해 어떻게 설명할지 적어 봅시다.

____

____

이러한 경험(믿음)이 언제 처음 생겼나요?

자, 이제부터는 이러한 경험에 대해 체계적으로 자세히 알아봅시다.

치료자 tip ......

- 부록 4의 '망상 다루기의 시작' 참조
- 부록 5의 '소크라테스식 질문법' 참조

2. ABC 모델

여러분은 이전 시간에 인지치료에 대한 설명에서 나의 경험과 생각, 행동이나 감정이 모두 연결되어 영향을 주고받음을 배웠습니다. 이러한 개념에 기초해서 개발된 것이 바로 ABC 모델입니다. ABC 모델은 사건(Activating event), 믿음(Beliefs), 결과(Consequence)를 연관지어 보면서 여러분이 갖고 있는 생각을 보다 명확하게 할 수 있도록 도와줍니다.

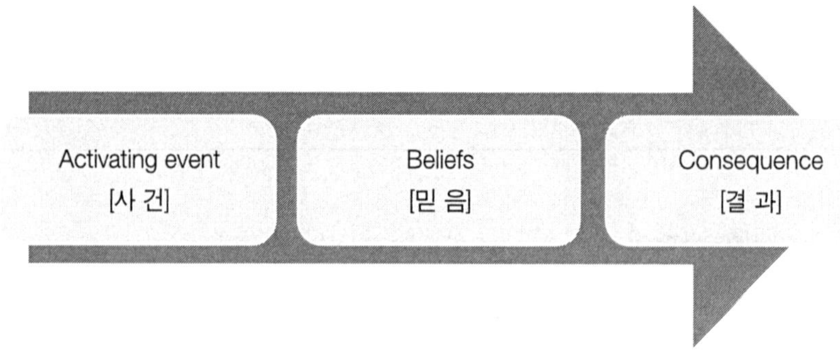

[그림 6-1] ABC 모델

(출처: Ellis, 1962).

그럼 이제부터 ABC 모델을 통해 다른 친구들이 적은 것을 먼저 살펴봅시다.

〈 **철수의 예** 〉

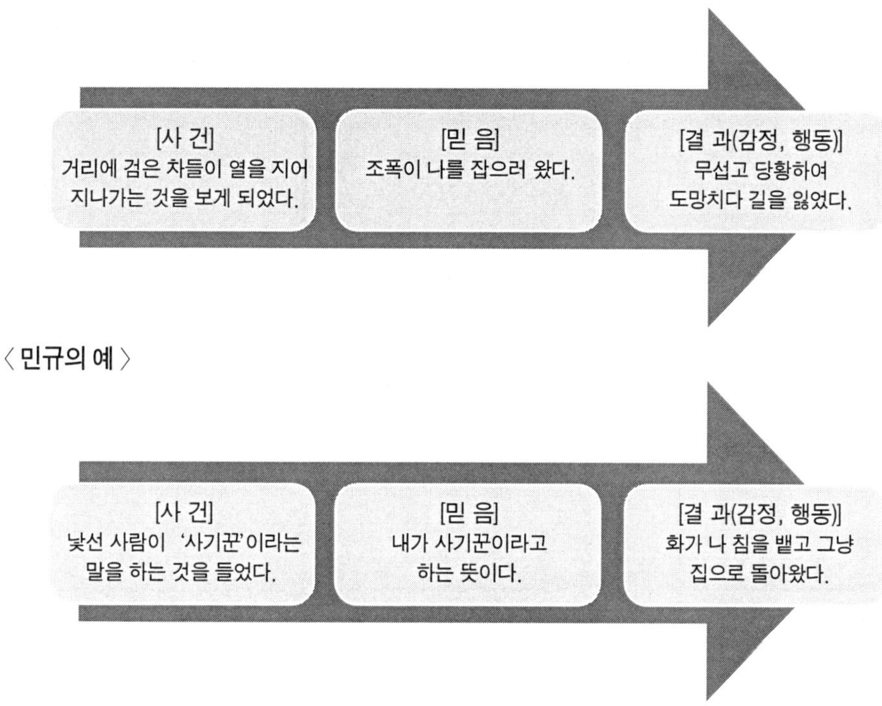

이제부터는 여러분의 경험을 적어 봅시다.

1.

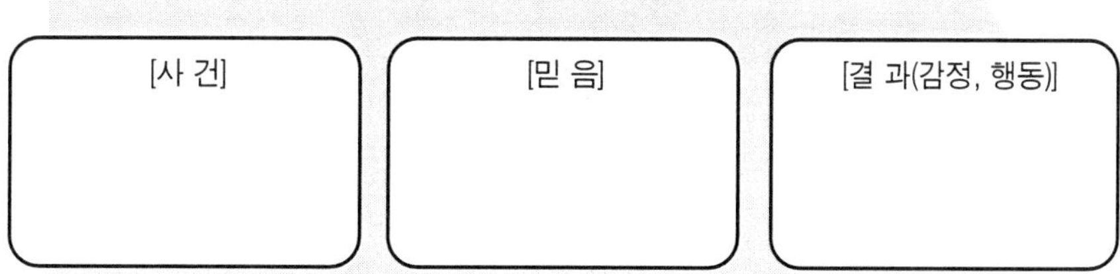

2.

[사 건] [믿 음] [결 과(감정, 행동)]

3.

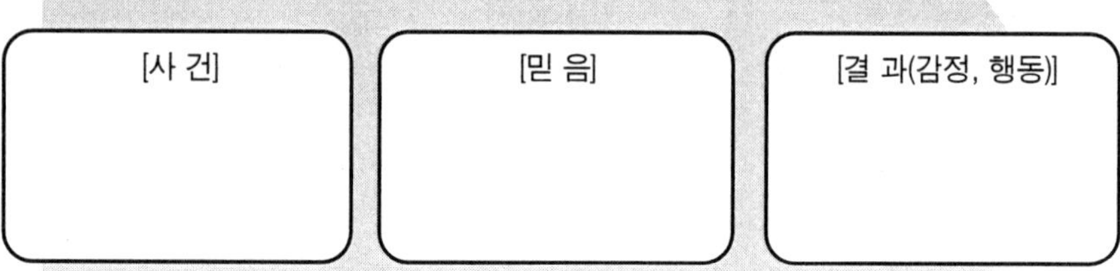

치료자 tip ......

어떤 믿음에 대해 먼저 토의할 것인가?

- 가능한 한 덜 확고한 믿음에 대해 먼저 토론하고 점점 핵심적인 것에 대해 조사하는 것이 좋습니다.
- 만약 이야기의 주제를 환자가 심하게 불편해한다면 환자에게 확인해 봅니다. 다음 치료 회기 시간에 하기를 원하는지 물어보는 것이 도움이 됩니다. 이때 일반적으로 환자가 주도하도록 하고, 협동적으로 행동에 대한 협의 사항을 세우는 것이 가장 바람직합니다.

3. 균형 잡힌 시각 갖기

치료자 tip ......

무조건 다른 가능성만을 찾아보는 것만이 정답은 아닙니다. 인지행동적 모델에서는 다양한 가능성에 대한 문을 열어 두어야 합니다.

여러분이 갖고 있는 믿음에 대한 보다 균형 잡힌 시각은 없을까요? 아래와 같이 균형 잡힌 시각 갖기를 해 봄으로써 보다 정확한 생각을 하게 되고 힘든 것이 줄어들 수 있습니다.

먼저 앞서 보았던 철수와 민규가 적은 것을 자세히 살펴보면서 균형 잡힌 시각 갖기를 해 봅시다.

치료자 tip ......

- 망상 다루기에 있어서 주의할 점: 망상 다루기 중 언제든지 환자의 저항이 있을 수 있고, 괴로움이 많아지거나 치료관계를 방해하는 일이 생겨날 수도 있습니다. 그 예로 환자가 치료자를 두고 "당신은 처음부터 나를 계속 믿지 않았어요."라고 이야기할 수 있습니다.

☞ 이때에는 '기술적 후퇴' 와 기다리는 자세가 필요합니다.

〈 **철수의 예** 〉

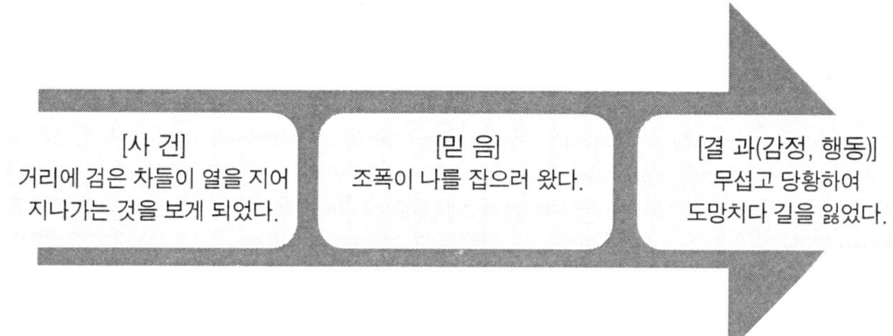

여러분도 철수처럼 조폭이 자신을 잡으러 오고 있다는 생각을 하게 된다면 당황해서 허겁지겁 도망가는 것이 충분히 이해가 될 겁니다. 하지만 거리에 검은 차들이 열을 지어 가는 것을 보고 '조폭' 이라고 속단하기에는 무리가 있지 않을까요? 달리 설명해 볼 수 없을까요? 보다 균형 잡힌 시각으로 생각할 수 있지 않을까요?

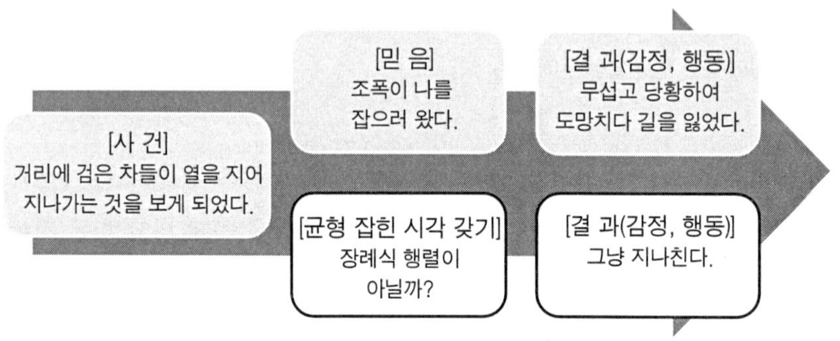

〈 **민규의 예** 〉

낯선 사람이 이유도 없이 여러분을 보고 사기꾼이라고 욕을 했다는 것이 분명하다면 여러분도 민규처럼 행동할지도 모릅니다. 하지만 만약 거리에서 누군가가 별 의미 없이 내뱉은 푸념 같은 것일 수 있지 않을까요?

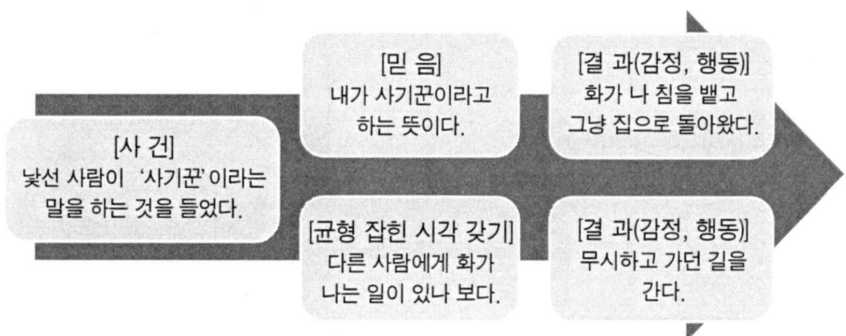

이처럼 동일한 상황을 경험하고도 어떤 믿음을 갖는지에 따라 그 결과는 매우 달라짐을 알 수 있습니다. 여러분도 위와 같이 균형 잡힌 시각 갖기를 함께 해 볼까요?

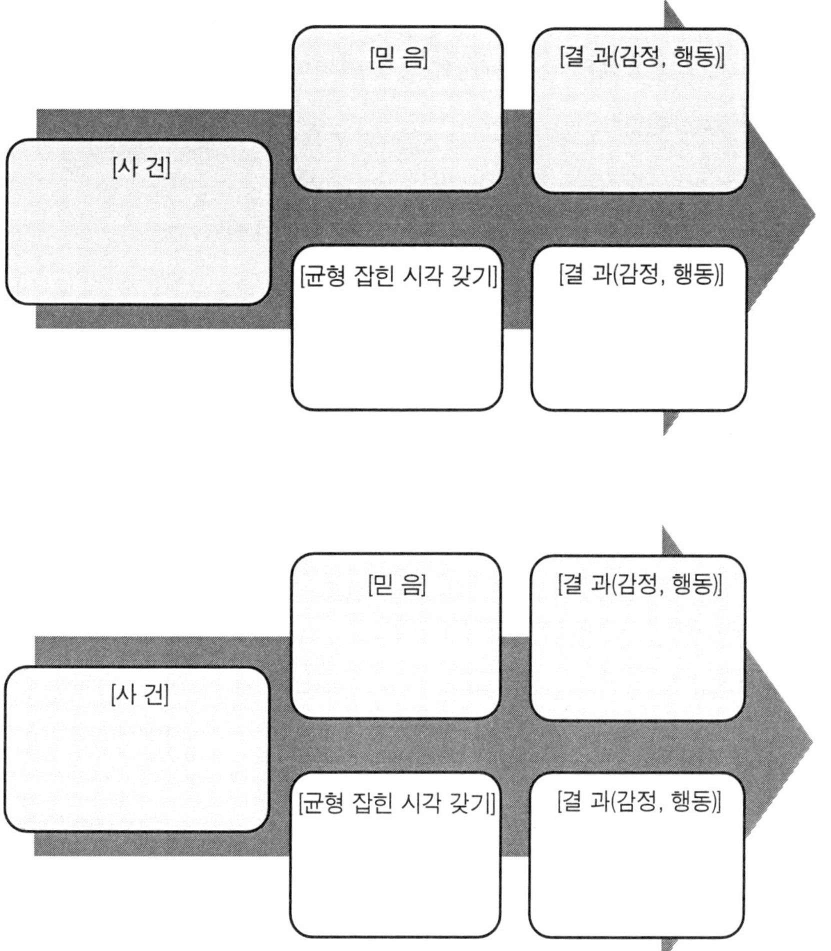

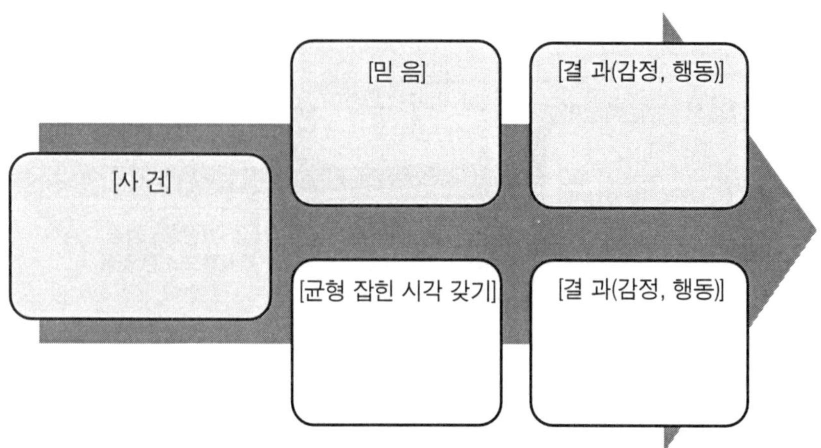

위의 경우처럼 사건(A), 믿음(B), 결과(C)를 살펴보면 중간 단계의 믿음에 대한 충분한 고려 없이 속단하는 경우에 인지적 오류가 있는 것을 발견하게 됩니다. 이것은 사실과 자주 혼동되기 쉽기 때문에 자칫 이치에 맞지 않는 사건들도 당연하게 보이게끔 하기도 합니다.

그럼 이제부터는 대표적인 인지적 오류에 대해 알아봅시다.

치료자 tip ......

환자들의 망상을 이해하고 정상화할 때는 다음과 같은 원칙을 고려하면 도움이 됩니다.

◎ 경험 이해하기

- 환자들이 주도하도록 한다.
- 먼저 환자들의 정신건강 문제들의 모델에 대해 조사한다.
- 정상화하지만 최소화하지 않는다.
- 병을 설명하기 위해 스트레스-취약성 모델을 이용한다
  - 취약성 확인하기: 가족력, 출생 당시의 어려움, 민감한 성격(sensitive personality), 뇌 손상
  - 스트레스 확인하기(가능하다면 증거로 설명한다): 일, 학교, 대학, 성적 관계, 약물이나 알코올 남용

4. 인지적 오류 찾기

여러분과 치료자를 포함한 많은 사람들은 실생활에서 알게 모르게 인지적 오류를 범하는 경우가 많습니다. 과연 어떤 것들이 있을까요?

아래에는 우리가 흔히 범하게 되는 대표적인 일곱 가지 인지적 오류가 기술되어 있습니다. 그처럼 구분은 해 놓았지만 인지적 오류의 종류를 정확하게 구분해 내기란 누구에게도 쉽지 않은 일입니다. 인지적 오류의 종류를 구분하는 데 초점을 맞추기보다 흔히들 하는 이러한 사고가 인지적 오류에 해당함을 아는 것이 중요하겠습니다.

〈표 6-2〉 대표적인 인지적 오류

1. 개인적으로 해석하기(personalization)

어떤 안 좋은 일이 일어나면 실제로 그 일과 아무런 상관이 없는데도 자신의 책임으로 돌리고 자신 탓을 하는 것

예) 경기 침체로 인해 사업이 재정적인 문제에 부딪혀 직원들의 해고가 불가피한 상황이 되자, 이러한 재정적인 위기에 대해 회사 간부 민호 씨는 '모두 내 잘못이야. 이렇게 되리라는 것을 알고 미리 조치를 했어야 했어. 나는 회사에 도움이 안 돼.' 라고 생각함

☞ 재정 위기가 온 데에는 여러 요인들이 있는데도 근거 없이 자신을 부정적인 사건에 연관시켜 과도한 책임이나 비난을 하는 것이 개인적으로 해석하기에 해당합니다.

2. 선택적 추상화(맥락에서 벗어난 것을 취하기, selective abstraction)

맥락에서 벗어난 한 가지 세부 특징에 초점을 기울이고, 더 현저한 특성들은 무시한 채 단편에만 기초하여 전체 경험을 개념화하는 것

예) 종현이는 학급회의 시간에 말을 할 때 아무 말 없이 나가는 친구를 보자 '내가 별 볼일 없는 사람이라고 여기고 있는 것이 틀림없어.' 라고 생각함

☞ 다른 설명은 없을까요? 일반적으로 회의 중에 누군가가 갑자기 나간다면 대개 그 사람에게 급한 용무가 있지 않을까 생각할 것입니다. 전체적인 맥락에서 벗어나 세부적인 것에 근거하여 상대방의 마음과 의도를 마음대로 추측하는 것이므로 선택적 추상화라고 합니다.

3. 성급한 결론 내리기(arbitrary inferense)

결론을 지지하는 증거가 없거나 상반된 증거가 있음에도 불구하고 상대의 마음과 의도를 마음대로 추측하는 것

예) 수철이는 최근 들어서 머리가 자주 아프자 '나는 뇌종양에 걸린 것이 확실하다.' 라고 생각함

☞ 혹시 최근 신경 쓸 일이 많았거나 감기에 걸려서 그런 것은 아닐까요? 뇌종양이 실제로 발견되었나요? 이렇게 명백한 증거가 부족함에도 불구하고 상대방의 의도에 대해 마음대로 추측하는 것을 성급한 결론 내리기라고 합니다.

4. 최소화(minimization)

사람이나 상황에 대해 너무 작은 의미를 두는 것

예) 불안감이 심한 음악가 영수가 리허설을 무사히 마친 후 '오늘 리허설은 잘해 냈지만 내일 연주회에서 잘하는 것과는 아무 상관이 없어.' 라고 생각함

☞ 리허설을 성공적으로 마쳤다면 그만큼 준비가 잘되고 있다는 것이겠죠? 하지만 사건의 중요성이나 의미를 무시하고 잘한 일에 대해 의미를 축소하고 못한 것에 대해 의미를 확대하는 경향을 최소화라고 합니다.

5. 확대하기(언덕을 산으로 만들기, magnification)

사람이나 상황에 대해 너무 큰 의미를 부여하는 것

예) 우울증에 걸린 민정이는 '나는 오늘 열쇠를 잃어버렸어. 나는 모든 일에 무능한 사람이야.'라고 생각함

☞ 흔히 저지를 수 있는 작은 실수에 대해 과장된 의미를 부여하여 자신에 대해 무능하다고 생각하는 것을 과대한 확대하기라고 할 수 있습니다.

6. 과잉 일반화(overgeneralization)

하나나 그 이상의 우연한 경험을 확대 해석하여 관련되지 않는 상황에까지 광범위하게 적용하는 것

예) 데이트 신청을 거절당한 철수는 '이것은 내가 다시는 주연이와 데이트를 할 수 없다는 것을 의미하는 것이고, 그녀는 나를 좋아하지 않는 것이 틀림없어. 그리고 난 앞으로 다른 여자와도 데이트를 할 수 없을 거야.' 라고 생각함

☞ 주연이가 데이트를 거절한 것 때문에 철수가 크게 실망을 했나 봅니다. 주연이에게 선약이 있었을 수도 있는데 앞으로 절대 주연이와 데이트를 못할 것이라고 너무 확장시켜 생각했군요. 정말 철수가 다른 여자들과의 데이트에서도 계속 거절당하기만 할까요? 다른 여자들과의 데이트는 별개의 것인데도 모든 여자들에게 거절을 당할 것이라고 확장시켜 적용하는 것은 과잉 일반화입니다.

7. 이분법적 사고(흑백 논리, dichotomous thinking)
모든 경험을 양극단의 범주 중 하나로 평가하는 경향
예) 자존감이 낮은 영희는 학교 성적도 좋고 남자친구도 있는 민영이를 보고 '민영이는 모든 것이 잘되는 반면 나는 되는 일이 아무것도 없어.' 라며 자신과 자주 비교함
☞ 영희에게는 민영이가 행복해 보일지 모르지만 민영이에게는 다른 어려움이 있을 것입니다. 자기 자신이나 다른 사람들에 대한 판단을 할 때 실패냐 성공이냐 같은 두 개의 범주 중 하나에 해당한다고 판단하는 것이므로 흑백논리에 해당합니다.

그렇다면 망상과 많은 연관이 있는 인지적 특성, 오류에는 어떤 것들이 있을까요?

3장 '정신증의 인지 모델 이해하기' 에서 살펴본 심리적 취약성 중 사고의 유연성 저하, '다른 사람 상황 헤아리기(공감)' 의 어려움, 선부른 결론 편향 등이 이에 해당합니다.

어떤 내용이었는지 잘 기억이 나지 않는다고요? 망상과 연관지어 간략하게 되짚고 넘어가도록 합시다.

- 사고의 유연성 저하(thought inflexibility): 사고의 유연성은 자신의 생각과 사고방식에 대해 고집하거나 단정 짓지 않고, 여러 다양한 가능성과 대안적인 설명을 함께 고려하여 다른 관점에서 바라보고 생각할 수 있는 기능입니다. 이 기능이 저하되면 자신의 생각과 사고방식이 잘못되지는 않았는지 고민해 보지 못하게 되고 결국 망상을 확신하게 됩니다.
- '다른 사람 상황 헤아리기(공감)'의 어려움(theory of mind deficit): 다른 사람 입장 헤아리기의 기능이 손상될 경우 다른 사람의 입장에 서서 이해하는 것에 지속적인 문제가 생기고 공감 능력의 저하가 일어납니다. 이럴 경우 나에게 사건이 일어났을 때 원인을 찾는 과정에 어려움을 겪어 망상적 사고가 생겨날 수 있습니다.
- 섣부른 결론 편향(jump to conclusion bias; arbitrary inference): 섣부른 결론 편향이란 부족한 정보만으로 일찍 결론에 도달하고 이러한 결론을 다른 사람보다 더 강하게 고수하는 것을 말합니다. 앞의 철수의 예를 생각해 봅시다. 철수

는 검은색 차량의 행렬을 보고선 성급하게 조폭이 자신을 잡으러 왔다는 결론을 내려 불안해하게 됩니다. 이처럼 선부른 결론 편향이 지속되면 망상이 잘 생기고, 망상을 더욱 강하게 믿게 됩니다.

5. 망상에 도전하기

자! 이제부터는 망상에 도전해 볼 차례입니다. 망상을 극복하는 것은 어려운 일만은 아닙니다. 여러분 스스로 그리고 주변의 도움을 통해 충분히 극복해 낼 수 있습니다.

생각은 생각일 뿐입니다 !

앞서 알아본 망상과 연관된 인지적 오류들은 어떻게 극복해 낼 수 있을까요? 결국에는 안 될 것만 같다고요?

천만에요. 각 인지적 오류에 맞는 전략을 따라서 한다면 인지적 오류와 이에 관련된 망상도 극복해 낼 수 있습니다. 각각의 인지적 오류에 더 적합한 전략을 먼저 살펴보고 시작할까요?

사고의 유연성 저하	⇨	가까운 사람들과 토론하기, 직접 확인해 보기
다른 사람 상황 헤아리기의 어려움	⇨	다른 사람의 상황 헤아리기 ('아마도' 놀이)
선부른 결론 편향	⇨	탐정놀이

1) 가까운 사람들과 토론하기

여러분은 지금까지 살아오면서 고민거리가 있거나 힘든 일이 있을 때 여러분의 소중한 주변 사람들(예: 가족, 친구)과 상의를 하면 걱정도 줄어들고 일도 더 쉽게 해결되는 경험을 해 보았을 것입니다. 망상으로 혼자 고민에 빠져 있을 때, 나를 소중히 생각해 주는 가족 또는 친구와 이야기를 나누다 보면 내가 너무 심각하게 생각하고 있지는 않았는지, 잘못 생각하고 있지는 않았는지 판단해 볼 수 있습니다.

치료자 tip ......

환자로 하여금 망상에 적극적으로 도전하라고 하는 것은 최선의 방법이 아닙니다. 환자와 함께 토론을 하다 보면 치료자는 독단적인 자세를 취하기 마련이며, 환자는 이를 두려워할 수 있습니다. 환자에게 막다른 골목에 다다른 것 같은 느낌을 주게 되면 그들은 기어코 방어적인 태도를 취하게 되며, 대안을 찾거나 그들의 경험과 믿음을 다루는 데에 있어 마음을 닫게 됩니다.

환자의 잘못된 점에 대해서 지적하는 것은 필요한 일이지만, 경험상 환자가 먼저 그러한 잘못된 점에 대해 깨닫게 하는 것보다 효과적이지 않습니다. 기다리는 자세가 필요합니다.

치료자 tip ......

다음과 같은 질문이 도움이 될 수 있습니다.
"여동생은 이에 대해 뭐라고 생각하나요?"
"당신은 왜 남편이 그렇게 생각한다고 생각하나요?"

2) 직접 확인해 보기

자신이 갖고 있는 생각이 사실인지 아닌지 직접적으로 확인해 보는 방법입니다. 치료자 또는 주변 사람들과 함께 객관적인 방법으로 여러분의 생각대로 일이 벌어지는지 살펴봅시다. 다음 승구의 예를 한번 살펴보도록 합시다.

최근 프로야구 경기에 관심을 갖게 된 승구는 어느 날 TV를 통해 세계의 점술가들을 다른 〈미래는 보는 사람들〉이라는 프로그램을 본 후 '혹시 나도 미래를 예측할 수 있는 능력이 있지 않을까?'라는 생각을 하게 되었습니다. 승구는 3일 연속 자신이 응원하는 프로야구 팀의 승부 결과를 예측한 것이 적중하자 이러한 생각에 확신을 가지고 스포츠 복권을 구입하기 시작하였습니다. 승구는 계속해서 손해를 보자 '내가 미래를 예측할 수 있는 것이 과연 맞는 생각일까?'라는 의구심이 들면서도 '배당이 큰 경기에서 분명 내 예측이 적중해서 큰돈을 벌 수 있을 거야.'라며 계속하였습니다.

어느 날 프로야구에 대해서 해박한 지식을 갖고 있는 친구 경식이를 만난 승구는 '내 생각을 한번 확인해 볼까?'라는 생각에 경식이와 함께 프로야구 승부 결과 예측을 해 보기로 하였습니다. 승구는 자신의 예측이 번번이 틀리고 경식이가 자주 맞추자 '경식이는 진짜 미래를 예측하는 능력이 있나 보다.'라는 생각에 부러움 섞인 이야기를 하였다고 합니다. 승구는 경식이로부터 "난 미래를 예측할 수 있는 능력은 없어. 단지 팀 간의 전적을 다 비교하고, 현재 선수들 컨디션, 부상 상태 등을 종합해서 예측하니까 확률상 잘 맞출 수 있는 거야."라는 이야기를 들은 후로는 자신이 미래를 예측할 수 있는 능력을 갖고 있다는 생각이 잘못되었다는 것을 알게 되었습니다.

그렇다면 여러분은 여러분의 생각이 맞는 생각인지 어떻게 확인해 볼 수 있을까요? 다른 사람들의 생각도 어떤지 궁금하다고요?

좋은 방법이 하나 있습니다. 여러분이 즐겨 찾는 포털 사이트에 접속한 후 질문란에 궁금한 점을 남겨 보세요. 그리고 답변들을 바탕으로 치료자와 함께 생각해 보는 시간을 가져봅시다.

치료자 tip ......

1. 환자들의 증상이 다른 사람들에게 노출될 수 있으므로 가급적 익명이나 아이디로 글을 올려 볼 수 있는 사이트를 추천합니다.
2. 환자들의 질문에 다른 망상적인 믿음을 갖고 있는 사람들이 답변을 할 가능성도 있습니다. 숙제를 통해 알아보도록 하고 치료자와 한 번 더 살펴보는 시간을 가져서 결과를 확인해 봅니다.

3) 다른 사람의 상황 헤아리기

자신에게서 한 걸음 떨어져서 다른 사람의 상황과 의도를 이해하고 헤아려 보는 방법입니다. 다른 사람의 상황과 의도를 좀 더 파악하고 알아 가다 보면 여러분에게 일어난 사건의 원인을 더 잘 파악할 수 있고 결과적으로 정확하고 합리적으로 생각을 하는 데 도움을 받을 수 있습니다.

다른 사람의 상황 헤아리기가 어떤 것인지 잘 모르겠다고요?

자, 그럼 다음과 같이 '아마도' 놀이를 해 봅시다. '아마도' 놀이는 나를 향한 상대방의 의도를 상황에 따라 '아마도 이럴 것이다' 라며 가정하고 어떻게 생각할 수 있는지 다양하게 알아보는 것입니다.

상황 1

학교 운동장에서 반 친구들과 축구를 하고 있었는데 다른 반 모르는 친구가 찬 공을 머리에 세게 맞았다.

질문 1) 친구가 머리에 축구공을 맞힌 진짜 이유는 무엇일까요? 아래의 예를 보고 확신이 드는 정도를 옆의 괄호 안에 %로 적어 보세요.

ㄱ. 아마도 패스를 하다가 우연히 맞힌 것일 것이다. (　　)
ㄴ. 아마도 내가 진로를 방해했다고 화가 나서 일부러 맞힌 것일 것이다. (　　)
ㄷ. 아마도 내가 만만하게 보여서 장난을 치려고 맞힌 것일 것이다. (　　)
ㄹ. 아마도 내가 축구를 못하는 것을 두고 놀려 주려고 맞힌 것일 것이다. (　　)

질문 2) 위와 같이 생각하였다면 공을 맞은 것에 대해 어느 정도 화가 나나요?

____

질문 3) 위와 같이 생각하였다면 공을 맞힌 사람에게 어떻게 행동하시겠습니까?

____

치료자 tip ......

환자들로 하여금 다른 사람의 의도에 대해서 왜 그런지 직접 물어보기를 먼저 해 보도록 권유하는 것이 도움이 됩니다.

치료자 tip ......

환자들이 피해적, 편집증적(paranoid)으로 생각할 경우 달리 생각하기(균형 잡힌 시각 갖기)를 해 보도록 권유하고 같이 해 보도록 하면서 개입을 합니다.

상황 2

여럿이 모여서 회의를 하던 도중, 내가 이야기를 할 때 맞은편에 있던 사람이 갑자기 문밖으로 나가 버렸다.

질문 1) 맞은편에 앉아 있던 사람이 갑자기 밖으로 나간 진짜 이유는 무엇일까요? 아래의 예를 보고 확신이 드는 정도를 옆의 괄호 안에 %로 적어 보세요.

ㄱ. 아마도 용변이 급해서 화장실에 가려고 밖으로 나간 것일 것이다. ( )
ㄴ. 아마도 회의 내용이 지루해서 밖으로 나간 것일 것이다. ( )
ㄷ. 아마도 내가 이야기하는 내용이 마음에 들지 않아서 나간 것일 것이다. ( )
ㄹ. 아마도 나를 기분 나쁘게 하려고 일부러 나가 버린 것일 것이다. ( )

질문 2) 위와 같이 생각하였다면 맞은편에 있던 사람이 문밖으로 나간 것에 대해 어느 정도 화가 나나요?

____

질문 3) 위와 같이 생각하였다면 문밖으로 나간 사람에게 어떻게 행동하시겠습니까?

____

상황 3

백화점 세일기간 마지막 날, 평소부터 갖고 싶었던 지갑이 다 팔리고 하나 남은 것을 보고 사기 위해 기다리던 중 옆에 있던 사람이 재빨리 물건을 집어 든 다음 "평소에 갖고 싶던 거라서요."라고 이야기하였다.

질문 1) 옆에 있던 사람이 갑자기 물건을 집어 든 진짜 이유는 무엇일까요? 아래의 예를 보고 확신이 드는 정도를 옆의 괄호 안에 %로 적어 보세요.

ㄱ. 아마도 물건을 정말 사고 싶어서 그랬을 것이다. (　　)
ㄴ. 아마도 내가 만만해 보여서 장난을 치려고 그랬을 것이다. (　　)
ㄷ. 아마도 나를 다른 사람들 앞에서 우습게 보이게 하려고 그랬을 것이다. (　　)
ㄹ. 아마도 내가 싫어서 나를 화나게 하려고 그랬을 것이다. (　　)

질문 2) 위와 같이 생각하였다면 옆에 있던 사람이 지갑을 집어 든 것에 대해 어느 정도 화가 나나요?

____

질문 3) 위와 같이 생각하였다면 옆에 있던 사람에게 어떻게 행동하시겠습니까?

____

이상의 상황들은 상대방의 의도에 따라 크게 세 가지 종류의 사건들로 구분할 수 있습니다.

- 상황 1은 상대방의 의도와 상관없이 우연히 일어난 사건
- 상황 2는 상대방이 의도를 가지고 행동한 건지 아닌지 애매한 사건
- 상황 3은 상대방의 의도에 따른 사건

상대방의 의도에 대해서 내가 얼마나 상대방의 상황을 헤아려 보았느냐, 내가 어떻게 생각했느냐에 따라 나의 믿음과 행동에는 큰 차이가 날 수 있습니다.

상황 2를 예로 들면, 맞은편에 있던 사람의 상황을 생각하지 않고 '나를 기분 나

쁘게 하려고 일부러 나가 버린 것이다.' 라고 무턱대고 혼자 생각한다면 그 사람에게 화가 나고 욕을 했을 수도 있습니다. 하지만 여러분이 반대로 그 사람의 상황에 있다고 가정을 한 후 '나라도 화장실을 급하게 가고 싶었다면 자리에서 일어나지 않았을까?'라고 생각한다면 그 사람에게 화도 나지 않고 충분히 상대방을 이해할 수 있을 것입니다.

이와 같이 다른 사람의 입장에 서서 다른 사람의 상황을 내 상황처럼 생각하고, 그 사람의 입장, 마음을 충분히 헤아려 본다면 망상을 줄일 수 있고 마음도 편안해질 수 있습니다.

자, 그러면 마지막으로 다음 상황에서 상대방의 의도에 대해서 어떻게 생각해 볼 수 있는지 가능한 것들을 모두 나열해 보도록 합시다.

상황 4

저녁 때 친구와 삼겹살을 먹으러 삼겹살집에 갔는데 주문을 하려고 손을 계속 들어도 식당 아주머니가 계속 그냥 날 지나쳤다.

질문 1) 식당 아주머니가 주문을 받지 않고 계속 지나친 이유에는 어떠한 것들이 있을까요? 가능한 답들을 모두 아래에 적어 보고 확신이 드는 정도를 옆의 괄호 안에 %로 적어 보세요.

1. ________________________ (   )
2. ________________________ (   )
3. ________________________ (   )
4. ________________________ (   )
5. ________________________ (   )

4) 탐정놀이

여러분의 생각에 대해 지지하는 증거와 반대하는 증거를 찾아보고 균형 잡힌 시각 갖기를 해 보는 방법입니다. 우선 다음 표를 함께 살펴볼까요?

예)

도전해야 할 생각	내가 뇌종양에 걸렸다.
믿음 점수	100점
〈 지지하는 증거 〉 - 나는 아무 이유도 없이 머리가 아파 올 때가 종종 있다. - 시간이 지날수록 귀신이 보이는 등 특이한 경험들을 계속하게 된다. - 뇌종양이 있는 사람들에게선 뇌의 이상이 생겨서 이상한 현상들이 생긴다.	〈 반대되는 증거 〉 - 뇌종양에 의한 두통일 경우 진통제가 효과가 없다던데 난 효과가 있다. - 스트레스를 덜 받을 때면 머리가 덜 아픈 것 같다. - 내가 합리적으로 생각할 때마다 증상이 줄어들고 사라졌다. - 나는 이러한 경험을 합리적으로 생각하는 법을 배웠다.
믿음 점수(재평가)	70점
균형 잡힌 시각 갖기	스트레스 때문에 두통이 생기는 거 같다.

도전해야 할 생각	어떤 조직이 나를 감시한다.
믿음 점수	90점
〈 지지하는 증거 〉 - 집 밖에 나가면 검은 옷을 입은 사람들이 나를 쳐다본다. - 내 방 창문으로 이웃 사람들이 내 이야기를 하는 것을 들었다. - 전화를 받았는데 상대방이 아무 말 하지 않다가 전화가 끊기는 일이 있었다. - 앞집 아저씨가 기분 나쁘게 쳐다보고 웃었다.	〈 반대되는 증거 〉 - 그렇게 많은 사람들이 나를 감시하려면 엄청 많은 돈이 들 것이다. - 우리 집이 1층이니깐 지나가던 사람의 목소리를 들었던 것일 수도 있다. - 나는 특별히 다른 사람에게 해를 끼친 적이 없다. - 우연히 나를 보고 웃었을지도 모른다.
믿음 점수(재평가)	60점
균형 잡힌 시각 갖기	요즘 스트레스를 받아서 생긴 것 같다.

탐정놀이를 통해서 내 생각을 지지하는 증거와 반대하는 증거를 찾아본 후 믿음 점수가 많이 감소한 것을 볼 수 있습니다. 이러한 탐정놀이는 여러분 생각이 타당한 생각인지 스스로 다시 한 번 생각해 보게 함으로써 도움을 줍니다. 또한 균형 잡힌 시각 갖기를 통해서 다른 가능성도 고려해 볼 수 있습니다. 여러분도 함께 해 볼까요?

우선 먼저 5장 '집짓기'에서 살펴본 현재 나의 가장 중요한 문제들 중에서 망상과 관련된 부분을 적어 보고 생각해 보기 쉬운 것부터 같이 해 보는 것이 도움이 됩니다.

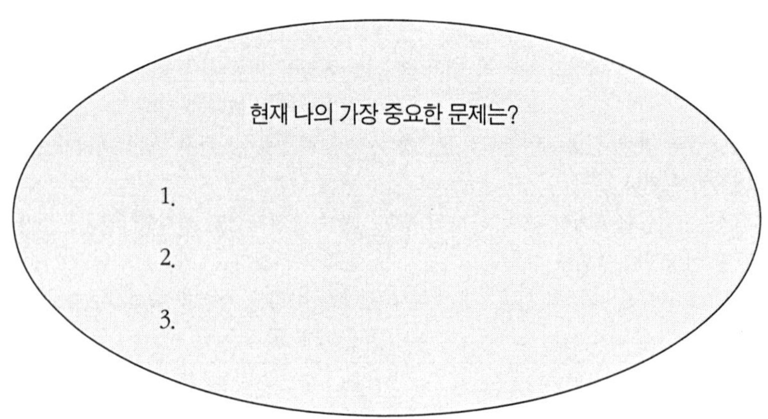

도전해야 할 생각	
믿음 점수	
〈 지지하는 증거 〉	〈 반대되는 증거 〉
믿음 점수(재평가)	
균형 잡힌 시각 갖기	

도전해야 할 생각	
믿음 점수	
〈 지지하는 증거 〉	〈 반대되는 증거 〉
믿음 점수(재평가)	
균형 잡힌 시각 갖기	

자! 어떤가요? 이제 균형 잡힌 시각 갖기에 자신이 좀 생겼나요? 아직 많이 부족하다고요? 걱정하지 마세요. 균형 잡힌 시각 갖기가 어렵게 느껴진다면 왜 그런 건지 함께 되짚어 보자고요.

균형 잡힌 시각 갖기를 어렵게 하는 경우는 여러 가지가 있을 수 있습니다. 그중 가장 흔한 것들을 살펴보면 다음과 같습니다.

- 균형 잡힌 시각 갖기 자체를 원하지 않을 때
- 균형 잡힌 시각 갖기의 내용을 기억하지 못할 때
- 균형 잡힌 시각 갖기의 내용을 기억하더라도 실제로 적용하지 못할 때
- 균형 잡힌 시각 갖기의 내용보다 이전에 갖고 있던 믿음이 더 타당하게 느껴질 때

그럼 각각의 경우에는 어떻게 대처해야 할지 한번 같이 살펴볼까요?

(1) 균형 잡힌 시각 갖기 자체를 원하지 않을 때

이러한 경우에는 균형 잡힌 시각 갖기가 도움이 된다는 것 자체를 믿지 못하는 경

우가 많습니다. 여러분은 정신증을 두고 '뇌의 이상' 이라는 이야기를 들었을 것이고 '뇌의 이상 때문에 증상이 나타나는 것인데, 생각을 교정한다고 나아질 것이 있겠어?' 라는 생각 때문에 균형 잡힌 시각 자체의 중요성을 믿지 못할 수 있습니다. 인지행동적 차원에서 볼 때 이러한 생각은 옳지 않습니다.

우리의 뇌를 컴퓨터에 비유한 예를 보면서 한번 생각해 봅시다. 컴퓨터는 전선, 칩, 키보드 등 고정된 구조물을 갖고 있지만 제대로 작동하기 위해서는 소프트웨어가 필요합니다. 컴퓨터가 제대로 작동하지 않는 경우에는 여러 가지 원인이 있을 수 있습니다. 컴퓨터는 높은 곳에서 떨어지는 등 물리적인 손상에 의해 고장이 날 수 있지만, 인터넷을 통해 바이러스에 감염되는 등 소프트웨어의 이상으로 고장이 나는 경우가 훨씬 더 흔하고 더 심한 형태로 나타납니다. 전선, 칩, 키보드 등은 멀쩡한 경우라도 말입니다. 사람의 뇌에서 이러한 소프트웨어에 해당하는 것이 바로 뇌가 작동하는 방식(예: 생각하는 것, 느끼는 것)입니다.

우리 뇌 안에서의 '소프트웨어' 이상은 세상을 잘못된 시각으로 보는 것에 익숙해질 때나 스트레스가 심한 상황이 있을 때 생겨나게 됩니다. 균형 잡힌 시각 갖기는 바로 이러한 이상이 생겨나는 과정을 교정해 주는 것입니다.

균형 잡힌 시각 갖기가 도움이 되는 것인지 계속해서 의구심이 들 때에는 다음 표를 완성해 보면서 다시 한 번 생각해 보도록 합시다.

균형 잡힌 시각 찾기의 장점	균형 잡힌 시각 갖기의 단점

(2) 균형 잡힌 시각 갖기의 내용을 기억하지 못할 때

사람들은 흔히 스트레스가 있는 상황에서 이전에 배운 것이 기억나지 않거나 새로 배운 것을 잊어버리곤 합니다. 이것은 지극히 정상적인 일이며 흔한 일입니다.

이럴 경우에는 이러한 일이 잘 일어나지 않도록 미리 예방하는 것이 중요합니다. 자주 지나치는 곳에 쪽지로 균형 잡힌 시각 갖기의 내용을 적어 놓고 지나가면서 쳐다보거나 점심식사나 저녁식사 전 15분 정도 균형 잡힌 시각 갖기의 내용을 복습해 보는 것은 스트레스가 심한 상황에서도 균형 잡힌 시각 갖기의 내용을 잘 기억하는 데 도움이 될 것입니다.

(3) 균형 잡힌 시각 갖기의 내용을 기억하더라도 실제로 적용하지 못할 때

"치료자랑 같이 있는 조용하고 안전한 환경에서는 여러 가지 내용의 균형 잡힌 시각 갖기를 할 수 있는데 막상 사람들이 많고 시끄러운 곳에서는 사람들이 나를 쳐다보는 것 같다는 생각이 들고 긴장을 해서 균형 잡힌 시각 갖기를 할 수가 없어요."

이러한 경험은 매우 흔한 것이고, 특히 균형 잡힌 시각 갖기를 시작한 지 얼마 되지 않았을 때 더욱 흔하게 나타납니다. 균형 잡힌 시각 갖기가 생각처럼 잘 되지 않아서 당황했을 때에는 시간이 지나고 마음이 차분하게 가라앉았을 때 다시 한 번 당시의 상황을 떠올리면서 해 보도록 합시다. 이렇게 안정된 환경에서 연습을 하다 보면 실제의 혼란스러운 환경에서도 균형 잡힌 시각 갖기를 보다 더 잘할 수 있을 것입니다.

이런 방법도 충분히 도움이 되지 않고 스트레스를 받는 상황에서 계속해서 균형 잡힌 시각 갖기가 잘 되지 않는다면 어떻게 해야 할까요? 이럴 때는 평소에 연습해 놓았던 균형 잡힌 시각 갖기의 내용을 쪽지에 적어서 지갑이나 주머니에 넣고 다니도록 합니다. 스트레스를 받는 상황에서 머리가 텅 빈 것 같고 균형 잡힌 시각 갖기가 힘들 때 그 쪽지를 꺼내 본다면 도움이 될 것입니다. 또한 MP3 플레이어에 균형 잡힌 시각 갖기의 내용을 녹음해 놓고 필요할 때 재생하여 듣는 것도 도움이 됩니다. 이러한 간단한 방법이 실제 상황에서 균형 잡힌 시각 갖기가 힘들 때 여러분을 도와줄 것입니다.

(4) 균형 잡힌 시각 갖기의 내용보다 이전에 갖고 있던 믿음이 더 타당하게 느껴질 때

흔히 사람들은 오래전부터 믿어 왔던 생각의 경우, 그것을 지지하는 증거들을 선택적으로 더 잘 생각해 내고 다른 생각은 무작정 무시하곤 합니다. 이것은 우리가 이미 갖고 있는 믿음에 증거들을 끼워 맞추려고 하는 경향이 있다는 것을 의미합니다. 균형 잡힌 시각 갖기가 더욱 타당하다는 생각을 계속 갖고 유지한다면 점차 균형 잡힌 시각 갖기의 내용이 더 타당하다는 것을 알게 될 것입니다.

이러한 경우에도 이전에 갖고 있던 믿음이 더 타당하다고 느껴질 때에는 다른 대처 전략이 필요합니다. 범죄율이 높은 지역에 살고 있는 사람을 예로 들어 보겠습니다. 다른 사람을 의심하는 경향이 있는 사람은 그러한 생각이 그 지역에서 보다 더 안전하게 지내는 데 도움이 된다고 생각할 수 있고 또 실제로 도움이 될 수 있습니다. 하지만 이러할 경우 실제로는 그렇지 않아도 남을 의심하는 경향이 심해지고 균형 잡힌 시각 갖기가 점점 더 어려워질 것입니다. 이 경우에는 보다 범죄율이 낮은 지역으로 이동을 하거나 주민들과 함께 사설 경비업체에 보안을 요청하는 것이 더 좋은 대처 전략이 될 수 있습니다.

어때요? 이제 망상에 도전할 준비가 되었나요?

계속 연습하다 보면 점점 유연하게 생각하는 것에 익숙해지고 자신감도 높아져 있는 자신의 모습을 볼 수 있게 될 것입니다.

어떤 것을 배우든지 익숙해지기까지는 시간이 필요합니다. 망상을 극복하는 것 또한 그렇습니다.

하지만 한번 익숙해지고 나면 더욱 쉽고 자동적으로 할 수 있음을 기억해 둡시다!

치료자 tip ......

치료자는 부록 6 '지속되는 망상과 망상의 종류' 에 대해서도 읽어 보도록 합니다.

1. 여러분의 생각 중 여러분도 쉽게 이해되지 않는, 다른 사람들과 의견이 잘 맞지 않는 생각을 정해서 탐정놀이를 해 봅시다.

도전해야 할 생각	
믿음 점수	
〈 지지하는 증거 〉	〈 반대되는 증거 〉
믿음 점수(재평가)	
균형 잡힌 시각 갖기	

도전해야 할 생각	
믿음 점수	
〈 지지하는 증거 〉	〈 반대되는 증거 〉
믿음 점수(재평가)	
균형 잡힌 시각 갖기	

2. 어떠한 생각이든 좋습니다. 여러분이 궁금하거나 다른 사람과 달리 생각하는 부분들에 대해서 포털 사이트에 글을 올린 후 다른 사람들의 답변을 생각해 보도록 합시다.

질문 내용 1.

____

답변

① ____

② ____

③ ____

④ ____

⑤ ____

답변에 대한 나의 의견:

____

____

질문 내용 2.

____

답변

① ____

② ____

③ ______________________________

④ ______________________________

⑤ ______________________________

답변에 대한 나의 의견:

____

____

질문 내용 3.

____

답변

① ______________________________

② ______________________________

③ ______________________________

④ ______________________________

⑤ ______________________________

답변에 대한 나의 의견:

____

____

COGNITIVE THERAPY

제7장

목소리를 이해하고 극복하기

1. 목소리 경험에 대해 이야기하기
2. 목소리 바로 알기
3. 목소리의 내용에 대한 걱정 확인하기
4. 목소리에 대한 대처 전략 세우기

1. 목소리 경험에 대해 이야기하기

치료자 tip......

인지치료 모델에서는 환청을 ① 정보의 출처가 자신의 내부인지 외부인지 구별하는 능력의 결함, ② 자신의 초인지 믿음(meta-cognitive beliefs)에 일치하지 않는 침습적인 생각을 외부에 귀인하는 것에 따른 '내부 사건에 대한 외부 귀인 편향(external attributional bias)' 으로 설명합니다. 이제 이 회기에서는 인지 모델에 기초하여 환자들의 목소리 경험에 대하여 함께 살펴보고, 목소리의 출처가 어디인지, 초인지 믿음이란 무엇인지 차례로 알아보도록 하겠습니다.

또한 정신증 환자들의 경우 환청을 경험할 때 대뇌의 청각중추가 활성화된다고 알려져 있습니다. 즉, 환청을 듣는 사람에게 이러한 목소리는 '귀에서 실제로 들리는 소리' 로 느껴진다는 것입니다. 따라서 이 책에서는 환자의 목소리 경험을 '환청' 으로 명명하여 '실제 존재하지 않는 소리' 라고 단정 짓지 않고, '환자만 듣는 목소리' 의 맥락에서 이해하고자 '환청' 이라는 용어 대신 '목소리' 라는 포괄적인 용어를 사용하였습니다.

주변에 아무도 없을 때 들리는 목소리 또는 아무도 여러분에게 이야기하지 않은 것 같은 상황에서 들리는 목소리를 경험하는 것은 생각보다 꽤 흔한 일입니다. (4장 '재앙화 사고에서 벗어나기' 를 참조하세요.) 때때로 그것은 TV, 라디오, 길거리를 지나가는 사람들의 목소리처럼 주변에서 나는 것일 수 있습니다. 다른 경우에는 단지 공기 속에서 나온 것으로 느껴질 수도 있습니다.

목소리는 스트레스가 많은 상태에서도 나타날 수 있습니다. 예를 들면, 사랑하는 사람이 죽었을 때, 잠에서 깰 때, 지각(청각, 시각)을 차단한 상태에서 목소리 경험을 할 수 있습니다. '내 생각이 아니라 다른 사람의 목소리 같은데…….' 라고 생각하는 사람들은 다음과 같은 상황에서 목소리를 경험한 것은 아닌지 생각해 볼 수 있습니다.

- 꿈/생생한 악몽: 특히 생생한 꿈을 꾸고 있거나 꿈과 악몽으로 인해 잠에서 깨는 경우
- 감정적으로 충격을 받았던 기억들을 떠올릴 때

- 심한 결핍 상태(예: 마실 물 없이 수십 킬로미터를 걸어가야 할 때)
- 그 외
  - 잠이 들 때나 잠에서 깰 때
  - 이별-사별 상태
  - 물질 남용(예: 암페타민, 엑스터시, LSD, 코카인 등)
  - 신체적 질병이 있을 때(예: 열사병 등)
  - 심한 우울증이나 정신증 상태일 때
  - 감각들이 차단된 상태일 때
  - 인질로 잡혀 있는 상태일 때
  - 매우 충격적인 폭력, 사고, 협박을 당했을 때

때때로 그 목소리들은 매우 실감나게 그리고 매우 크게 들릴 수도 있습니다. 목소리가 여러분에게 소리를 지르거나 속삭일 수 있으며, 욕을 하거나 비밀을 말할 수 있습니다. 어떤 사람들은 낯선 목소리를 듣는 것이 별로 당황스럽게 느껴지지 않을 수도 있지만, 많은 사람들은 목소리를 듣게 되면 걱정을 하고 위협감을 느끼게 됩니다.

목소리의 내용은 여러분 자신에 대한 것일 수 있고, 심지어 여러분이 하고 있는 것, 생각하는 것에 대한 것일 수도 있습니다. 어쩌다 이런 개인적인 것까지 알 수 있을까 이해하기 힘들기 때문에 여러분은 매우 혼란스러울 수 있습니다. 목소리가 여러분에게 무례한 욕설 등을 한다면 여러분은 매우 불쾌할 것입니다. 어쩌면 그 목소리는 여러분이 원치 않는 행동도 반드시 해야 하는 것처럼 확신을 줄 수 있습니다.

치료자와 함께 다음 질문들에 답을 하면서 목소리가 착각이나 관계사고가 아닌지 생각해 봅시다.

"내가 지금 당신에게 이야기하는 것처럼 누군가가 당신에게 이야기를 하고 있습니까?"

답: ____

"냉장고 모터 소리가 말소리로 변해서 들리나요?" (치료자 tip: 착각인지 아닌지 확인하기)

답: ______________________________

"주변에 사람들이 여럿 있을 때 들리는 목소리였다면 사람들이 없을 때에도 들렸나요?" (치료자tip: 관계사고인지 목소리인지 확인하기)

답: ______________________________

2. 목소리 바로 알기

여러분은 목소리가 어디에서 비롯되는지 생각해 보신 적이 있나요? 목소리는 정말 나에게만 들리는 것일까요? 인지치료 모델에서는 목소리에 대해 무엇으로 설명하고 있을까요? 지금부터 차근차근 함께 알아 가 봅시다.

1) '나한테만 들리는 목소리' 인지 확인하기

목소리가 어디에서 생겨난 것인지 알아보는 것은 어려운 일이지만 매우 중요한 일입니다. 그래서 다른 사람들도 그 목소리를 들을 수 있는지 확인해 보는 것이 중요합니다.

만약 다른 사람들도 그 목소리를 들을 수 있다면, 여러분은 그 목소리를 함께 들었던 사람들과 더불어 목소리를 이해하는 시간을 가져 볼 수 있을 것입니다. 어쩌면 그 목소리가 어떤 목소리인지, 누가 하는 목소리인지 알아보는 데 도움을 받을 수도 있습니다.

만약 다른 사람들이 그 목소리를 들을 수 없다면, 여러분은 왜 이런 일이 일어나게 됐는지 알아볼 필요가 있습니다. 다른 사람들이 여러분과 함께 있지 않을 때 그 목소리가 들렸다면 여러분은 목소리를 MP3 플레이어 등을 통해 녹음해 볼 수 있습니다. 만약 그 목소리가 여러분 혼자 있을 때만 들리는 것 같다면 여러분 혼자 그것을 들을 수 있는 것입니다.

이런 일들이 왜 일어나게 됐는지 알아보고 의사나 간호사, 심리치료사, 사회복지사 등 여러분에게 도움을 줄 수 있는 치료진과 이야기를 나누어 보는 것이 필요합니다.

자, 이제 다음 질문들에 답해 보면서 혹시 목소리가 여러분한테만 들리는 것인지 확인해 보도록 합시다.

"무슨 얘기를 하는지 다른 사람들도 들을 수 있나요?"

답: ____________________

"혹시 부모님이나 친구들도 그 목소리를 들을 수 있었나요?"

답: ____________________

지금 위의 답을 적기 어렵다면 집에서 한번 확인해 보는 시간을 갖는 것이 필요합니다.

많은 사람들이 목소리가 자기 자신에게만 들리고 다른 사람들은 자신이 듣는 목소리를 듣지 못한다고 이야기합니다. 실제로 이를 확인해 볼수록 목소리가 자신에게만 들린다는 것은 분명해집니다.

즉, 여러분이 어떤 내용의 목소리를 경험하더라도 다른 사람은 알 수가 없습니다! 따라서 여러분의 목소리 경험에 대해 다른 사람들이 알지 않을까 불안해하거나 걱정할 필요가 없습니다. 하지만 어떤 사람들은 '낯선 목소리가 나한테만 들리는 걸 보니 혹시 내가 미쳐 가는 게 아닐까?' 하는 생각을 하기도 합니다. 이제 이어지는 과정을 통해 목소리가 어디에서 생기는 것인지 함께 생각해 보겠습니다.

2) 목소리의 출처에 대해 확인하기

다음의 질문에 답을 하면서 목소리가 어디에서 비롯된 것인지 한번 생각해 봅시다.

"왜 다른 사람들은 이 목소리를 들을 수 없다고 생각하나요?"

답: ______________________________

6장 '망상을 이해하고 극복하기' 에서 같이 해 본 탐정놀이가 도움이 될 수 있습니다.

자신이 경험하는 목소리에 대해 '나는 원래 귀가 밝기 때문이다.' 라고 믿고 있는 우진의 예를 함께 살펴보도록 합시다.

〈 우진의 예 〉

도전해야 할 생각	'나는 원래 귀가 밝기 때문이다.' 라는 믿음
믿음 점수	70%
〈 지지하는 증거 〉 - 나는 어렸을 때부터 원래 귀가 밝은 편이었다. - 나는 음감이 좋다는 말을 들은 적이 있다. - 어머니도 조용한 곳에 있을 때 지지직거리는 소리가 들리는 것 같다고 했다.	〈 반대되는 증거 〉 - 가끔 부엌에서 나는 소리를 듣지 못할 때도 있다. - TV를 볼 때 볼륨을 크게 해서 듣는 경우가 많아서 생각보다 귀가 밝지 않을 수도 있다. - 목소리의 내용은 내가 아니면 알 수 없는 것도 많아서 목소리가 어쩌면 내 생각이 떠오르는 것일 수도 있다.
믿음 점수(재평가)	40%
달리 생각하기	'내가 들은 목소리가 실제가 아닐 수도 있다.'
불안지수	40%

여러분은 어떤가요? 목소리의 출처에 대한 자신의 생각을 한번 적어 봅시다.

도전해야 할 생각	
믿음 점수	70%
〈 지지하는 증거 〉	〈 반대되는 증거 〉
믿음 점수(재평가)	%
달리 생각하기	
불안지수	%

치료자 tip ……

이 과정은 환자로 하여금 목소리가 자신의 마음속이나 머릿속 또는 무의식 등 내부에서 비롯한 것이 아닌지 궁금증을 가지고 치료자와 함께 다음의 내용을 알아보도록 하는 것이 중요합니다.

목소리는 어디에서 비롯된 것일까요?

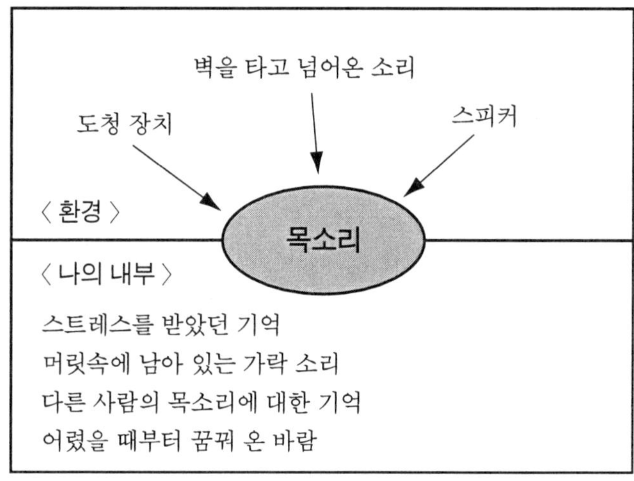

이 그림에서 보는 것처럼 목소리는 여러분 뒤에서 벽을 타고 넘어왔거나 시끄러운 스피커 등을 통해서 나온 것으로 생각될 수 있습니다.

또한 그 목소리는 나의 내부에서 온 것일 수 있습니다. 그러나 그 목소리가 나의 내부에서 온 것이라고 해서 '실제로 내가 하는 말'을 의미하는 것은 아닙니다. '죽여라' 또는 '죽어라' 라는 목소리를 듣는다고 해서 여러분이 다른 사람을 죽여야 하거나 혹은 다른 사람이 여러분을 죽이겠다는 것을 의미하는 것은 아니며, 여러분이 죽어야 하는 것은 더더욱 아닙니다.

그 목소리는 ① 다른 사람의 목소리에 대한 기억일 수도 있고, ② 여러분은 인식하지 못했던 목소리일 수도 있습니다. 여러분이 꿈속에서 다른 사람의 목소리를 듣는 것처럼 그 목소리는 ③ 여러분의 생각이 들린 것일 수 있습니다. 다른 사람들이 이야기하는 것에 대한 기억, 머릿속에 있는 가락 등은 여러분이 때때로 ④ 생생하게 기억하는 목소리일 수 있습니다.

치료자 tip ……

무릇 사람의 마음속에는 모든 삼라만상이 다 들어 있기 마련이고, 이것이 평소에는 잘 조절되어 우리가 가지고 있는 여러 생각과 감정이 드러나지 않을 수 있습니다. 하지만 스트레스가 심하거나 잠을 자지 못하는 등의 상황에서는 자신의 내부에서 조절되지 않은 생각이나 기억이 나타날 수 있습니다. 따라서 목소리 경험이 자신의 내부에서 온 것이라도 이는 자신이 미쳐 가는 것이 아니라 수많은 생각 중의 하나일 뿐입니다. 또한 '생각은 자유' 이므로 누구든지 어떤 생각이나 할 수 있습니다! 이것이 앞에서 배운 노멀라이제이션입니다.

3) 목소리의 인지치료 모델 이해하기

인지치료 모델에서는 목소리 경험에 대해 정보가 어디에서 비롯되는지 분별하는 능력과 관련이 있다고 설명합니다. 많은 연구를 통해 목소리 경험을 했던 사람들이 하지 않았던 사람들에 비해서 자신의 내부에서 비롯된 정보를 외부로 귀인하는 경향이 많았다는 것이 알려졌습니다. Morrison 박사에 따르면 이러한 내부 사건의 외부 귀인 편향이 나타나는 것은 우리 자신의 '초인지 믿음' 과 관련이 있다고 합니다.

초인지 믿음이란 '자기 자신의 사고과정에 관한 믿음' 을 말합니다. 즉, 자신의 생각에 대한 생각이지요. '내 생각을 조절할 수 없어진 것은 내가 약해진 것이다.' 라거나 '나는 걱정하는 내 생각을 무시할 수 없다.' 와 같이 자신의 사고과정에 대한 불안정함이 초래될 때면, 우리의 초인지 믿음은 침습적인 생각들을 '환청' 과 같이 외부로 귀인하도록 함으로써 인지적 불안정함을 줄인다는 것입니다. 이처럼 외부로 귀인한 덕분에 자신의 초인지 믿음 체계를 유지시킬 수 있습니다. 하지만 외부로 잘못 귀인된 내용 역시 그대로 유지되게 됩니다.

여러분과 비슷한 목소리 경험을 하고 호전되었던 사람이 쓴 글을 읽어 보면서 다른 사람은 목소리 경험을 어떻게 이해하고 받아들였는지 알아봅시다.

그 목소리가 처음 들리기 시작한 것은 3달 전이었습니다. 전화기의 벨이 울려서 받으려고 달려갈 때 어떤 목소리가 먼저 "전화 왔다."라고 얘기하는 것을 듣게 되었습니다. 곁에 누가 있는지 확인해 보았지만 아무도 보이지 않았습니다. 그 이후로 저는 때때로 "음~." 하고 저에게 관심을 두며 감탄을 하는 듯한 남자의 목소리를 듣게 되었습니다. 그때 다른 남자가 "이봐, 나 저 여자를 원해."라고 얘기하자 다른 여자가 옆에서 "뭐라고?"라며 대답하는 목소리가 들렸습니다. 그는 반복적으로 얘기했습니다. "저 여자를 내가 차지하고야 말겠어." 저는 그다음부터 누군가가 저를 원하고 사랑하고 있는 것이라는 생각이 들었습니다. 저는 혹시나 하는 생각에 남편에게 혹시 다른 누군가가 집에 있거나 누가 날 지켜보는 것이 아니냐고 물어보았고, 남편은 껄껄 웃으며 아니라고 하였습니다. 저는 그 말을 믿었습니다. 그 후로는 그 남자가 제가 슈퍼마켓에 갈 때나 차에 탈 때나 쳐다보는 것같이 느껴졌습니다. 욕실에 있을 때조차 쳐다보는 것 같아 점점 신경이 쓰이고 힘들어지기 시작했습니다. 결국 저는 참다 못해 가족들이 모인 자리에서 "그만해! 그만 얘기하라고!"라고 소리를 질렀습니다. 저는 이후로 가족들의 권유로 S병원에 입원하여 치료를 받기 시작하였습니다.

저는 약을 복용하기 시작하였으며 담당의사와 함께 면담을 통해 그 목소리가 정말 들렸던 소리인지, 제 생각이 밖으로 들린 것은 아닌지 함께 생각해 보았습니다. 그 목소리들은 점점 희미해지기 시작했습니다. 결국 저는 그 목소리들이 제 마음속에 있는 생각이며, 실제로 들리는 소리는 아니라는 것을 깨닫게 되었습니다. 그것들은 다른 사람들로부터 사랑받는 유명인이 되고 싶은 저의 소망이 목소리로 들린 것임을 깨닫게 되었습니다. 저는 퇴원 후 잘 지내고 있습니다. 가끔씩 그런 목소리들이 들릴 때도 있지만 저는 그저 웃으며 "또 목소리들이 들리네."라며 웃어 넘겨 버릴 수 있게 되었답니다.

비슷한 경험을 했던 다른 많은 사람들처럼, 여러분의 목소리 경험 또한 내부와 외부의 정보에 대한 분별 능력과 관련된다면, 여러분은 목소리 경험을 하는 순간에 어떤 생각을 하는지 살펴볼 필요가 있습니다.

스트레스가 심한 상황에서 나의 내부에서 발생하는 일에 대해 외부로부터 생겨난 것이라고 지각하게 되는 것을 자동화 사고(automatic thoughts)라고 합니다. 환각(hallucination)은 자동화 사고의 대표적인 경우입니다.

자동화 사고란 일어난 사건과 그로 인해 생긴 감정 사이에 자동적으로 스치는 순간적인 생각을 말합니다. 이런 자동적으로 드는 생각은 우리가 깊이 생각한 것들이 아니므로 논리적이지 않을 수 있지만 이후의 감정과 행동에 많은 영향을 미칩니다. 또한 생각이 매우 빠르게 일어나 스쳐 지나가기 때문에 그것을 적어 두고 곰곰이 생각해 보는 것이 나의 느낌과 행동을 잘 이해하는 데 필요합니다.

다음 우진의 경험을 한번 살펴보겠습니다.

우진은 어느 날 라디오를 듣던 중 갑자기 어떤 목소리가 "라디오 DJ가 지금 너에 대해 이야기하는 것이다."라고 하는 말을 들었습니다. 그는 라디오에서 DJ가 무슨 말을 하는지 유심히 듣기 시작했고, 그럴수록 라디오에서 그의 인생과 관련된 것들이 더 많이 나오고 있다는 것을 알게 되었습니다. 라디오에서는 '부천'을 이야기했는데, 그 도시는 그가 태어난 도시였습니다. 또 그가 타는 차종에 대한 한 청취자의 사연이 소개되었고, 라디오 DJ와 초대손님이 축구에 대해 이야기했는데 마침 우진은 지역 축구팀에 가입하여 활동하는 것을 고민하던 중이었습니다. 이러한 이야기를 듣게 되자, 우진은 점점 스트레스를 받고 화가 났습니다.

우진은 치료자와 함께 이러한 경험에 대해 생각 기록지를 작성해 보기로 하였습니다.

사건	생각	감정	행동
무슨 일이 일어났나?	어떤 생각이 스쳐 지나갔나? 무엇을 걱정했고, 어떤 기억과 이미지가 떠올랐나?	어떤 느낌이 들었나? 강도는? (0~100)	어떻게 행동했나?
집에서 라디오를 들을 때, "라디오 DJ가 지금 너에 대해 이야기하는 것이다."라는 목소리가 들림	라디오 DJ는 내 인생과 관련된 얘기를 전체 얘기 중 70%나 이야기했고, 그것은 라디오의 소재로 내 인생을 이용한 것이다. 나를 부당하게 이용해 유명해진 것이고, 나에게 그 대가를 지불해야 하지 않은가?	무섭다.(40%) 화가 난다.(90%)	라디오 DJ에게 소리를 질렀다. 라디오를 껐다.

우진은 생각 기록지를 작성하고 나서 자신의 감정과 행동을 더 잘 이해할 수 있었습니다. 어떤 사건(라디오에서 내 이야기를 한다는 목소리 경험)이 일어난 뒤 감정('화가 남')과 행동('라디오를 끔')이 나타나기 전에 어떠한 생각이 있었는지 이해하게 된 것이지요.

치료자 tip ......

우진의 예는 환청을 자동화 사고로 개념화하는 것으로 관계사고(idea of referefence)의 요소가 함께 포함되어 있습니다. 실제 환자의 환청에 우진의 예처럼 관계사고가 포함되었는지 그렇지 않은지를 구분하는 것은 매우 어렵기 때문에 이를 반드시 구분해야 하는지에 대해서는 치료자들도 의문을 가지고 있습니다. 따라서 환자의 행동을 파악하고 이해하는 것을 초점으로 진행하는 것이 좋습니다.

이제 여러분의 목소리 경험에 대해 생각 기록지를 한번 작성해 봅시다.

사건	생각	감정	행동
무슨 일이 일어났나?	어떤 생각이 스쳐 지나갔나? 무엇을 걱정했고, 어떤 기억과 이미지가 떠올랐나?	어떤 느낌이 들었나? 강도는? (0~100)	어떻게 행동했나?

3. 목소리의 내용에 대한 걱정 확인하기

우리는 앞에서 목소리 경험에 대해 내부 사건에 대한 외부 귀인 편향, 초인지 믿음, 자동화 사고로 설명하는 인지치료 모델에 대해 알아보았습니다.

목소리가 초인지 믿음에 순응하지 않는 침습적인 생각들을 외부로 귀인하는 것이라면, 여러분은 자신의 걱정이나 침습적인 생각에 대해 어떻게 생각하고 있는지를 알아볼 필요가 있습니다. 자신의 걱정과 침습적인 생각에 대한 생각, 즉 초인지는 '초인지 설문(Meta-cognitive Questionnaires: MCQ)'을 통해 알아볼 수 있습니다. 초인지 설문의 항목과 내용에 대해서는 부록 7을 참조하며 읽어 봅시다.

이처럼 목소리가 어디에서 비롯된 것인지 알게 되고, 나처럼 목소리를 경험하는 다른 사람들이 많다는 것을 이해하더라도 목소리가 말하는 내용에 잘 대처하기란 여전히 어려운 일입니다. 때때로 목소리의 내용이 여러분을 경멸하고 비난하는 내용일 수 있기 때문에 더욱 괴롭습니다. 그러나 목소리의 내용이 사실이 아닐 수 있고 단지 우리의 생각이라면, 우리의 생각은 생각일 뿐 사실이 아니라는 것입니다.

또한 중요한 것은 그 목소리가 여러분으로 하여금 어떤 행동을 하게 만들 수 없다는 것을 아는 것입니다. 여러분에게 어떤 기억이 오랫동안 강렬하게 남아 있다고 해서 그 기억이 여러분의 평소 생각을 좌우하는 것은 아니기 때문입니다. 여러분이 그 목소리를 통제하고 조절할 수 없다는 생각은 초반에 여러분이 그 목소리들을 부정적으로 생각하게 만들 것입니다. 그러나 그 목소리가 여러분의 마음속에서 비롯된 것이라면 그것이 얘기하는 대로 행동할지 여부는 여러분에게 달린 것입니다. 즉, 여러분이 생각하기에 따라 달린 것이라고 할 수 있습니다.

여러분이 목소리에 대해서 취하는 태도는 목소리로 인해 유발되는 고통을 결정 짓는 중요한 결정 요소가 됩니다. 자기 스스로를 전지전능한 초자연적 힘 앞에 무력한 희생자로 보는 사람들은 목소리로 인한 고통이 큽니다. 절대적인 힘이나 목소리에 의해 조종당할 수밖에 없다는 믿음은 이미 목소리를 조절하기 위한 대처 방안을 마련하는 데에 악영향을 미칠 수 있습니다. 그럴 경우에는 목소리를 조절할 수 있었던 경험을 상기하고, 되짚어 나가면서 목소리에 대처하게 할 수 있습니다. 또한 그 믿음의 어떤 불합리한 점들을 발견할 수도 있을 것입니다.

생각은 생각일 뿐입니다!

이제 다음 수철의 예를 함께 읽어 봅시다.

수철은 절대적인 힘을 갖고 거절할 수 없을 것만 같은 어조로 "앞의 사람을 칼로 찔러라."라는 명령을 내리는 목소리에 시달리고 있었습니다. 많은 시간 동안 그 믿음의 불합리한 점을 찾기 위해 치료자와 함께 시간을 보냈습니다. 6개월이 넘게 그 목소리에 시달리고 있는 수철에게 치료자가 "목소리가 지시하는 내용대로 행동한 적이 있었습니까?" 라고 물어보았습니다. 수철은 그 목소리를 들었을 때 자신이 누군가를 칼로 찌른 적도 없고 폭력적으로 반응한 적도 없었다고 하였습니다. 치료자는 수철이 절대적인 명령이라고 느꼈음에도 그 목소리에 계속해서 따르지 않을 수 있었던 것에 놀라움을 표시하였습니다. 수철은 몇 회기 동안 그 목소리가 정말 절대적인 명령이었는지, 정체는 무엇인지 치료자와 함께 생각해 보고 토론하기를 지속하였습니다. 수철은 생각 끝에 목소리의 지시대로 자신이 따르지 않고 있었던 것을 떠올리며 '내가 목소리를 조절할 수 있구나.' 라는 믿음을 갖게 되었고, 목소리에 대해서 잘 대처해 나갈 수 있게 되었습니다.

수철의 예처럼 여러분도 자신의 목소리를 조절할 수 있다는 자신감을 갖는 것이 중요합니다.

다음을 크게 외쳐 볼까요?

나는 목소리를 조절할 수 있다!

4. 목소리에 대한 대처 전략 세우기

목소리에 대한 대처 전략을 세우기 위해서는 먼저 내가 경험하고 있는 목소리의 내용을 비롯해서 목소리가 자주 들리는 때, 목소리의 유발 요인, 목소리에 대한 감정과 행동 반응, 연관된 사고와 그에 따른 생각, 장면들, 최근의 대처방법 등에 대해 이야기를 나누어 보는 것이 도움이 됩니다.

우진의 예를 참고로 해서 질문들에 답해 보도록 하겠습니다.

치료자: 우진 씨, 오늘은 그 목소리가 어떤 이야기를 하던가요?

우　진: 오늘은 갑자기 그 목소리가 저에게 '호모' 라고 했어요.

치료자: 그 목소리를 듣고 나니 기분이 어떠셨나요?

우　진: 너무 황당했어요. 저는 동성애자가 아니거든요.

치료자: 그 목소리를 듣고 어떤 행동을 하셨어요?

우　진: 속상해서 막 눈물이 났어요.

치료자: 음. 목소리를 듣고 어떤 장면들이 떠오르셨나요?

우　진: 제가 어떤 남자와 키스하고 자는 장면이 떠올라서 기분이 더 이상했어요.

치료자: 네. 그래서 그 목소리를 듣고 어떻게 대처하셨나요?

우　진: 라디오를 크게 틀고 라디오 소리에 집중했어요. 그 소리가 들리지 않을까 해서 말이에요.

치료자: 네. 잘하셨어요. 그렇게 한 것처럼 무서운 생각이 들면 그 생각을 떨쳐 낼 수 있는 다른 일을 시도해 보는 거예요. 사람들은 보통 그런 말을 듣더라도 자신을 '호모' 라고 생각하지 않아요. 우진 씨가 한 것처럼 무시해 버리고, 즐거운 일로 기분 전환을 하거나 하던 일에 집중해 버리죠.

여러분도 최근 일주일 동안에 경험했던 것 중에서 기억나는 것들을 적어 볼까요?

"그 목소리가 무슨 이야기를 하던 가요?" 예) 저에게 '호모' 라고 했어요.

____

"그 목소리를 듣고 나서 기분이 어떠셨어요?" 예) 너무 황당했어요.

____

"그 목소리를 듣고 어떤 행동을 하셨나요?" 예) 속상해서 막 눈물이 났어요.

"그 목소리를 들으니 어떤 장면이 떠오르셨나요?" 예) 제가 어떤 남자와 키스하고 자는 장면이 떠올랐어요.

"그 목소리를 듣고 어떻게 대처하셨어요?" 예) 라디오를 크게 틀고 라디오 소리에 집중했어요.

우진의 예를 보면서 여러분의 목소리 경험을 이해해 볼 수 있는 것처럼, 다른 사람들의 목소리 경험과 그 경험을 바라보는 관점을 알아보는 것은 많은 도움이 될 수 있습니다. 집단치료와 같은 모임은 물론 함께 담소를 나누는 것만으로도 지지받는 느낌이 생겨날 수 있고, 다른 사람들이 목소리를 어떻게 이겨 냈는지 알고 있다면 여러분이 증상을 조절할 수 없게 되었을 때 느끼는 고립감이 줄어들 수 있습니다. 이것이 우리가 4장에서 배웠던 노멀라이제이션 중 하나입니다.

1) '목소리 일기' 쓰기

'목소리 일기(diary of voices)'란 목소리 경험을 했을 때 그 목소리의 내용과 느낌, 그때 들었던 생각과 행동 등을 기록해 나가는 것입니다. 목소리 일기는 지난 한 주간의 일을 잘 생각해서 작성할 수 있습니다.

앞서 살펴보았던 우진의 이야기를 예로 들어 같이 살펴볼까요?

〈 우진의 목소리 일기 〉

	목소리가 들렸을 때				
	목소리의 내용	나의 기분	나의 행동	떠올랐던 장면	나의 대처방법
2012년 1월 3일	"이 호모 새끼." "지저분한 놈."	황당하고 기분 나쁨	속상해서 눈물이 났음	내가 어떤 남자와 같이 자는 장면	라디오를 크게 틀고 라디오 소리에 집중함
2012년 1월 4일	"너는 변태야." 라고 속삭임	짜증이 나고 화가 남	소리를 지르면서 엉엉 울었음	누군가가 몰래 여자 속옷을 훔치는 장면	엄마에게 전화를 걸어 다른 주제로 대화함

앞서 살펴봤던 우진의 면담에서는 모든 생각의 내용을 자신이 전부 통제할 수 없다는 것, 특히 스트레스가 심한 상황에서는 더욱 그러하다는 것을 깨달음으로써 불쾌한 목소리 내용으로부터 보다 편안해지고 치료에 잘 참여할 수 있습니다. 우진은 예전에 여자친구와 함께 즐겁게 데이트를 할 때처럼 편안하게 목소리에 반응하고 스트레스를 덜 받게 되면 무서운 생각이 줄어들 것임을 알게 될 것입니다.

그럼 이제 나의 목소리 일기를 한번 써 봅시다.

〈 나의 목소리 일기 〉

날짜	목소리가 들렸을 때				
	목소리의 내용	나의 기분	나의 행동	떠올랐던 장면	나의 대처방법
년 월 일					
년 월 일					
년 월 일					
년 월 일					
년 월 일					
년 월 일					

2) 여러 대처 전략 알아보기

어떤 사람들은 몇 년간 목소리에 시달려 왔음에도 불구하고 목소리를 다루는 것에 소극적으로 행동하고 실천에 나서는 것조차 하지 않습니다. 그들은 목소리가 들리는 것에 대해 완전히 체념하여 목소리에 반응하지 않고, 대처 전략을 세우는 것을 포기한 채 목소리에 따라 기분이 상하고 화를 내는 것을 피하려고 하지만 때때로 목소리로 인해 두려워하거나 우울해하면서 지냅니다. 하지만 이런 사람들도 들리는 목소리의 내용에 대해서 의문을 갖기 시작하고 나중에는 '이겨 내 봐야겠다' 며 목소리에 대한 접근을 시도할 수 있습니다.

다음 성철이의 예를 한번 살펴볼까요?

> 성철이의 주 문제는 '변태' 라고 욕하는 목소리를 듣는 것이었습니다. 성철이는 중학교 3학년 때 학교 화장실에서 자위하는 것을 친구들에게 들킨 이래 목소리가 시작되었습니다. 성철이는 그 일 이후로 친구들로부터 놀림을 받기 시작하였고, 나중에는 여자아이들에게까지 소문이 나게 되었습니다. 성철이는 집에 혼자 있을 때에도 '변태' 라고 자신을 놀리는 목소리를 들었고, 실제 들리는 목소리가 아니라 자신의 생각이라는 것을 이해했지만 막상 그 목소리에 대처하는 방법을 찾기가 힘들었습니다. 이것은 우연하게 발견했는데, '자위를 하는 것은 나쁜 행동이 아니다.' 라는 이야기를 듣고 난 후부터 "자위 행위를 하는 것은 나쁜 것이 아니다." "나는 변태가 아니다." 라는 문장을 반복하는 것이었습니다. 그리고 자신감이 생기는 것을 느낄 수 있었습니다. 성철이는 대처카드를 만들어 이 대처 전략을 적어 두었고, 목소리가 들릴 때마다 대처카드의 내용대로 "나는 변태가 아니다." 라고 소리를 질렀습니다. 마침내 그는 목소리에게 "내가 변태임을 증명해 봐라." 라고 묻는 데까지 이르렀습니다.

그럼 목소리에 대한 여러 대처 전략들을 살펴보고, 여러분은 어떤 방법을 사용하면 좋을지 함께 고민해 보도록 합시다.

〈 목소리에 대한 대처 전략의 예시 〉

병적인 방법들(추천되지 않음)
- 예: 술에 취하기, 처방받지 않은 약물 남용하기, 난동 부리기, 고함 지르기

의료 서비스 이용하기
- 예: 처방받은 약 복용하기, 치료자에게 상담하기

사회 활동하기
- 예: 친구 사귀기, 낮병원 가기, 친한 사람에게 소리가 너무 심하게 들린다고 이야기하고 그 소리가 자신에게만 들리는 것임을 상기시키기

행동 조절하기
- 예: 따뜻한 물로 목욕하기, 산책하거나 다른 운동하기, 명상 테이프 듣기, 클래식 음악이나 록 음악 듣기, 조용한 곳에서 사색하기

인지적 조절
- 주의 분산시키기: 컴퓨터 게임하기, TV 시청하기, 음악 감상하기, 퍼즐게임 하기, 취미활동하기, 일상생활에서와 다른 일 하기, 명상하기, 기도, 주문 외우기(예: "환청아, 없어져라, 수리수리." "아제아제 바라아제."), 속으로 '음~ 아~' 라고 소리 내고 있기
- 마음을 가라앉히고 소리를 들리는 대로 놔두기: 목소리 자체를 받아들이고 싸우려 하지 말기
- 합리적으로 반응하기(목소리 내용에 따른 불안과 분노 반응을 줄임)
- 목소리를 조절할 수 있다는 것을 증명하기 위해 하루 중 정해진 시간에 10여 분간 소리가 들릴 수 있도록 하기
- 설명을 정상화하기: 예를 들어, '환청이 장난치고 있구나' 라고 설명해 보기
- 전지전능한 힘을 가진 것 같은 목소리에 대항하기(목소리는 목소리일 뿐 행동과 다르다는 것을 상기시키기)
- 자신 있는 태도로 목소리와 대화해 보기(예: "한번 증명해 보시지!")

위의 여러 대처 전략에 따라 몇 차례 목소리에 대처하고 난 다음에는 어떤 방법들이 효과적이었는지 적어 놓는 것을 통해 유용한 방법들, 이와 관련된 가능한 다른 여러 방법들도 함께 알아볼 수 있을 것입니다. 몇몇 병적인 방법들이 일시적으로는

목소리로 인한 고통을 줄여 줄 수 있을지 모르지만 장기적으로는 반사회적 반응, 사회적 고립, 약물이나 알코올 중독과 같은 결과를 초래할 수 있습니다. 어떤 대처 전략이 효과적이지 않을 때 다른 대처방법들을 생각해 볼 수 있고, 해 보았던 방법이 얼마나 효과적이었나 확인해 볼 수도 있습니다.

이러한 여러 방법들 중 개인에 따라 처음에는 목소리를 증가시킬 수도 있습니다. 효과적인 방법을 발견할 수 있을 때까지 체계적으로 작업하는 것이 중요합니다.

3) 나의 대처카드 만들기

이제 대처 전략 중 성철이의 예에서 본 것처럼 대처카드 만들기를 함께 해 보겠습니다.

여러분은 메모장 또는 명함 크기의 카드에 목소리가 들리는 상황에 대처할 수 있는 지시 사항을 기록하여 가지고 다니면서 목소리에 효과적으로 대처할 수 있습니다. 대처카드에는 구체적인 상황이나 문제, 그리고 간략한 대처 전략의 요점을 적는 것이 좋습니다.

- '목소리 일기'에 적어 놓았던 내용들을 참조해서 목소리가 들릴 때 했던 대처 전략 중 효과적이었던 것들을 떠올려 봅시다.
- 대처 방안으로 인해 어떤 긍정적 결과들을 얻을 수 있었는지 생각해 보도록 합니다.
- 다른 사람들로부터 대처 방안으로 조언을 들었던 내용들도 함께 생각해 보도록 합니다.

〈 **예시** 〉

상황:
"너는 남들로부터 왕따를 당할 것이다."라는 목소리가 들릴 때

대처 전략:
- 이어폰을 꽂고 노래를 듣는다.
- 산책을 나간다.
- 명상을 한다.
- 친구에게 전화를 한다.
- 내가 왕따가 아닌 이유에 대해 이야기해 본다.

이와 같이 한번 해볼까요?

상황:

대처 전략:

이번 주 숙제는 대처카드를 들고 다니면서 목소리 경험을 할 때 대처카드에 따라 행동한 경험을 적어 보는 것입니다.

1. 내가 목소리를 들을 때 친한 사람들도 목소리를 듣는지 확인해 봅시다.
2. 목소리가 들릴 때 MP3 플레이어로 녹음하고 녹음한 내용을 확인해 봅시다.

COGNITIVE THERAPY

제8장

특이한 경험을 이해하고 극복하기

1. 사고 방해
2. 수동 현상

치료자 tip ......

이 장은 사고 방해(thought interference), 수동 현상(passivity phenomena)에 대한 부분입니다. 사고 방해의 경우 사고 전파(though broadcasting)에 대해서 주로 다루고 있으며 관계망상과 밀접하게 연관되어 있기 때문에 부분적으로 관계사고, 관계망상 등도 함께 다루어 주도록 합니다.

1. 사고 방해

여러분은 상대방의 표정을 보면 상대방이 어떤 기분인지 눈치 챌 수 있고, 말을 하지 않고 몸짓을 통해 상대방에게 의사 전달을 할 수도 있습니다. 이처럼 우리는 언어 이외의 방식으로도 서로 의사소통을 할 수 있으며, 이러한 것을 '비언어적 의사소통' 이라고 합니다. 지금 여러분이 주변 사람들과 함께 이야기를 나누는 순간에도 비언어적 의사소통은 계속되고 있습니다.

치료자 tip ......

환자들은 때로는 눈짓이나 몸짓, 웃음 같은 비언어적 의사소통의 의미를 다르게 이해하고 오해하기도 합니다. 치료자는 면담하고 있는 지금 현재 상황에서 치료자의 눈짓이나 몸짓을 예로 들어 비언어적 의사소통에 대해 환자와 논의해 볼 수 있습니다. 다음과 같은 대화를 통해 비언어적 의사소통에 대해 이야기를 나누어 봅시다.

"사람들의 웃는 모습이나 특징적인 모습이 당신으로 하여금 당신의 생각이 그들에게 읽히고 있다는 생각이 들게 할 때가 있었나요?"

"상대방이 웃을 때 당신을 쳐다보며 냉소적인 표정을 짓던가요?"

"눈 맞춤은 다른 의미보다 상대방이 당신의 말을 이해하고 있다는 의미로 흔히 사용됩니다."

이와 같은 치료자의 언어를 통해 비언어적 의사소통에 대해서 이해하는 것이 도움이 됩니다.

'사고 방해' 란 이러한 비언어적 의사소통의 정도를 넘어서서 여러분 주위 환경에 대해 지나치게 예민해지는 현상을 말합니다. 주변의 소리들 때문에 신경이 쓰이고 산만해져서 집중을 잘 하지 못하게 되거나, 한 가지 생각이 자꾸 머릿속에 끼어 들어 와서 다른 사람과 대화를 하는 데 어려움을 느끼는 것 등이 이에 해당합니다. 내 생각이 전파되어 다른 사람들이 내 생각을 알게 되는 것을 막을 수 없을 것 같은 느낌이 드는 것 또한 대표적인 예입니다.

치료자 tip ……

바로 위의 내용은 사고 전파에 대한 설명입니다.

여러분은 다른 사람이 여러분의 생각을 알 수 있다는 생각, 반대로 여러분이 다른 사람의 생각을 알 수 있다는 생각에 대해 어느 정도 믿음을 갖고 있는지 다음 점수자에 한번 표시해 볼까요?

'다른 사람들이 나의 생각을 알 수 있다.'

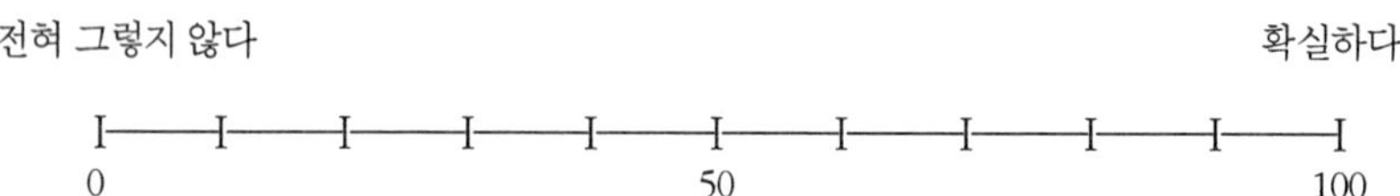

'나는 다른 사람들의 생각을 알 수 있다.'

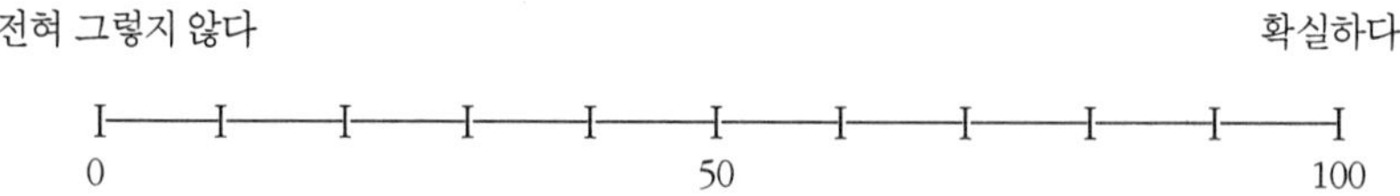

사고 방해의 예로 '텔레파시'를 생각해 볼 수 있습니다. 자, 그럼 아래의 글을 읽으면서 한번 함께 생각해 보는 시간을 가져봅시다.

여러분은 마술쇼에서 마술사들이 다른 사람이 들고 있는 카드가 어떤 종류인지 보지 않고도 어떤 것인지 맞추는 것을 보면서 신기해할 때가 있었을 것입니다. 또한 때로는 내가 하고 있는 생각을 주위 다른 사람들이 알아채고, 내 생각에 대해 이야기 나누는 것처럼 느껴질 때가 한 번쯤은 있었을 것입니다.

비슷한 현상을 두고 사람들은 '텔레파시' 라고 부릅니다. 한 사람의 생각이 다른 사람에게 전해져 상대방이 생각을 알아채는 것 말입니다. 1950년대 과학자들은 '텔레파시'가 실제로 가능한 현상인지 실험해 보았습니다. 두 사람을 아무런 소리나 신호가 통하지 않는 서로 다른 방에 있게 한 후 상대방의 생각을 알 수 있는지 알아보도록 한 실험입니다. 예를 들면, 한 사람에게 청단 화투장를 보여 주고 청단을 머릿속으로 떠올리게 하는 것입니다. 맞은편 방 사람이 상대방이 떠올리는 화투장의 종류를 맞힐 수 있는지 확인해 보는 거죠. 결과는 어땠을까요?

실험 결과상 서로 내민 카드는 우연히 일치할 확률 이상으로 일치하지 않았습니다. 결국 텔레파시는 과학적으로 증명되지 않는 현상이었던 거죠.

그렇지만 자신을 주술사나 마술사라고 부르는 사람들 중에는 상대방의 생각을 알아챌 수 있다고 주장하는 사람들이 있습니다. 여러분은 자신이 상대방의 생각을 읽을 수 있는 능력을 갖고 있는 것 같다는 생각이 들 때가 있었나요? 혹은 알려지게 되면 당황스러울 야한 생각이나 폭력적인 생각을 하고 있을 때 다른 사람들이 알아채고 있는 것 같아 걱정이 들 때가 있었나요? 이럴 때는 주위의 가까운 가족, 친구 혹은 치료자와 실험을 해 보는 것도 좋은 방법입니다.

자, 그럼 이제부터는 '텔레파시 게임' 을 해 보도록 합시다. 친구, 가족, 치료자 누구와도 할 수 있는 게임입니다. 아래의 15개의 단어 중에서 여러분이 한 단어를 골라서 빈 종이에 적어 보도록 합시다. 혹은 부록 8의 단어카드를 이용해도 좋습니다. 그리고 그 단어를 머릿속에 집중해서 계속 떠올리면서 상대방이 내가 고른 것과 일치하는 것을 고르는지 확인해 봅시다.

〈 **텔레파시 단어** 〉

1. 바구니	2. 건물	3. 사물함	4. 의자	5. 턱
6. 원	7. 기둥	8. 끈	9. 문	10. 팔꿈치
11. 엔진	12. 손가락	13. 발	14. 주민	15. 건전지

자, 결과가 어떤가요? 여러 사람과 함께 여러 번 해 보도록 합시다.

치료자 tip ......

우연히 단어가 일치할 경우도 있으므로 여러 번 시행해 보도록 권유합니다. 반대로 치료자가 먼저 단어를 고른 후 환자에게 맞혀 보도록 하는 것도 도움이 됩니다.

자, 그럼 점수자에 다시 표시해 볼까요?

'다른 사람들이 나의 생각을 알 수 있다.'

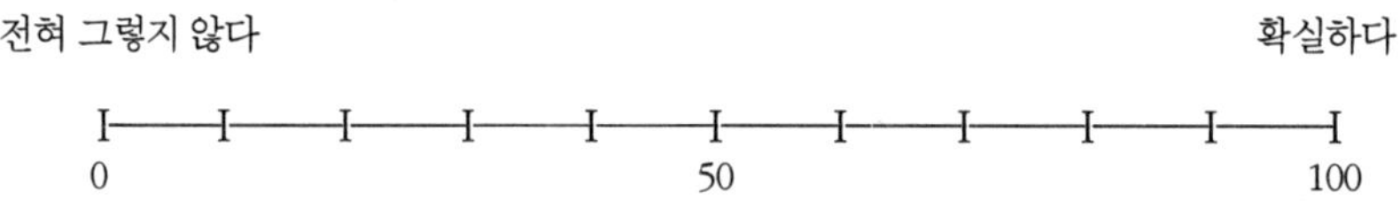

'나는 다른 사람들의 생각을 알 수 있다.'

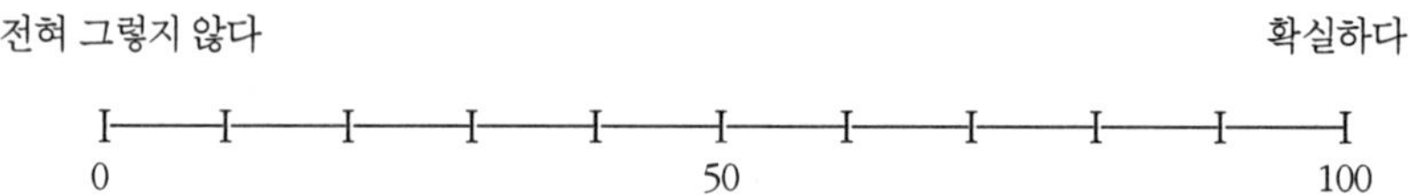

사고 방해는 주위 상황에 따라서 누구에게나 종종 나타날 수 있는 현상이며, 영화 속 주제가 되기도 합니다. 하지만 이러한 느낌이 지속적으로 자주 들게 된다면 매우 불쾌한 기분이 들고 그에 영향을 받을 수밖에 없습니다. 특히 사고 전파의 경우는 '내가 하는 생각이 전파되어 남들이 다 알고 있고, 그것을 막을 수 없다.' 는 생각이 드는 현상이므로 심한 불안감을 느끼게 되고 일상생활을 제대로 하지 못하게 될 수도 있습니다.

6장에서 다룬 망상과 마찬가지로 사고 방해도 이해하기가 쉬운 일이 아닙니다. 우선 다음의 '사고 방해를 정확하게 이해하기' 를 통해 충분히 이해한 후 여러분 각각의 경우에 대해서 생각해 보도록 합시다.

생각은 자유입니다. 다른 사람들이 내 생각을 알 수 없기 때문이지요.

1) 사고 방해를 정확하게 이해하기

우선 사고 방해의 성격과 그 영향을 정확히 확인하는 것이 중요합니다. 사고 방해의 예로는 아래와 같은 것들이 있습니다. 다음 현호의 예를 살펴봅시다.

현호는 주위 상황에 늘 예민한 편입니다. 현호는 같은 반 친구들이 자신들끼리 낄낄거릴 때마다 자신을 흉보고 있다는 생각이 들곤 합니다. 현호는 지난주에 친구의 노트북을 빌려 갔다가 그 안에 있는 음란 동영상을 보면서 미술 선생님을 떠올리며 야한 생각을 계속했는데, 아무래도 그 때문에 친구들이 자신의 얘기를 하고 있는 것 같다고 생각합니다. 친구들이 자신이 미술 선생님을 두고 야한 생각을 한 것을 알고 있고 그것을 막을 수 없다고 확신한 현호는 학교에 나가기 힘들다고 합니다.

여러분에게는 어떠한 경우들이 있었는지 한번 생각해 볼까요?
어떤 것을 적어야 할지 잘 모르겠다면 5장 '집짓기' 에서 살펴본 현재 나의 가장 중요한 문제들 목록을 참조하는 것이 도움이 될 것입니다.

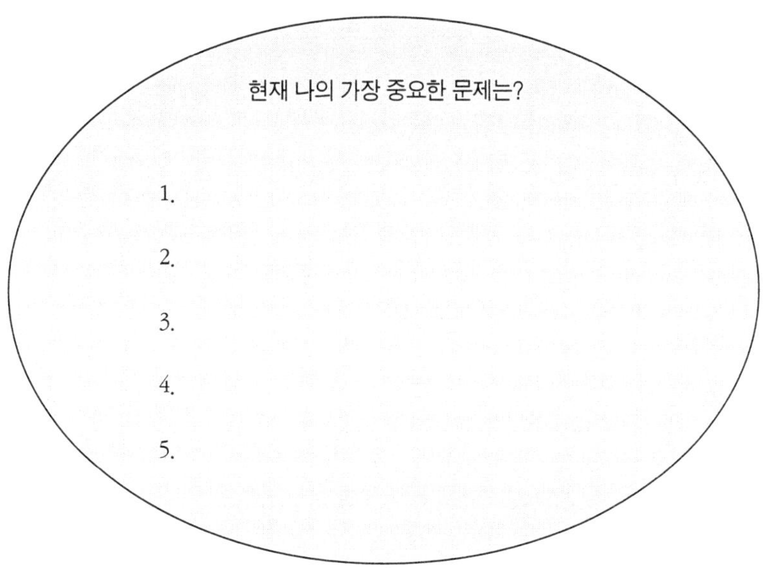

예)

- 지하철에서 사람들이 내 생각을 알고 나를 쳐다보면서 비웃는다.
- 라디오에서 내가 생각하고 있던 것들이 방송된다.

나의 경험:

그럼 이제 아래의 질문들에 대답해 보면서 이러한 경험들에 대해서 좀 더 자세히 알아볼까요?

"그런 현상이 언제부터 시작되었나요?"

예) 한 달 전 개학한 후부터요.

"그때 당신은 어디에 있었습니까?"

예) 교실에 앉아 있었어요.

"그런 현상이 어떤 상황에서 발생했는지 설명해 주시겠습니까?"

예) 방학 때 친구 노트북을 빌렸는데, 그 안에서 우연히 음란 동영상을 발견했어요. 그것을 보면서 미술 선생님이 생각나 계속 야한 생각을 했는데, 그 이후로 그때의 생각을 떠올릴 때마다 친구들이 자기들끼리 낄낄거리며 저를 비웃는 것 같아요.

"당신의 생각을 알고 있다고 생각되는 사람은 누구였습니까?"
예) 우리 반 아이들이 다 알고 있어요.

"그때 당신은 어떤 생각을 하고 있었습니까?"
예) 친구들을 욕하고 있었어요.

치료자 tip……

만약 환자가 어떤 생각을 하고 있었는지 이야기하기를 주저한다면 다음과 같이 질문해 봅시다.
"당신이 어떤 생각을 하고 있었는지 정확히 이야기하지 않아도 괜찮습니다. 다만 그 생각이 기분 나쁜 내용이거나 이야기하기 민망한 내용이었나요?"

2) 사고 방해에 대한 개인적인 설명

이러한 사고 방해는 대개 어떤 스트레스를 받은 후에 생기는 경우가 많습니다. 하지만 사고 방해에 대한 망상적 믿음이 확고할 때는 스트레스와 사고 방해를 연관시켜 생각하기 어려울 수도 있습니다. 이럴 때는 다음과 같은 질문에 답을 해 보도록 합시다.

"이런 현상은 주로 어떤 상황에서 많이 나타나나요?"

나의 경험에 대해 왜 이런 일이 생겼을지, 스트레스가 되었을 만한 경험이나 주변 환경을 살펴보고 적어 봅시다. 잘 생각이 나지 않는다면 5장 '집짓기'에서 살펴본 스트레스 목록(촉진 요인과 지속 요인)을 참조하는 것이 도움이 될 것입니다.

스트레스	
촉발 요인	지속 요인

---

3) 사고 방해에 의해 일어날 수 있는 결과 생각해 보기

이제는 다음 질문들에 답해 보면서 나의 생각이 다른 사람들에게 알려졌을 때 어떤 결과가 있어날지 생각해 보도록 합시다.

"그 사람이 당신의 생각을 알면 어떤 일이 일어날 것 같습니까?"

"그 일이 일어나는 것은 당신에게 어떤 의미인가요?"

치료자 tip ......

부록 5 '소크라테스식 질문법' 을 사용하면서 사고 방해의 결과가 환자에게 미치는 영향에 대해서 보다 자세히 이야기해 보도록 합니다.

4) ABC 모델

이러한 경험은 실제로는 나와 관련된 것이 아닌 다른 이유 때문일 가능성도 있습니다. 다른 사람들은 이런 경험에 대해 어떻게 생각할까요? 현호의 이야기를 다른 사람들은 어떻게 생각하는지 한번 알아볼까요?

"반 친구들이 어제 방송된 드라마 이야기를 하며 웃고 있는 것은 아니었을까요?"
"반 친구들이 다른 사람들을 향해서도 웃었어요? 단지 장난친 것은 아닐까요?"

앞서서 인지치료에 대한 설명에서 나의 경험과 생각, 행동이나 감정이 모두 연결되어 영향을 주고받음을 배웠습니다. 앞에서 적어 본 나의 경험에 대해 6장에서 살펴본 ABC 모델을 이용해 사건 A(Activating event), 믿음 B(Beliefs), 결과 C(Consequence) 각 부분이 서로 논리적으로 잘 연결되어 있는지 알아봅시다.

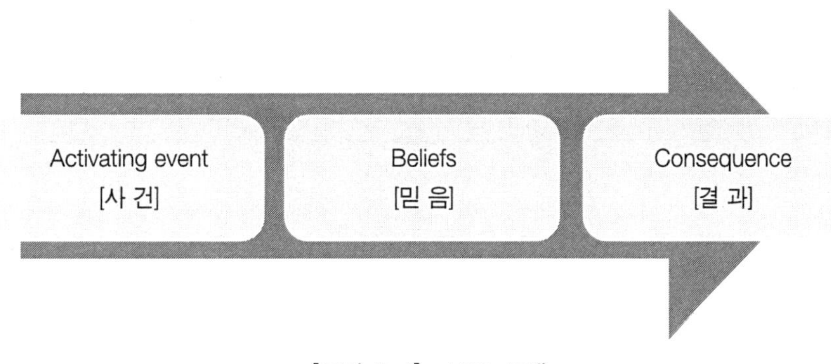

[그림 8-1] ABC 모델

(출처: Ellis, 1962)

현호의 예를 들어서 한번 같이 살펴볼까요?

[사 건]
뒷자리에 앉은 친구들이 웃고 떠드는 모습을 보았다.

[믿 음]
내가 친구 노트북 안의 음란 동영상을 보면서 미술 선생님에 대한 야한 생각을 한 것을 알고 있었다.

[결 과(감정, 행동)]
신경이 쓰여서 학교에 가기 싫다.

여러분의 경험을 적어 봅시다.

1.

[사 건]

[믿 음]

[결 과(감정, 행동)]

2.

[사 건]

[믿 음]

[결 과(감정, 행동)]

현호가 적은 것을 다시 한 번 자세히 살펴보면서 함께 생각해 볼까요?

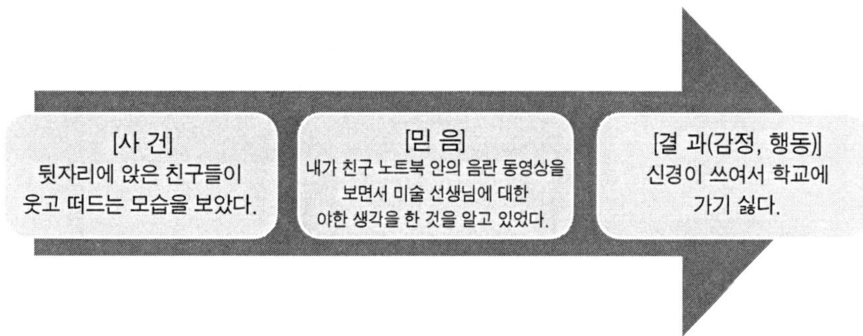

여러분도 현호처럼 다른 친구들이 내 생각을 알고 비웃는다는 생각이 계속 들고 그것을 막을 수 없다는 생각이 들면 무섭고 당황스러워서 학교에 나가지 않으려고 하는 것을 이해할 겁니다. 하지만 친구들이 웃은 것이 현호의 생각을 알고 있기 때문이라고 속단하기에는 무리가 있지 않을까요? 다른 가능성은 없을까요? 한번 생각해 봅시다.

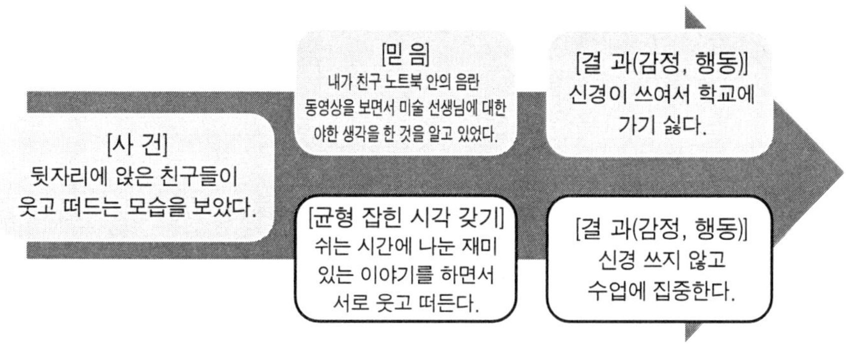

이렇게 균형 잡힌 시각 갖기를 통해 보다 합리적인 생각을 할 수 있고 행동의 결과가 많이 달라지는 것을 알 수 있습니다

여러분도 함께 달리 생각하기를 해 보도록 합시다.

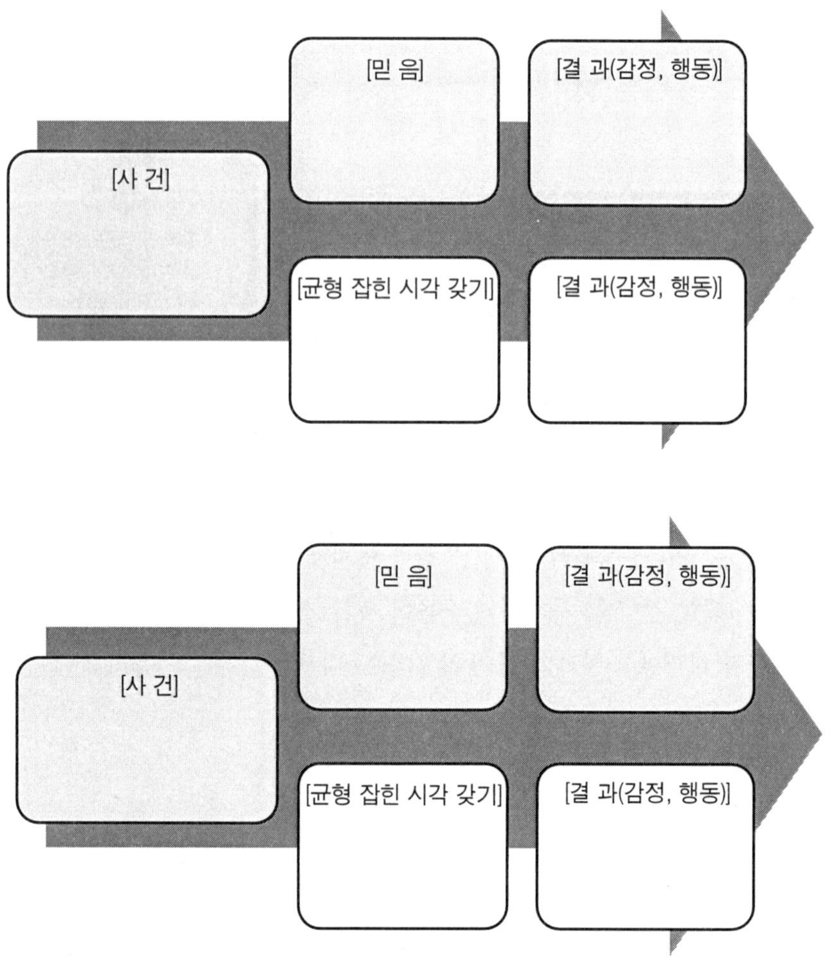

5) '관계일기' 쓰기

지금까지 알아본 '사고 방해'는 실제로는 자신과 관련이 없는 일을 자신과 관련이 있다고 생각하는 '관계사고'와 밀접히 관련되어 있음을 알 수 있었습니다. 이제부터는 지금까지 생각해 본 것을 바탕으로 '관계일기(diary of reference)'를 써 보도록 하겠습니다. 관계일기는 '목소리 일기'와 비슷하게 지난 한 주간의 일을 잘 생각해서 작성할 수 있습니다. 여러분은 다른 사람이 내 생각을 알고 있다는 생각이 들 때의 감정 반응과 각각 다른 상황에서의 대처방법들을 적어 볼 수 있습니다.

결과적으로 여러분은 다른 사람이 여러분의 생각을 알고 있으면서 통제할 수 있다는 생각이 스트레스가 심한 상황에서 심해진다는 점, 실제로는 그러한 일이 일어나는 것이 불가능한 일이라는 점을 깨달음으로써 보다 마음이 편안해질 수 있을 것입니다.

앞서 살펴보았던 현호의 예를 들어 같이 살펴볼까요?

〈 관계일기 〉

날짜/시간	다른 사람의 행동, 말 등이 당신에게 특별히 의미가 있었던 일에 대해서 적어 볼까요?	당신에게 왜 그러한 행동 또는 말을 했을 것이라고 생각하세요?	당신과 연관된 행동이나 말이 당신에게는 어떤 의미가 있나요?	다른 의미가 있었을 수도 있지 않을까요? 다른 가능성을 생각해 볼까요?
예) 2012년 3월 20일	교실 내의 친구들이 나를 두고 낄낄거렸다.	내가 미술 선생님을 떠올리며 야한 생각을 한 것을 알고 놀리는 것 같다.	내가 한 생각을 다른 친구들에게 소문낼 것 같다.	자기들끼리 재미있는 이야기를 하고 있었을 수도 있을 것 같다.
2012년 3월 23일	버스를 타자 뒷자리에 앉은 사람들이 나를 보고 비웃는 듯한 표정을 지었다.	내 옷차림이 나와 어울리지 않아서 그런 것 같다.	뒤에서 나를 두고 계속 흉을 볼까 봐 신경이 쓰였다.	버스에 올라타는 사람을 그냥 자연스럽게 쳐다본 것일 수도 있겠다.

여러분의 경우도 같은 방식으로 적어 보고, 다음 시간까지 숙제로도 작성해 보도록 합시다.

1.

날짜/시간	다른 사람의 행동, 말 등이 당신에게 특별히 의미가 있었던 일에 대해서 적어 볼까요?	당신에게 왜 그러한 행동 또는 말을 했을 것이라고 생각하세요?	당신과 연관된 행동이나 말이 당신에게는 어떤 의미가 있나요?	다른 의미가 있었을 수도 있지 않을까요? 다른 가능성을 생각해 볼까요?

2.

날짜/시간	다른 사람의 행동, 말 등이 당신에게 특별히 의미가 있었던 일에 대해서 적어 볼까요?	당신에게 왜 그러한 행동 또는 말을 했을 것이라고 생각하세요?	당신과 연관된 행동이나 말이 당신에게는 어떤 의미가 있나요?	다른 의미가 있었을 수도 있지 않을까요? 다른 가능성을 생각해 볼까요?

2. 수동 현상

수동 현상(passivity phenomena)이란 어떤 외부의 힘이나 작용에 의해 여러분의 행동, 사고, 느낌이 결정된다는 느낌으로, 한마디로 얘기하자면 자신에 대한 통제력을 빼앗기는 느낌입니다. 이로 인해 때로는 원치 않는 일을 하게 되는 경우도 있고, 평소에는 틀렸다고 생각하는 일을 저도 모르게 하게 되는 경우도 있습니다.

태오의 예를 살펴봅시다.

> 태오는 별다른 이유도 없이 이웃집 주위를 서성이다가 그 집 문을 부숴 버렸습니다. 태오는 왜 부수었느냐고 추궁하는 가족들에게 자기 행동을 멈출 수 없었을 뿐이라고 이야기했습니다. 태오는 어렸을 때 어머니가 돌아가신 후 친척집을 전전하며 자라왔고 그 누구와도 가까운 관계를 맺지 못해 왔습니다. 태오는 이웃집 가족들이 다른 사람들과 매우 잘 지내는 것을 보고 질투를 느껴 왔는데, 그러다 보니 저도 모르게 그런 행동을 하게 된 것입니다.

수동 현상은 자신의 의도와는 다르게 '만들어진' 느낌으로 정신증적 증상의 일부일 수도 있습니다. 압도되는 감정에 의해 자기 의사가 아닌 행동을 하게 되는데, 위의 예에서 이웃집 문을 부순 것을 두고 태오가 '저도 모르게 그런 행동을 하게 됐다.' 고 설명하는 것이 이에 해당됩니다. 자, 이제부터는 수동 현상에 대해 보다 정확히 알아보도록 합시다.

1) 수동 현상을 정확히 이해하기

여러분의 경험 중 스스로 원하지 않았는데도 어떤 행동을 할 수밖에 없게 되었던 경험을 적어 봅시다.

예) 이러고 싶지 않은데 자꾸 저 남자를 만지게 돼요.
나도 모르게 창문을 부수어야만 했어요.

여러분의 경험을 적어 봅시다. 이러한 변화는 언제부터 시작되었나요?

___

___

그렇다면 이러한 현상은 어떻게 설명될 수 있을까요?
다른 사람들은 이러한 현상에 대해 어떻게 설명하는지부터 알아볼까요?

예) 다른 사람의 혼이 내게 들어와서 시킨 것 같아요.
최면에 걸려 있는 동안 누군가가 시키는 대로 따라 하게 된 것 같아요.
사탄이 나에게 그런 행동을 하게 만든 것 같아요.

그렇다면 여러분 스스로의 경험에 대해 왜 이런 일이 생겼을지, 스트레스가 되었을 만한 경험이나 주변 환경을 살펴보고 적어 봅시다.

___

___

2) 수동 현상을 재귀인시키기

이 과정의 목적은 여러분들로 하여금 '만들어진' 느낌이 실제로 따르지 않을 수 없는 명령인지 아닐지를 생각해 보고 가능한 설명을 찾아보는 것입니다.

(1) 수동 현상에 대해 이야기해 보기

혹시 착각이 아닌지 혹은 환청이 아닌지 다음 질문들에 답을 하면서 치료자와 같이 생각해 볼 수 있습니다.

"당신의 생각이나 느낌을 만들고 있는 것은 무엇입니까?"

"혹시 하느님의 목소리 같은 어떤 목소리 때문에 영향을 받고 있는 것입니까?"

"수동 현상이 있을 당시의 기억이 나나요? 당신은 혹시 최면 상태에 빠져 있었던 것인가요?"

치료자 tip ......

수동 현상에 대해서 "최면에 걸려서 그런 것 아닐까요?" 라고 대답하는 경우가 많습니다. 이렇게 대답할 경우 "다른 참여자 없이 본인 혼자서 어떻게 최면에 걸릴 수 있었을까요?" "최면에 걸리고 싶지 않았는데도 최면에 걸리는 것이 가능한가요?" 등의 의문을 제기하여 환자로 하여금 의문을 갖고 생각해 보게 하는 것이 중요합니다.

(2) '나의 의지로 거부할 수 없는 것'인지 확인하기

다음 질문들에 답해 보면서 나의 의지로 스스로 조절할 수 있는 것인지 아닌지를 확인해 보도록 합시다.

"수동 현상이 들 때 그대로 행동할 수밖에 없었나요?"

"본인이 참여 의사가 없는 경우에도 그러한 현상들이 있을 수 있는 것인가요?"

"예를 들어, 제가 당신에게 '전 재산을 내게 주세요.' 라고 하면 꼭 그렇게 행동하시겠습니까?"

"당신은 누군가가 시키는 대로 뭐든지 해야 하나요?"

---

(3) 명령을 따르지 않았을 때를 생각해 보기

"소리나 명령을 따르지 않으면 어떤 좋지 않은 일이 생기게 될 것 같다고 생각하나요?"

"소리나 명령을 따르지 않는 것이 당신에게 어떤 의미를 갖고 있나요?"

수동 현상은 신, 악마 같은 무섭고 절대적인 존재에 의해 일어난다고 생각하기 쉽고, 따라서 그런 존재의 명령을 따르지 않을 경우 벌을 받는 등 안 좋은 일을 겪게 될 것이라는 생각이 들 수도 있습니다. 그렇다면 과연 명령을 따르지 않았다고 해서 꼭 안 좋은 일이 일어나는 걸까요?

숙제로 이번 한 주간 명령을 따르지 않았을 때 안 좋은 일이 실제로 일어났는지 적어 오도록 합시다. 수동 현상을 경험하지 않을 경우에는 따로 적어 오지 않아도 됩니다.

위와 같은 과정을 거쳐서 여러분은 수동 현상에 대해서 막연한 두려움만 가지고 있던 태도에서 벗어나, 그것을 보다 잘 이해하고 그에 따라 행동할 필요가 없음을 알게 되는 것이 중요합니다.

명령하는 대로 행동할 필요는 없습니다!

1. 한 주간의 관계일기를 적어 보도록 합시다.

날짜/시간	다른 사람의 행동, 말 등이 당신에게 특별히 의미가 있었던 일에 대해서 적어 볼까요?	당신에게 왜 그러한 행동 또는 말을 했을 것이라고 생각하세요?	당신과 연관된 행동이나 말이 당신에게는 어떤 의미가 있나요?	다른 의미가 있었을 수도 있지 않을까요? 다른 가능성을 생각해 볼까요?

날짜/시간	다른 사람의 행동, 말 등이 당신에게 특별히 의미가 있었던 일에 대해서 적어 볼까요?	당신에게 왜 그러한 행동 또는 말을 했을 것이라고 생각하세요?	당신과 연관된 행동이나 말이 당신에게는 어떤 의미가 있나요?	다른 의미가 있었을 수도 있지 않을까요? 다른 가능성을 생각해 볼까요?

2. 수동 현상의 명령대로 행동하지 않았을 경우 일어날 수 있을 것 같은 안 좋은 일에 대해서 적어 보고 명령대로 따라 하지 않았을 때 그러한 일이 실제로 일어났는지 적어 봅시다.

날짜/시간	명령의 내용은?	명령대로 행동하지 않았을 때 일어날 수 있는 일은?	명령대로 행동을 하였는가요?	예상했던 안 좋은 일이 실제로 일어났나요?

C O G N I T I V E   T H E R A P Y

제9장

안전 행동과 행동 실험하기

1. 안전 행동 이해하기
2. 나의 안전 행동 찾기
3. 행동 실험을 통해 안전 행동 극복하기

1. 안전 행동 이해하기

안전 행동이란 공포나 불안을 유발하는 상황에서 자신에게 느껴지는 불안을 줄이고, 두려운 결과가 일어나는 것을 막기 위해 하는 행동들을 말합니다. 예를 들면, 내가 말을 하면 사람들이 나를 이상하게 볼까 두려워 빨리 말해 버리고 끝마치거나 혹은 아예 말을 하지 않거나, 친구들이 나를 쳐다보는 것 같아 불안하여 아예 집 밖으로 나가지 않는 등의 행동들을 말합니다.

다음의 이야기를 함께 읽어 보면서 안전 행동이 무엇인지 좀 더 알아보기로 합시다.

어떤 마을에 사는 모든 사람들은 '드라큘라'가 있다고 굳게 믿고 있었습니다. 마을 사람들은 드라큘라가 너무나 무섭고 두려워 마늘을 지니고 다니지 않으면 안 된다고 생각하였고, 이에 모든 사람들이 마늘로 만들어진 목걸이를 목에 두르고 다녔습니다.

하지만 마을의 모든 사람들, 그리고 그 이전의 어른들의 기억에는 그동안 드라큘라를 만나거나 드라큘라에게 공격을 당한 사람은 한 명도 없었습니다. 이렇게 아무도 드라큘라를 본 적이 없지만 '마늘 목걸이'가 유용할 것이라고 굳게 믿는 마을 사람들은 드라큘라가 마을에 침입하는 것을 막기 위해 마늘 목걸이를 한시도 몸에서 뗄 수가 없었습니다.

〈 **함께 생각해 볼 것들** 〉

1. 드라큘라에게 공격받은 사람이 없는 이유는 무엇일까요?
   실제로는 드라큘라가 없기 때문이다.

2. 마을 사람들은 왜 드라큘라에 대해 믿고 있을까요?
   마늘 목걸이를 늘 하고 다니다 보니까 드라큘라에 대해 더 많이 생각하게 되어 믿음이 강해진 것 같다.

3. 마늘 목걸이에 대한 믿음은 어떻게 생겨난 것일까요?
   드라큘라가 있다고 생각하고, 마늘 목걸이를 벗은 적이 없기 때문이다.

4. 그들의 모습이 문제가 있어 보이나요? 만약 마늘이 바닥나면 어떻게 행동할 것 같나요?
   다른 마을 사람들이 봤을 때 마늘을 달고 다니는 모습이 우스꽝스러워 보일 것이다. 마늘이 바닥나면 마을 사람들은 공포에 휘말릴 것이고, 드라큘라가 나타나기도 전에 큰 혼란에 빠질 것이다.

5. 마을 사람들은 드라큘라가 진짜로 있는지를 어떻게 하면 알 수 있을까요?
   마늘 목걸이를 벗고 정말 드라큘라가 나타나는지 확인해 본다.

6. 여러분과 마늘 목걸이를 사용하는 마을 사람들과 혹시 비슷한 점이 있나요?
   나는 사람들이 나를 이상하게 쳐다보는 것 같아서 평소에 모자를 푹 눌러쓰고 고개를 숙이고 다녔다. 모자 때문에 정말 사람들이 나를 이상하게 쳐다보는지 확인할 수 없었다. 모자를 눌러쓰고 땅만 보고 걷는 것 때문에 내가 이상해 보일 수도 있었을 것 같다.

7. 여러분이라면 이러한 상황에서 어떻게 행동할 것 같나요?
   마을 사람들끼리 모여 다른 대비책을 준비한 후(은십자가나 신부님) 마늘 목걸이를 벗어 놓고 정말 드라큘라가 나타나는지 확인해 본다.

위의 마을 사람들은 드라큘라에 대한 두려움을 이겨 내기 위해 마늘 목걸이를 두르기 시작했습니다. 따라서 마늘 목걸이를 두르는 행위가 마을 사람들의 안전 행동이 됩니다.

하지만 매일 마늘 목걸이를 할수록(안전 행동이 반복될수록) 드라큘라를 더 많이 생각하고 더 두려워하게 되어 드라큘라에 대한 두려움이 커졌습니다. 심지어 드라큘라를 실제로 만나거나 위협을 받은 적이 없는데도 말입니다. 안전 행동이 실제로는 나에게 안전하지 않은 셈입니다.

그렇다면 우리의 행동 중에서 '드라큘라가 없는데 마늘 목걸이를 매는 것' 처럼 실제로는 없는 어떤 것을 두려워해서 한 행동은 없을까요? 우진의 예를 한번 살펴봅시다.

> 우진은 친구들이 자신을 우습게 생각한다고 여기고 있었습니다. 그래서 친구들이 자신을 보고 웃지는 않는지 학교에서나 학원에서 늘 신경을 쓰면서 관찰했습니다. 신경을 써서 관찰해 보니 친구들이 웃는 횟수가 더 많이 눈에 띄었습니다. 우진은 '내가 잘 몰랐지만 역시 주변 친구들이 웃고 있을 때가 많구나. 더 조심해서 날 보고 웃지 않는지 잘 살펴야겠다.' 고 생각했습니다. 우진은 다음날부터 친구들이 웃는지 살펴보느라 수업에 집중할 수가 없었고, 선생님께 혼나는 일이 많아지고, 성적도 떨어져 더욱 침울해지게 되었습니다.

우진이가 한 '신경을 쓰면서 관찰하는 것'과 같은 행동을 안전 행동 중에서도 '선택적 주의집중(selective attention)'이라고 합니다. 선택적 주의집중이란 어떤 특정한 현상, 상황에 신경을 쓰게 되면 그 현상에 많은 주의를 기울이게 되고, 결과적으로 그 현상에 대해서만 주의를 집중하게 되며, 나머지 일상적인 일들에는 주의를 기울이지 못하게 되는 것을 말합니다.

우진은 이러한 '조심해서 살펴보기'를 자신의 안전을 위한 행동이라 생각했지만, 친구들이 웃는 것에만 주의를 집중하느라 사실 친구들이 웃지 않고 평범하게 지낼 때도 많다는 것, 꼭 나를 보고 웃는 것은 아니라는 점은 놓쳐 버리고 중요하게 받아들이지 않게 되면서 더욱더 '친구들이 나를 우습게 여긴다.'는 생각이 강해지게 되었습니다.

우진이가 만약 친구들이 자신을 보고 웃을까 봐 늘 모자를 눌러쓰고 고개를 숙이고 다니면 어떨까요? 이는 아이들이 자신을 보고 웃지 않게 하려고 하는 회피(avoidance)라는 안전 행동을 한 것입니다. 하지만 사람들을 피해 다니면 안전해지기는 해도 친구가 없어지고 더욱더 혼자가 되며, 무엇보다 중요하게는 친구들을 만나는 일 자체가 없기 때문에 '친구들이 나를 보고 웃을 것'이라는 생각이 진실인지 확인할 기회조차 사라져 버리게 됩니다.

이 예에서 보는 것처럼, 안전 행동은 두려움을 없애기 위한 행동이지만 여러 문제를 안고 있습니다.

첫째, 두려운 결과가 일어나지 않으면 그 일이 일어나지 않게 된 것은 안전 행동을 했기 때문이라 생각하게 되고, 따라서 두려운 결과에 대한 믿음을 계속 유지시키게 됩니다. 예를 들어, 다른 사람들이 나를 보고 수군댈까 불안해서 땅만 쳐다보고 걸었다면 일단 그 당시에는 덜 불안할 수 있고 '땅을 쳐다보고 걸어서 덜 불안했나 보다.' 하고 생각하게 됩니다. 하지만 다른 사람들이 나를 보고 수군댈까 하는 두려움에 대한 믿음은 없어지지 않고 마음속에 계속됩니다.

둘째, 다른 사람으로부터 오히려 부정적인 반응을 유발할 수 있습니다. 만약 위의 경우처럼 항상 땅만 보고 걷는다면 다른 사람들이 정말로 이상하게 생각하여 "왜 저 사람은 땅만 보고 다닐까?" 하고 수군대거나 직접적으로 "너는 왜 땅만 보고 걷니?"라는 이야기를 하게 될 수 있습니다.

셋째, 다른 사람들의 실제적인 반응을 관찰할 수 있는 기회를 감소시킵니다. 땅만 쳐다보고 걸어가면 사람들이 정말 나에 대해 수군대고 있는지 확인할 방법이 없습니다. 따라서 다른 사람들의 실제 반응을 알기 어렵고 계속해서 마음속에서는 나만의 생각을 하고 믿음이 굳어지게 됩니다.

넷째, 자신의 행동 반응을 관찰하고 조절하는 것으로 인해 추가적인 부담이 생겨 다른 일을 수행하는 데 지장을 줄 수 있습니다. 다른 사람들이 나에 대해 수군댈까 두려워 땅만 쳐다보고 걷는 데에만 신경 쓰다 보면 오히려 내가 들러야 할 곳을 그냥 지나친다든지 반가운 친구를 만나도 인사조차 나눌 기회가 없어질 수 있습니다.

이와 같이 안전 행동은 우리의 잘못된 생각을 굳어지게 만들고 다른 일상생활에도 방해가 되기 때문에 철저하게 찾아서 없애도록 하는 것이 중요합니다.

2. 나의 안전 행동 찾기

나의 안전 행동에는 무엇이 있는지 한번 알아보기로 할까요?

다음 표는 사람들이 불안할 때 흔히 하는 안전 행동 목록입니다. 각 문장을 읽어보면서 여러분에게 해당되는 항목이 있는지 표시해 봅시다.

안전 행동	○	×
나는 대중교통 이용을 피한다.		
나는 샤워를 할 때 불을 끄고 한다.		
나는 사람들이 많은 곳에 있을 땐 (다른 사람들이 내 얘기를 하는지 확인해 보기 위해) 늘 뒷자리에 앉는다.		
나는 거리를 혼자 걷는 것을 피한다.		
나는 사방이 막혀 있는 공간을 피한다.		
나는 파티에 가거나 친구들과 외출하는 것을 피한다.		
나는 가게에 갈 때 일부러 사람들이 잘 지나다니지 않는 길로 다닌다.		
나는 위협감을 느낄 때 (실제 위협이 있는지 알아보지 않고) 술을 마신다.		
나는 위협감을 느낄 때 쉬거나 안정을 취하려고 한다.		
나는 위협감을 느낄 때 음악을 듣는다.		
나는 위협에 대한 내 생각을 무시하려고 노력한다.		
나는 위협감을 느낄 때 신에게 기도한다.		
나는 위협감을 느낄 때 내 종교를 생각한다.		
나는 위협감을 느낄 때 나 스스로를 바쁘게 만든다.		
나는 위협감을 느낄 때 나 스스로를 다른 사람들로부터 고립시킨다.		
나는 경찰에게 도움을 요청한다.		
나는 안전한 느낌을 위해 사람들이 나를 좋아하게 만들려고 노력한다.		
나는 위협을 피하고자 사람들이 시키는 행동은 무엇이든 한다.		
나는 누군가 나를 위협한다고 느낄 때 다른 사람들에게 위협을 가한다.		
나는 집에 있는 모든 문이 잘 잠겨 있는지 확인한다.		
나는 다른 사람하고 있을 때만 밖에 나간다.		
나는 혼자 걸을 때 땅바닥만 쳐다보면서 걷는다.		
나는 혼자 있을 때 빨리 걷는다.		
나는 밖에 나갈 때 (나를 못 알아보게 하기 위해) 특정한 옷을 입는다.		
나는 밖에 나갈 때 다른 사람들이 하는 것을 관찰한다.		
나는 안전하지 않다고 느낄 때 그 상황을 피한다.		

치료자 tip……

○, ×를 표시할 때 이유를 생각해 보면서 하도록 합니다. 특히 괄호를 친 부분에 대해서는 곰곰이 생각해 보도록 합니다.

이제 다음의 질문에 함께 답하면서 나의 안전 행동을 찾아봅시다.

내가 두려워하는 일이 일어나고 있을 때, 그것은 무엇입니까? 일어날 수 있는 최악의 상황은 무엇입니까?

사람들이 나를 이상하게 쳐다보고 손가락으로 가리키면서 욕을 한다.

이러한 일이 일어나는 것을 막기 위해 여러분은 어떤 일을 할 수 있습니까?

최대한 집 밖을 나가지 않고, 나갈때는 모자를 쓴 채 고개를 푹 숙이고 다닌다.

내가 하는 행동 중 마늘 목걸이를 사용하는 마을 사람들, 우진의 행동(선택적 주의 집중, 회피) 중 비슷한 점이 있습니까? 있다면 무엇입니까?

____

____

____

나의 안전 행동을 한번 적어 봅시다.

나의 경험	나의 판단	나의 안전 행동

3. 행동 실험을 통해 안전 행동 극복하기

지금까지 우리는 안전 행동에 대해서 알아보았습니다. 그렇다면 안전 행동은 어떤 방법을 통해 극복할 수 있는 것일까요?

여기에서는 여러분이 믿고 있는 믿음이 옳은 것인지 그렇지 않은 것인지 행동 실험을 통해 테스트해 보고, 다시 한 번 그 믿음에 대해서 생각해 봄으로써 안전 행동을 극복해 보도록 할 것입니다.

앞서 살펴본 바와 같이 안전 행동을 교정하는 것은 때때로 어렵게만 느껴지며 특히 스트레스를 많이 받는 상황에서는 더욱 그렇습니다. 하지만 이 절을 통해 행동 실험을 함께 하고 갖고 있는 믿음에 대해서 직접 테스트를 해 본다면 보다 균형 잡힌 시각 갖기를 할 수 있게 되고 결과적으로 안전 행동도 극복해 낼 수 있을 것입니다.

행동 실험 ⇨ 균형 잡힌 시각 갖기 ⇨ 안전 행동 극복

1) 행동 실험의 규칙

우선 다음 글을 함께 읽어 본 후 생각해 보도록 합시다.

> 예로부터 많은 사람들이 귀신, 도깨비 등이 실제 존재하는가에 대해서 궁금해했지만 실제 과학적으로 그 존재가 증명된 적은 없었습니다. 결국 사람들은 많은 돈과 긴 시간을 할애하여 과연 귀신이나 도깨비가 존재하는지 알아보고자 실험을 하게 되었지만 결과적으로 귀신이나 도깨비가 존재한다는 어떠한 증거도 찾지 못하였습니다. 하지만 어떤 사람들은 끝까지 귀신과 도깨비가 존재하지 않는다는 것을 받아들이지 않았습니다. 그들은 장비가 형편없어서 귀신과 도깨비를 찾지 못했다고 이야기하거나 긴 시간 동안 실험을 하지 않았기 때문에 찾아낼 수 없었을 것이라고 주장하였습니다. 그러면서 귀신이나 도깨비가 존재한다는 여러 가지 증거들을 생각해 내며 귀신이나 도깨비는 있는 것이라고 끝까지 주장하였습니다.

이 글을 통해 행동 실험에서 필요한 규칙에 대해서 생각해 볼 수 있습니다.

첫째, 행동 실험을 통해 확인해 보고자 하는 믿음은 실제 실험을 통해 확인 가능한 것으로 합니다.

위의 예처럼 '귀신, 도깨비' 와 같이 확인하기 어려운 것들을 대상으로 정하지 않고 실제 실험을 통해 확실하게 확인이 가능한 것을 대상으로 합니다.

예) '반 친구들이 내 흉을 본다.' 는 믿음 (○)
'마약 조직이 CCTV를 통해 나를 감시한다.' 는 믿음 (○)
'외계인들이 나에게 메시지를 보낸다.' 는 믿음 (×)

치료자 tip ......

환자가 위와 같이 귀신, 도깨비, 외계인 등의 주제에 대해서 실제 확인해 볼 방법이 있다고 주장하면 다음과 같은 질문을 통해 실험을 통해 알기 힘듦을 인식할 수 있도록 합니다.

예) "그 실험을 하자면 비용이 많이 들 것 같은데 어떻게 준비하죠?"
"그 실험을 하자면 인원이 정말 많이 필요할 것 같은데 어떻게 모집을 하죠?"

여러분이 행동 실험을 통해 확인해 보고자 하는 믿음은 어떤 것인지 아래에 적어 봅시다. 5장 '집짓기'에서 알아본 현재 나의 가장 중요한 문제나 6장 '망상을 이해하고 극복하기'에서 함께 했던 탐정놀이의 내용 중 도전해야 할 생각을 참조하는 것도 도움이 됩니다.

확인해 보고자 하는 믿음을 다음 빈칸에 적어 봅시다.

1. ______________________________

2. ______________________________

3. ______________________________

둘째, 행동 실험을 계획할 때 행동 실험의 방법, 시간 등을 구체화합니다.

위의 예에서처럼 실험 후에 실험의 방법 그리고 시간 탓을 하지 않도록 미리 구체적으로 행동 실험의 방법과 시간 등을 정해 놓은 후 시작하도록 합니다.

치료자 tip ......

안전 행동 실험은 불안장애에서의 불안유발 실험과 유사한 것으로, 상황에 대한 기분, 불안이 느껴질 정도의 시간을 갖는 것이 중요합니다. 또한 머무는 행동 자체가 안전 행동을 대체하는 하나의 행동이 되기도 합니다.

환자가 많이 불안해하면 치료자가 함께 머무는 것이 좋습니다.

셋째, 행동 실험 시작 전에 확인해 보고자 하는 믿음의 지지하는 증거와 반대하는 증거를 구체화합니다.

위의 귀신이나 도깨비가 존재하는가 알아본 실험에 대한 예에서 보면 실험이 다 끝난 후에도 다른 가능한 증거들을 이유로 들면서 결과를 받아들이지 않는 것을 볼 수 있습니다. 따라서 행동 실험 전에 미리 믿음을 지지하는 증거, 반대하는 증거를 생각해 본 후 이를 염두에 두고 행동 실험을 시작해야 합니다.

이것은 6장 '망상을 이해하고 극복하기'에서 했던 탐정놀이를 참조하도록 합니다.

도전해야 할 생각	
믿음 점수	
〈지지하는 증거〉	〈반대되는 증거〉
믿음 점수(재평가)	
달리 생각하기	

도전해야 할 생각	
믿음 점수	
〈지지하는 증거〉	〈반대되는 증거〉
믿음 점수(재평가)	
달리 생각하기	

도전해야 할 생각	
믿음 점수	
〈지지하는 증거〉	〈반대되는 증거〉
믿음 점수(재평가)	
달리 생각하기	

2) 행동 실험하기

이제부터는 실제 행동 실험을 통해서 안전 행동을 극복해 볼 차례입니다. 그전에 한 번 더 기억해야 할 것이 있습니다. 단기적으로 안전 행동은 여러분을 보다 편하게 할 수 있지만 장기적으로는 여러분을 더욱 힘들게 만들 것이라는 점입니다.

행동 실험 계획 시 첫 번째로 해야 할 것은 바로 어떤 행동을 변화시키고 어떤 행동을 테스트해 보고 싶은지 명확히 하는 것입니다.

그럼 이제부터 두원이의 행동 실험 내용을 같이 살펴볼까요?

치료자 tip ......

안전 행동을 하지 않고 지켜보는 것만으로도 자신의 안전 행동에 도전하는 것이고 변화의 시작이 됨을 알려 주어야 합니다.

행동 실험 일지					
확인해 보고 싶은 생각: 길거리에서 낯선 사람들이 나를 보고 비웃는다.					
생각에 대한 확신도(0~100%)		실험 전: 95%		실험 후: 30%	
실험해 볼 생각	예상되는 문제	대처 전략	예상 결과	실제 결과	균형 잡힌 시각
길거리의 사람들이 모두 나를 쳐다보면서 지나갈 것이다.	사람들이 날 쳐다보는 게 신경 쓰여서 밖에 나가기 꺼려질 것 같다. 땅만 쳐다보면서 걷게 된다.	땅을 쳐다보지 않고 사람들의 얼굴을 쳐다보면서 걷는다.	길거리의 모든 사람들과 눈이 마주칠 것 같다.	사람들이 나에 대해 별로 신경 쓰지 않고 자기들 일에만 신경을 쓴다.	사람들은 실제로 나를 별로 의식하지 않고 지내는 것 같다.

여러분도 위와 같이 한번 행동 실험 일지를 적어 보도록 합시다. 우선 이 시간에는 실험 전까지의 빈칸에 작성을 하고 숙제로 실험 후의 결과와 균형 잡힌 시각을 적어 보도록 합시다.

행동 실험 일지					
확인해 보고 싶은 생각:					
생각에 대한 확신도(0~100%)		실험 전:		실험 후:	
실험해 볼 생각	예상되는 문제	대처 전략	예상 결과	실제 결과	균형 잡힌 시각

행동 실험 일지					
확인해 보고 싶은 생각:					
생각에 대한 확신도(0~100%)		실험 전:		실험 후:	
실험해 볼 생각	예상되는 문제	대처 전략	예상 결과	실제 결과	균형 잡힌 시각

<table>
<tr><th colspan="6">행동 실험 일지</th></tr>
<tr><td colspan="6">확인해 보고 싶은 생각:</td></tr>
<tr><td colspan="2">생각에 대한 확신도(0~100%)</td><td colspan="2">실험 전:</td><td colspan="2">실험 후:</td></tr>
<tr><td>실험해 볼 생각</td><td>예상되는 문제</td><td>대처 전략</td><td>예상 결과</td><td>실제 결과</td><td>균형 잡힌 시각</td></tr>
<tr><td></td><td></td><td></td><td></td><td></td><td></td></tr>
</table>

계속 연습하다 보면 여러분 스스로 힘들게 하는 믿음을 테스트해 볼 수 있는 행동 실험을 구상하고 실제로 시행해 볼 수 있습니다. 이를 통해 균형 잡힌 시각을 갖게 되고 안전 행동으로부터도 벗어날 수 있을 것입니다.

COGNITIVE THERAPY

제10장

음성 증상을 이해하고 극복하기

1. 음성 증상 이해하기
2. 음성 증상에 대한 인지치료 모델
3. 회복기의 경험
4. 음성 증상의 보호 역할
5. 음성 증상의 발현
6. 나의 생활계획 세우기

1. 음성 증상 이해하기

음성 증상은 사회생활을 하는 데 필요한 여러 기본적인 기능이 부족해지는 것을 말합니다. 즉, 보통 사람들이 가지고 있는 것 또는 여러분이 평상시에 가지고 있던 것이 없어지거나 현저히 줄어드는 현상입니다. 가장 흔한 음성 증상으로는 얼굴 표정에 변화가 없는 것, 주위에서 일어나는 일에 관심이나 흥미가 없는 것, 대인관계에 관심이 없는 것, 사람들을 만나려고 하지 않는 것, 직장이나 학교, 사회생활에 적극적으로 참여하지 않는 것, 말을 해도 내용이 빈곤하거나 로봇같이 억양 없이 말하는 것, 자신의 감정을 잘 표현하지 않는 것 등이 있습니다.

치료자 tip ......

음성 증상의 종류에 대해 구체적으로 살펴봅시다.

1. 감정 표현의 저하(affective flattening): 감정 표현이 없어져서 화도 내지 않고, 슬픈 것도 모르고 항상 거의 무표정하게 가만히 있는 것을 말합니다. 상대방과의 눈 맞춤도 거의 이루어지지 않습니다.
2. 말수가 줄어듦(alogia): 말이나 생각이 줄어드는 것을 의미합니다. 상대방의 말에 대해 반응이 느리고 대개 말이 단답형으로 끊어집니다.
3. 의욕이 줄어듦(avolition): 말 그대로 의욕이 완전히 없어지는 것을 말합니다. 의욕이 없어서 아무 직업도 갖지 않는 것은 물론, 집에만 있으면서 자기 방에서 나오려고도 하지 않는 경우가 있습니다. 또 다른 특징은 잘 씻으려고 하지 않는다는 점입니다. 씻는 것에도 관심이 없고 자신의 외모에도 관심이 없어지는 경우가 많습니다.
4. 즐거움이 없어짐(anhedonia): 매사에 즐거움을 느끼지 못하는 것을 말합니다. 마음이 텅 빈 것 같기도 합니다. 성적인 욕구도 감소하여 매력적인 이성을 보아도 무감각해진 것 같습니다. 자신 앞에서 일어나는 일들에 대해서 아무런 느낌이 없으니까 누가 나쁜 일이 생겨도 위로해 주지 못하고, 좋은 일이 있어도 축하해 주지 못합니다. 최근의 연구 결과 실제 경험을 할 때는 즐거워하나, 이 즐거웠던 경험을 기억하고 내재화하는 인지과정의 문제로 인해 이 경험을 다시 시도해 보려고 하지 않는 것이 핵심 문제로 밝혀지고 있습니다.
5. 집중력이 흐트러짐(attention deficit): 집중할 수 있는 능력이 떨어져서 한 가지 일을 오래 하

지 못하는 것을 말합니다. 일반 사람들은 시끄러운 곳에 갔을 때 그 소리가 불필요한 소리라면 그것을 신경 쓰지 않고 정말 필요한 대화에 몰두합니다. 그러나 이러한 음성 증상이 있게 되면 그러한 불필요한 자극을 차단하는 기능이 없어서 많은 자극을 그대로 다 느끼게 됩니다.

6. 사회적 고립(social withdrawal): 위에서 언급한 특성들 때문에 자연히 대인관계에 대한 활동이 줄어들어 혼자 고립됩니다.

다음 항목을 읽고 여러분에게 해당되는 음성 증상이 있는지 ○, ×로 표시해 볼까요?

음성 증상	○/×
남들이 재미있다는 이야기를 들어도 나의 얼굴 표정은 변화가 없다.	
내 생각을 표현하기 위해 손짓이나 몸짓을 사용하지 않는 편이다.	
눈 마주침을 피하거나 말하는 중에도 상대방을 지나쳐서 응시한다.	
감정이 일어났을 때 좀처럼 미소 짓거나 웃지 않는다.	
내 목소리의 억양은 단조롭다.	
상대방의 질문에 대답은 짧게 일관한다.	
이야기를 하다가 자주 아무 생각도 나지 않아 멍한 적이 있다.	
상대방의 질문에 대답하는 데 오래 걸린다.	
이성이나 가족 등 주변 사람들과 친밀한 관계를 형성하기가 어렵다.	
친구가 거의 없고 혼자만의 고립된 시간을 갖는 경우가 많다.	
주변의 사건에 관심이 줄었다.	
한 가지 일에 오래 집중하기가 힘들다.	
씻거나 외모를 치장하는 데 관심이 줄었다.	
원래부터 해 오던 업무(학업, 집안일)를 지속하기가 힘들다.	
오랜 시간 동안 한자리에 앉아 있거나 움직임이 적다.	
성(性)적 관심이나 활동이 줄었다.	

2. 음성 증상에 대한 인지치료 모델

지금까지 여러 음성 증상에 대해 살펴보았습니다. 이러한 음성 증상은 여러분을 더욱 소극적이고 고립되게 만듭니다. 또한 가족이나 주변 사람들도 지치게 만들 수 있습니다. 더욱이 사람들은 이러한 음성 증상을 질병의 증상으로 보기보다는 여러분이 게을러졌다고 잘못 생각하기 쉽습니다. 이처럼 음성 증상에 대한 기존의 시각은 매우 부정적이었고 그 해결책도 없는 것처럼 여겨졌습니다.

하지만 음성 증상은 누구나 감당하기 어려운 스트레스를 받을 때 스스로를 보호하기 위한 일종의 보호 전략 중의 하나입니다. 특히 스트레스를 쉽게 받거나, 스트레스를 견딜 힘이 부족한 사람들에게 이러한 음성 증상이 흔하게 나타날 수 있습니다.

그럼 다양한 음성 증상에 대한 인지치료적인 설명들을 살펴봅시다.

- 감정 표현의 저하: 감당할 수 없는 충격적인 사건(친구들로부터의 따돌림 경험, 가족의 사망이나 질병, 연인과의 이별 등)을 경험한다면 누구나 자신의 슬픔을 감당하기 위해 스스로를 위한 보호 전략이 필요할 수 있습니다. 특히 의욕이 저하된 상태라면 이러한 보호 전략을 사용하기가 더욱 쉽습니다.
- 말수가 줄어듦: 말을 할 때 아무 생각이 나지 않거나 다른 어려움이 있나요? 이것이 혹시 내가 말을 함으로써 다른 사람이 나를 비판할 수 있을지도 모른다는 생각으로 인해 은연중에 생긴 반응은 아닐까요?
- 의욕이 줄어듦: 잘해야 한다는 압박감이 드나요? 혹시 목표에 실패할 것 같은 두려움이 드나요? 이러한 두려움 때문에 계속 현재 상태에 머무르고만 싶은 마음은 아닐까요?
- 즐거움이 없어짐: 어떤 일을 시도해 보거나 주변에서 함께 하자고 권유할 때 재미없을 것 같나요? 매사에 즐거움이 없어진 것이 아니라, 그 일이 즐겁지 않을 것이라는 예상이 진짜 문제가 아닐까요?
- 집중력이 흐트러짐: 나를 자극하는 주변의 환경이 많나요? 이러한 환경에 노출된다면 누구나 집중력이 흐트러질 것입니다.
- 사회적 고립: 나를 자극하는 환경이 너무 많나요? 이러한 환경을 줄여 준다면 스트레스가 감소할 수 있을 것입니다.

인지치료 모델에서는 음성 증상을 경험하고 있는 여러분에게 무리한 계획이나 압박감을 주기보다는 함께 대화해 나가면서 현실적으로 실천할 수 있는 활동계획을 세워 나가도록 할 것입니다. 여러분은 다시 활동을 시작해 나가면서 여러분이 갖고 있는 문제들에 대해 이전보다 더 잘 인식하게 되고, 점차 스트레스에 대처해 가는 기술을 익히게 될 것입니다.

활동 시간이 적고 범위가 좁더라도 하루하루 이어지다 보면 여러분은 '이대로 해 나갈 수 있다.' '좀 더 용기를 내볼까?' 하는 자신감과 여유를 가질 수 있습니다. 그리고 점차 사회적, 직업적 환경에 더 잘 참여할 수 있는 방향으로 행동하기 시작할 것입니다. 이처럼 부담이 적고 자신감을 가질 수 있는 일부터 시작해서 점차 남아 있는 양성 증상을 호전시켜 나간다면 음성 증상을 극복해 나갈 수 있습니다.

3. 회복기의 경험

앞 장에서 이야기했던 목소리가 들리는 경험이나 혼자만의 잘못된 생각에 빠졌던 경험은 매우 혼란스러웠을 것입니다. 이러한 경험을 한 후 다시 심리적인 안정과 회복을 찾기 위해서는 시간이 필요할 것입니다. 즉, 이러한 증상들 자체는 사라진다고 해도 여전히 혼란스럽고 괴로울 수 있습니다. 또한 이러한 경험 자체가 충격적인 경험이나 상처로 남아서, 나 자신이 과거에 정신과적 경험이 있었다는 것을 받아들이기까지는 시간이 걸릴 수도 있습니다.

그럼 먼저 다음의 두 가지 예화를 살펴보고 함께 생각해 봅시다.

〈 **연습실 예화** 〉

서양의 재즈 문화에서 유래된 말로 'woodshedding(나무 헛간 맹연습하다)' 이라는 말이 있습니다. 이 용어는 재즈 음악가들이 활동을 마치고 다시 대중에게 서기 전까지 새로운 곡을 작곡하기 위해 정원에 있는 나무 헛간에서 맹연습을 하는 것을 비유하여 생긴 말입니다. 즉, 드러머들이 나무에서 벗겨 낸 나무조각으로 드럼 스틱을 사용했다는 전통에서 유래된 것이지요. 바깥 세상에서는 결국 음악가가 등장하여 리허설을 하며 공연을 할 준비가 될 때까지는 아무것도 일어나지 않는 것처럼 보일 것입니다. 이 기간 동안 음악가에게 다른 활동에 관여하도록 간섭하며 방해하는 것은 그의 컴백 시간만 더 걸리게 하거나 그가 연주를 할 준비가 되는 것을 지연시킬 수 있습니다.

마찬가지로 회복하려고 노력하고 있는 여러분에게 치료진들이 너무 도와주고 싶은 마음이 큰 나머지 지나치게 활동을 강요하는 것-낮병원에 가게 하려고 설득하는 것, 일에 복귀하거나 나가서 친구를 만나라고 설득하는 것 등-은 아직 준비가 되지 않아 망설이고 있는 여러분에게 스트레스와 부담이 될 수 있습니다. 따라서 인지치료에서는 여러분이 이러한 도움을 필요로 하고, 여러분 스스로의 페이스로 회복할 수 있도록 여러분에게 가장 적절한 시기에 도움을 주도록 노력할 것입니다.

〈깁스 예화〉

우리가 생각해 볼 수 있는 또 다른 예화는 '깁스 예화' 입니다. 다리를 부상당했다면 충분한 휴식 시간과 보호 시간이 필요합니다. 그러나 부상당한 다리를 깁스 밖으로 너무 일찍 꺼내거나 처음부터 깁스로 고정하지 않았다면 나중에 문제를 일으킬 수 있겠지요!

마찬가지로 깁스로 다리를 고정시키는 것을 여러분이 혼란스러운 경험을 한 후 갖는 회복기라고 생각해 봅시다. 이러한 회복기에 갖는 휴식과 보호, 치유의 시간은 여러분이 혼란된 경험으로부터 상처 입은 마음을 치유하는 데 필요한 시간입니다. 심지어 이러한 혼란스러운 경험을 겪고 난 후 음성 증상을 몇 년째 겪고 있다고 해도 회복기라는 시간은 매우 중요하고, 사회에 부정적이고 부적응자라는 스스로의 낙인(stigma)으로부터 벗어나는 데도 도움이 될 수 있습니다.

여러분은 위의 두 가지 예화를 읽고 어떤 점을 느꼈나요? 이전의 혼란스러웠던 경험으로부터 회복되기 위해서는 여러분만의 '연습실' 과 '깁스' 가 필요할 것입니다. 이번 회기에서는 여러분의 회복기 동안 그리고 충분한 회복기 이후에 여러분이 스스로의 목표를 달성하는 데 도움이 되는 여러 가지 지침을 제공해 드릴 것입니다.

여러분에게는 회복기가 필요하다고 생각하시나요? 회복기 동안에 내가 회복되어야 할 부분으로는 어떤 것들이 있나요? 우진의 예처럼 여러분의 생각을 적어 봅시다.

예) 우진의 경우:

규칙적인 생활을 통해 몸을 추스르고 다시 사람들과 함께 생활하기 위한 마음의 준비가 되어야 할 것 같아요.

여러분의 경우:

____

____

4. 음성 증상의 보호 역할

음성 증상이란 명칭은 부정적인 의미를 내포해 왔습니다. 하지만 실제로 음성 증상은 보호적일 수 있습니다. 예를 들면, 사회적인 활동을 하지 않는 것은 스트레스나 양성 증상을 줄여 주는 역할을 하기도 합니다. 가령 여러분이 평소 누군가의 목소리를 듣는 혼란스러운 경험을 해 왔다면, 방에 혼자 있을 때는 그 소리가 덜 명확하게 들릴 수도 있을 것입니다. 이러한 혼란스러운 시기에 사회적인 활동은 어려울 수 있습니다. 특히 '다른 사람들이 말하거나 행동하는 것이 나를 지칭하는 것 같다는 생각'이 들거나 '내 생각이 다른 사람에게 전파되는 것 같다는 생각'이 든다면 더욱 그렇습니다. 사람이 없다면 그러한 잘못된 생각도 없기 때문입니다.

정신증을 짊어지고 가는 많은 사람들이나 여러분 중에서도 일어나는 시간을 옮겨서 늦게 일어나고 이른 오전 시간에 낮잠을 청하는 분들이 많을 것입니다. 아무래도 약물을 복용하게 되면 졸린 현상이 일어나서 일찍 일어나는 것이 어려울 수 있습니다. 또한 이른 오전 시간이 꽤 스트레스가 되는 것도 사실입니다. 다른 식구들은 일하러 나갈 것이고, 그것은 여러분이 직장이 없다는 사실을 상기시켜 줄 것입니다. 또한 가족들이 부엌에서 부산스럽게 움직이고 TV, 라디오가 시끄럽게 하며 직장이나 학교를 가기 위해 준비하는 소란스러움 때문에 짜증스러워질 수 있습니다. 이러한 환경은 여러분에게 다소 자극적일 수 있습니다. 따라서 이러한 환경을 피하는 것도 의미가 있을 수 있습니다. 가령 어떤 사람에게는 자정과 새벽 세 시 사이의 새벽 시간이 평온하고 쉴 수 있는 시간일 수 있습니다. 즉, 이러한 음성 증상들은 지나친 자극으로부터 스트레스와 주의 혼란을 줄여 줌으로써 여러분을 보호해 주기도 하는 나름대로의 보호 전략 또는 대처방법일 수 있습니다.

5. 음성 증상의 발현

음성 증상은 사람들에 따라 다양하게 나타납니다. 앞서 언급된 우진이 같은 경우 사람들과 대화하면서 자신의 생각이나 감정을 표현하는 것이 어려워 사람들 만나기를 피하고 고립되었습니다. 또 다른 사람들은 학교생활이나 직장생활에서 지나치게 '잘해야 된다' 는 압박감에 시달리면서 몸과 마음이 지쳐 사람들 만나기를 피하고 고립될 수도 있습니다.

우진이와 비슷한 사람에게는 정서적인 안정을 위해 '불안 조절하기' 훈련이나, '자기 주장하기' 훈련, '나의 감정 인식하기' 훈련, '사회성 증진하기' 훈련이 필요할 것입니다. 또한 '잘해야 된다' 는 압박감이 심한 사람들은 짧은 시간에 무리한 기대를 갖지 않고 좀 더 현실적인 목표를 설정하는 것이 중요할 것입니다. 따라서 인지치료에서는 각 개인마다 나타난 증상의 원인과 개인적인 특성을 고려해서 다양한 방법으로 치료적 접근을 할 것입니다

여러분이 사람들과의 만남을 회피하게 되는 요인들에는 어떤 것들이 있나요? 다음의 예를 살펴보고 같이 생각해 봅시다.

예) 우진의 경우: "집이 편해서요. 사람들과 눈을 맞추기가 어려워요, 집에서는 사람들의 시선에 신경 쓰지 않아도 되거든요."

고독의 경우: "몸이 자주 피곤하고 지쳐요. 사람들이 많은 곳에 가면 에너지가 쉽게 소모되는 것 같아요."

여러분의 경우는 어떤가요? 다음의 내용 중 나에게 해당되는 부분이 있는지 한번 체크해 봅시다.

지난밤에 잠을 잘 못 자서 그런지 누워서 쉬고 싶다.	______
사람들을 만나면 나만 빼고 다 잘 지내는 것 같아서 짜증난다.	______
집을 나서기까지 씻고 준비하는 과정이 귀찮다.	______
나가면 사람들이 자꾸 쳐다보는 것 같아 신경 쓰인다.	______
동네 사람들이 내 병이나 병원에 입원했던 사실을 알고 비웃는 것 같다.	______
나가서 뭔가 하려고 해도 돈이 없다.	______
예전에 다녔던 길에 가면 안 좋은 기억이 떠오르고 기분이 나쁘다.	______
약을 먹고 나면 졸려서 하루 종일 자게 된다.	______
나가서 특별히 할 일도 별로 없다.	______
사람들이 많은 곳에 가면 에너지가 다 소모되고 쉽게 지친다.	______
밖을 자주 다니다 보면 혹시 안 좋은 일이 생길 수도 있어서 안 나가는 게 좋다.	______
친구들과 만나려고 했는데 막상 연락도 안 되고 만날 사람이 없다.	______
나갔다 오면 너무 피곤해서 다음날 아무것도 할 수가 없다.	______
괜히 나갔다가 내가 만나고 싶지 않은 사람을 마주칠까 봐 겁난다.	______
그냥 집에 혼자 있는 게 더 편하다.	______
외출하고 싶은 마음은 있지만 어머니가 자꾸 이것저것 하라고 하니까 하기가 싫다.	______

치료자 tip......

음성 증상이 있는 환자들에게 개입하기 위해서는 병전 발달력을 평가해 보는 것이 중요합니다.

- 병전 발달력이 빈약하다면(poor pre-morbid development): 경제적으로 가난하고 학교에서 낮은 학업 성취도를 보이며 사회적으로 고립되어 있는 환자에게는 보다 포괄적인 접근이 필요합니다. 즉, 다양한(정서적, 학업적, 사회적) 기능 향상과 그들의 삶의 요구들(가정, 사회)에 대처할 수 있는 능력 향상에 역점을 둘 필요가 있습니다. 물론 낮은 의욕과 능력으로 인해 꽤 어려울 수 있겠지만 이러한 작업들이 매우 중요할 것입니다. 가령 정서적 기능 향상을 위한 훈련에서는 불안 조절이나 자기주장 훈련, 감정 인식하기 훈련이 포함될 것입니다.
- 병전 발달력이 양호하다면(good pre-morbid development): 병전 발달이 비교적 좋았던 환자라면, 즉 병전 학업 성취도가 우수했거나(학업 성취가 평균이나 그 이상이라면 또는 대학 교육을 받고 있는 수준이라면) 사회적인 직업 기능이 좋았던 환자라면, 상대적으로 발달이 부족했던 영역을 확인하는 쪽으로 평가와 치료적 관심이 향해야 합니다. 특히 환자의 기대를 다루는 것이 중요합니다. 성취도가 높았었던 사람은 또 다른 성취 기회에 대한 압박감에 시달릴 수 있으므로 즉각적인 압박감과 기대를 줄이는 것이 좋은 예후를 만드는 첫 번째 단

계일 것입니다. 또한 앞서 언급했던 '회복기의 경험' 은 환자가 지친 몸과 마음을 이완하게 함으로써 더욱 확실히 압박감을 덜어 줄 수 있으므로 이러한 시간이 꼭 필요할 것입니다.

6. 나의 생활계획 세우기

1) 목표 정하기

일상생활에서 목표를 설정하는 것은 여러분이 원하는 것이 무엇인지 알게 되고, 이후 그 목표를 향해 한 걸음씩 움직여 나갈 수 있도록 도와줍니다. 목표를 세움으로써 여러분이 진정으로 원하고 달성하고자 하는 바가 무엇인지 정확히 알 수 있으며, 따라서 무엇에 집중해야 하는지가 분명해집니다.

이처럼 명백한 목표를 세워 조금씩 나아가게 되면 아득하게만 느껴지던 일들도 '차근차근 해 나가면 어느새 도달해 있을 단계의 하나'로 보이게 됩니다. 따라서 작은 일이나마 목표를 세우고 달성하게 되면 스스로의 능력과 역량을 확인할 수 있고 자신감을 키울 수 있습니다. 스스로 목표를 달성해 나가는 과정과 이 성취를 바라보면서 더 높고 어려운 목표를 성취할 수 있다는 확신감을 갖게 됩니다.

그렇다면 우리는 어떤 목표를 어떻게 세우면 좋을까요? 목표를 세우기 전에 다음의 몇 가지 원칙을 생각해 봅시다.

1. 현실적인 목표를 나열해 보고, 집중해야 할 한두 개를 선택한다.
2. 목표를 분명하고 구체적으로 정하여 단계적으로 나눈다.
3. 진척 사항을 검토하고 수정한다.
4. 자신의 노력과 성취에 대해 기뻐한다.

(1) 현실적인 목표를 나열해 보고, 집중해야 할 한두 개를 선택한다

1~2년에 걸쳐서 달성하려는 목표를 모두 생각해 봅시다. 스스로에게 "내가 달성하고자 하는 것은 무엇인가?" "1년 후에 나는 어디쯤 있기를 원하는가?"를 물어봅시다.

목표는 직업, 학업, 여가 활동, 취미, 좀 더 운동하기, 좀 더 사회적 접촉 늘리기 등과 관련된 것일 수 있습니다. 목표가 무엇인지 잘 떠오르지 않을 때는 뭔가 변해야 한다고 느껴지는 것, 뭔가 만족스럽지 않은 것을 생각해 봅시다. 예를 들면, 현재 직업이 맘에 안 들든지 좀 더 사람들과 만났으면 하는 것입니다. 무엇이든 마음에 안 드는 것을 바꾸는 것이 목표가 될 수 있습니다.

마음에 떠오르는 목표를 나열해서 긍정적으로 바꾸어서 써 보도록 합시다. 예를 들어, '나는 이번 과정에 실패할 거다.' 대신에 '나는 이 과정을 통과할 것이다.' 라고 기술해 봅시다. 목표에 대해 생각해 보면 서로 다른 많은 목표를 갖고 있다는 것을 알게 됩니다. 만약 그렇다면 그것은 좋은 것입니다. 그러나 이 모든 목표를 한꺼번에 추구하면 시간도 없고, 한 곳에 집중해야 할 노력도 흩어지고 탈진하게 되는 것을 느끼게 될 것입니다. 나열한 목표를 면밀히 쳐다보면서 순서를 정하도록 합니다. 지금은 한두 개에만 집중하도록 합시다.

목표를 생각하고, 한두 개를 선택할 때 현실적이어야만 합니다. 목표 설정이 작동하게 하기 위해서는 목표는 할 수 있는 것이고 달성 가능한 것이어야 합니다. 몇몇 목표는 분명히 비현실적인 것도 있습니다. 예를 들어, 어떤 사람들은 한 해에 명문대에 입학하는 것, 수억대 연봉을 받는 직업을 찾고자 합니다. 대부분의 경우 이것은 현실적인 목표가 될 수 없습니다. 다른 목표도 많기에 한두 개의 목표가 현실적인지 아닌지를 결정하는 것이 쉽지는 않습니다.

신뢰할 만한 친구나 치료자에게 목표에 대해서 상의하고 달성 가능한 것인지 조언을 구하는 것이 도움이 될 것입니다.

(2) 목표를 분명하고 구체적으로 정하여 단계적으로 나눈다

현실적이고 달성 가능한 목표 한두 개를 선택한 후에는 그에 대해 분명히 정의할 필요가 있습니다. 목표를 정확하게 설정하도록 합시다. 날짜, 시간 및 양을 적어 놓아서 달성 정도를 확인할 수 있도록 합니다.

각각의 목표를 단계적으로 나누어 짧은 기간 동안, 즉 수일 내지 수 주에 걸쳐서 달성할 수 있는 것으로 정합니다. 가능하다면 이 단계를 즐겁게 할 수 있도록 해 봅시다. 동일한 목표도 서로 다른 방법으로 달성할 수 있습니다. 여러분에게 익숙하고 즐겁게 잘할 수 있는 방법을 생각해 보는 것이 좋습니다.

(3) 진척 사항을 검토하고 수정한다

목표를 향해서 진척 사항을 정기적으로 검토하도록 합니다. 부딪히게 되는 어떤 문제나 걸림돌을 찾아보고 적어 보도록 합니다. 이 문제를 해결할 수 있는 길이 있는지에 대해 결정하기 위해 문제 해결에 착수하도록 합시다. 계획대로 목표를 향해 계속해서 작업할 수 있도록 말입니다. 몇몇 경우에 문제는 분명한 해결책이 없을 수도 있고, 목표를 향한 단계를 혹은 목표 자체를 수정해야 할 수도 있습니다.

목표를 수정한다고 해서 실망할 필요는 없습니다. 그것은 실로 예상되던 바이며, 목표 설정 방법을 정확하게 사용하고 있다는 것을 의미합니다. 진척 사항을 검토하면서 목표를 너무 쉽게 달성하고 있는지, 진척이 느리거나 어렵거나 혹은 없었는지에 대해 적어 보도록 합시다. 이 모든 경우는 목표가 정확하게 설정되지 않았다는 것을 의미하며, 따라서 목표에 대한 조정이 필요합니다.

목표 설정에 실패란 없습니다. 목표의 단계 혹은 그 진척과정에 조정이 있는 것일 뿐입니다. 또한 시간이 흐르면서 목표가 변할 수 있다는 것도 기억하도록 합시다. 6개월 전의 목표였기에 그것이 현재도 목표여야만 한다고 할 수는 없습니다. 목표가 더 이상 매력적이지 않으면 수정하거나 그대로 두도록 합시다. 목표 설정은 여러분이 달성하고자 하는 목표를 달성하도록 도와주는 수단입니다.

(4) 자신의 노력과 성취에 대해 기뻐한다

목표 중 하나를 달성하면 당연히 이 성공에 대해 기뻐해야 합니다. 스스로를 칭찬하도록 합시다. 열심히 노력했다면 스스로의 성공에 대해 뿌듯해할 자격이 있는 것입니다.

그러나 성공은 노력이 없거나 목표를 향한 각 단계를 달성하지 못했다면 불가능했을 것입니다. 목표를 향해 갈 때 노력을 기울이고 한 단계를 이루게 되면 언제나 그것을 해낸 것에 대해 만족하고 기뻐하는 시간을 가져야 합니다.

2) 단계적으로 목표를 실현하기

자, 먼저 여러분은 휴식을 취하고 긴장을 푸는 것이 중요합니다.

일단 압박감을 버립시다. 우리가 지금 목표로 하는 것은 압박감을 버리는 것뿐입니다. 여러분이 긴장을 풀고 좋아졌다고 느끼는 그때 우리는 미래에 대한 생각을 시작할 수 있습니다.

여러분이 휴식을 취하고 긴장을 푸는 것이 우선적으로 필요하다고 언급한 것이 여러분이 미래에 달성하고자 하는 목표를 이루기 어렵다는 것을 의미하는 것은 아닙니다. 지금 당면한 하루하루를 살아가면서 여러분의 몸이 더욱 회복되는 것에 집중하는 것이 가장 바람직합니다. 미래에 대한 계획이 필요하지만, 반드시 오늘 해야 하는 것은 아닙니다.

그럼 다음의 그림을 보면서 목표를 이루는 방법에 대해 함께 생각해 봅시다.

A. 여러분의 현재 위치에서 목표를 달성하기 위해 어떻게 하면 좋을지 선을 한번 그어 봅시다.

치료자 tip ......

대체로 많은 환자들이 다음과 같이 선을 긋습니다. 시간이 지나면서 조금씩 목표를 달성해 나간다는 것이므로 충분히 승인을 해 줍니다.

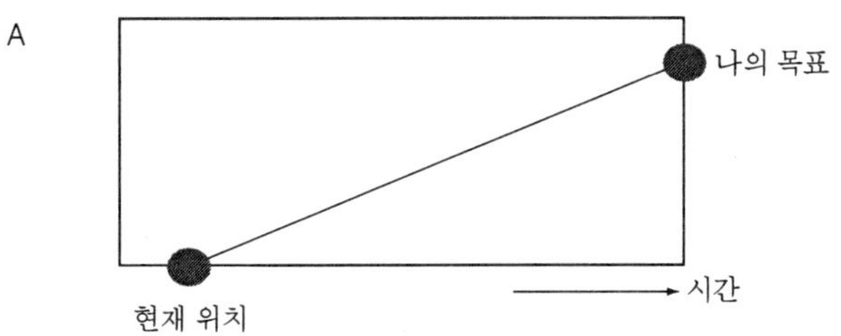

B. 다른 방법은 없을까요? 가능한 여러 방법들을 생각하면서 다시 선을 그어 봅시다.

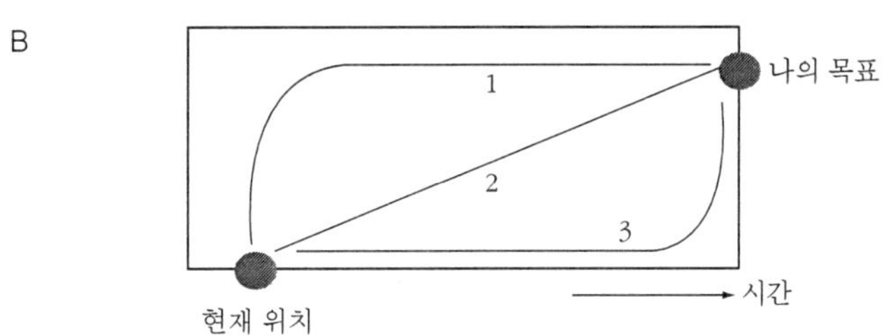

1번처럼 초기에 일찍 좋아져서 유지될 수도 있고, 3번처럼 처음에는 별다른 변화가 없다가 시간이 지나면서 급격히 호전될 수도 있습니다. 현재까지 대부분 3번처럼 회복하는 것이 일반적인 과정이라고 알려져 있습니다. 우선 이를 환자 및 보호자에게 강조해야 합니다. 이를 통해 장기적인 목표에 대한 압박감을 줄임으로써 기대 목표를 달성하고, 이처럼 목표가 달성되는 경험을 통해 궁극적으로 장기목표에 대한 사기와 노력을 유지해 나가는 것입니다. 보호자에게 부록 9의 '정신증을 겪고 있는 가족을 둔 보호자분께' 의 메세지를 보내는 것이 도움이 됩니다.

따라서 다음과 같은 그림을 환자에게 제시해 봅시다.

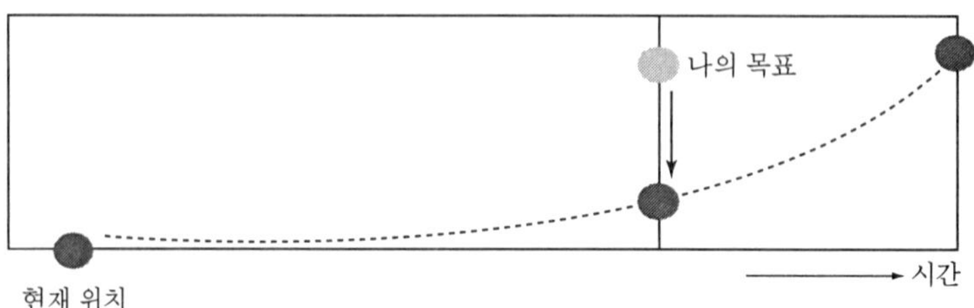

C. 목표를 나누어서 생각해 보는 건 어떨까요?

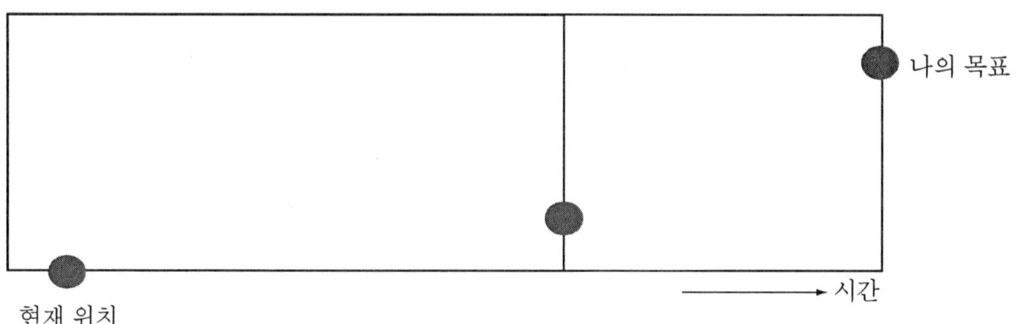

위의 그림처럼 단계적으로 목표를 설정해서 달성하는 것의 장점은 무엇일까요?

____

____

____

____

____

치료자 tip ......

단계적으로 목표를 설정하는 것의 장점은 1차, 2차, 3차 목표로 나누어 계획을 보다 세부적으로 세울 수 있고, 달성해야 할 최종목표보다는 더 현실적이고 달성하기가 수월하여 성취감을 맛볼 수 있습니다. 하지만 환자들은 단기목표와 단기목표를 달성하기까지의 시간을 세부적으로 짜야 하기 때문에 목표를 세우는 데 시간과 노력이 많이 들 수 있습니다. 따라서 계획을 세우는 것에 부담을 느끼며 처음부터 지치지 않도록 주의해야 합니다.

여러분은 가족이나 친구들로부터 하루 빨리 회복하고 사회로 복귀하라는 압박을 받을 수 있습니다. 또는 스스로의 압박감으로 여러 가지 계획을 세우며 고군분투할 수도 있습니다. 그러나 처음부터 무리한 목표에 자신을 맞추려다 보면 그 목표를 달성하기는커녕 또 다른 어려움에 부딪히고 실패감과 좌절감에 사로잡힐 수 있습니다.

목표를 달성하는 실현 가능한 방법은 위에서 그려 본 것처럼 초기목표를 잡은 후 그다음 목표를 설정하는 것입니다.

초기목표는 여러분의 몸 상태가 회복되는 것에 초점을 맞추는 것이 좋습니다. 일단 몸 컨디션이 회복되고 나면, 스스로 기존에 해 왔던 공부, 일, 다른 사회적 활동들을 재개할 수 있겠다는 마음의 준비가 될 것입니다. 그 후에는 여러분 스스로가 활동 속도를 조절할 수 있게 됩니다.

활동량이 늘어나고 병전의 상태로 되돌아가는 회복과정은 시간에 정비례해서 이루어지지 않습니다. 만약 이러한 과정에서 처음과는 달리 의욕이 나지 않고 부담감과 압박감이 느껴진다면 하고 있던 활동의 수준을 낮춰 보는 것이 필요합니다. 아마도 머지않아 다시 이전처럼 조절력을 가지고 스스로 활동을 재개할 수 있을 것입니다.

자, 이제 목표가 어떻게 설정되고 재검토될 수 있는지 다음의 도표로 정리해 볼까요?

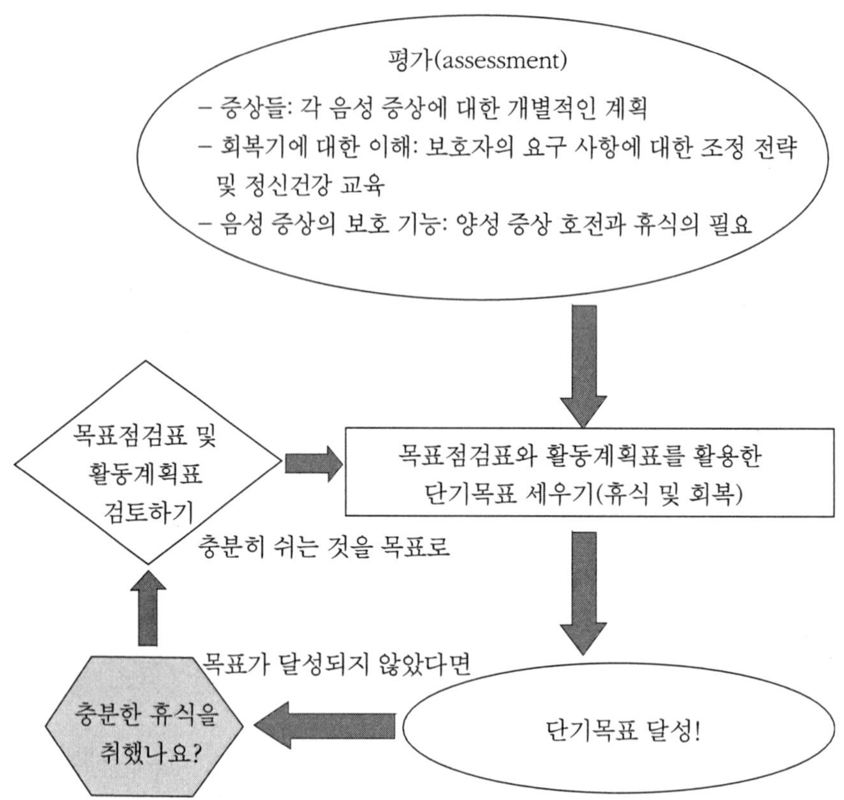

위와 같이 단기목표가 달성된 다음에는 차근차근 다음 단계의 목표를 설정하고, 목표점검표나 활동계획표를 이용하여 검토해 나가면서 목표를 달성해 나가면 됩니다.

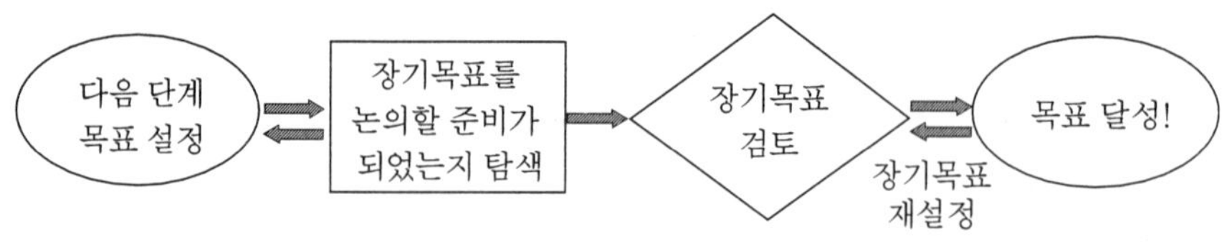

목표 달성을 위한 가장 확실한 방법은 휴식을 충분히 취하는 것입니다!

여러분은 활동을 시작하기 위한 몸과 마음의 준비가 되셨나요?
다음 '준비의 자' 에서 자신이 지금 어디에 위치하는지 한번 ✓ 표시해 봅시다.

전혀 준비되지 않았다 보통이다 완벽하게 준비되었다

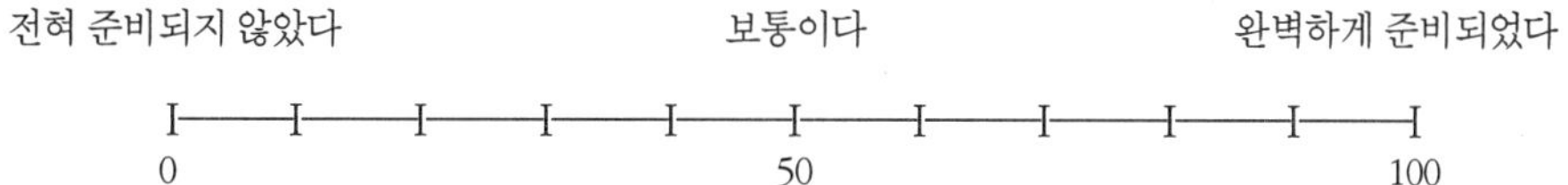

치료자 tip......

회복과정은 시간에 정비례해서 선형적(linear)으로 이루어지지 않는다는 것을 이해하는 것이 무엇보다 중요합니다. Joel S. Feiner 박사는 정신증 환자의 회복의 기본 구성 요소로 스스로 주도하고(self-direction), 개인적 특성에 맞추며(individualized and person-centered), 자신의 선택 권한을 가지고(empowerment), 회복의 정신적 측면(holistic)과 비선형성(non-linear)을 이해하며, 능력에 기반하여(strength-based), 지지집단(peer support)과 존중(respect), 책임감(responsibility), 희망(hope)를 갖는 것을 제시하고 있습니다.

따라서 환자의 기대 수준을 확인하여 치료 목표를 세워야 하며, 무엇보다 환자가 스스로 그 목표의 필요성을 인정하고 동의하는 것이 중요합니다. 또한 이러한 과정에서 환자에게 압박감을 유발시키지 않도록 하는 것이 중요합니다. 환자에 따라서는 장기적인 목표에 대한 자세한 논의를 뒤로 미루고, 처음 세운 단기목표를 재점검하고 달성한 단기목표를 유지하는 것이 매우 중요합니다.

만약 환자가 특별히 동기가 부족하고 사기가 저하되는 것처럼 느껴지면 초기에 활동의 수준을 감소시키는 과정이 필요할 수 있습니다. 하지만 보통 더 낮은 수준의 목표로 재설정하는 시기는 수개월에서 수년이 지나 지나치게 욕심을 부린 것임이 분명해질 때입니다. 궁극적인 목적은 환자와 함께 목표를 발전시키고 달성해 나가는 것입니다.

만약 증상이 일 년보다 짧게 나타났다면 계획표는 정상적으로 수개월을 포함할 것입니다. 만약 증상이 수년 동안 나타났다면 회복은 수년이 걸릴 수도 있습니다. 보통은 '일 년을 보내는 것' '그때 얼마나 나아지는지 함께 보는 것'을 제안하면서 시작합니다. 이것이 꼭 치료자가 필수적으로 1~2년 이상을 환자와 함께 시간을 보내는 것을 의미하지는 않습니다. 예를 들면, 3~4주에 한 번과 같이 드문드문 세션을 가지는 것으로도 적합할 수도 있습니다.

환자의 회복과정에는 보호자의 지지와 도움이 필요합니다. 따라서 환자의 회복과정에 대하여 보호자가 전반적으로 이해할 수 있도록 치료자의 편지를 부록 9에 실었습니다.

3) 나의 생활계획 세우기

여러분은 인지치료를 시작하면서 1장 '인지치료에 앞서'를 통해 자신의 장점을 적어 보았습니다. 또한 5장 '집짓기'를 통해 나의 관심사, 소망에 대해서 적어 보기도 했지요. 생활계획을 세우기 전에 1장과 5장의 내용을 다시 적어 볼까요?

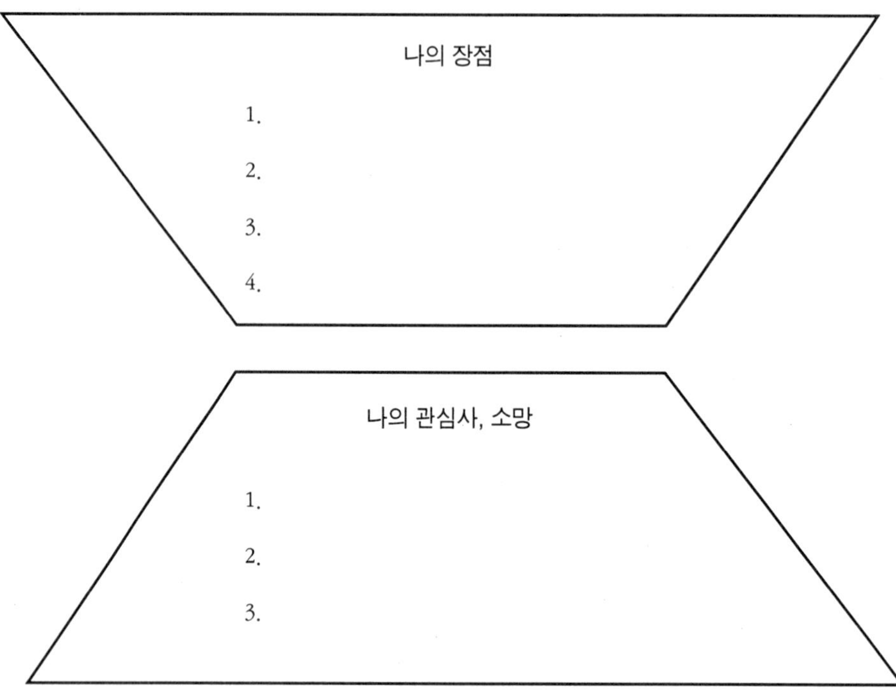

(1) 단기목표 설정하기: 목표점검표와 활동계획표 활용

여러분은 어떤 목표를 가지고 있나요? 막연하다고 느끼시나요? 처음부터 너무 무리하지 않고 한 단계씩 차례차례 달성해 나가면 목표에 도달할 수 있습니다. 먼저 달성하고 싶은 최종목표를 설정하고, 그것을 이루기 위한 중간목표들, 그리고 더 세부적인 단기목표들을 세울 수 있습니다. 우선 현재 할 수 있는 작은 일부터 시작한 후에 달성했다면 그 후의 목표를 계획해 볼 수 있습니다.

먼저 우진의 계획을 살펴볼까요?

우진은 학교에 복학하기 위해 다음과 같은 세부 목표들을 생각해 보았습니다. 먼저 충분한 휴식기를 갖고 몸과 마음을 추스르기로 하였습니다. 이후 당장 실행할 수 있는 간단한 일들을 목표로 삼아 점검표를 만들어 보았습니다. 예전처럼 사람들과 생활하기 위해 사람들과의 접촉을 조금씩 늘려 보기로 했습니다.

최종목표: 복학하기
최종목표를 이루기 위해 먼저 이루어야 할 중간목표 • 규칙적인 생활을 한다. • 낮과 밤이 바뀌었던 생활을 정상화한다. • 운동을 하여 체력을 향상시킨다. • 다른 사람들과 함께 활동하는 것을 불편해하지 않는다.
세부적인 단기목표 • 마음의 준비가 될 때까지 충분한 휴식기간을 갖는다. • 사람들과 직접 대면하기가 힘들다면 휴대폰 문자를 통해 친구들에게 연락해 본다. • 인터넷 뉴스를 보며 주변에 대한 관심을 갖는다. • 하루에 한 번 이상 바깥에 나가 사람들의 시선을 견뎌 본다.

먼저 당장 실행할 수 있는 간단한 목표들을 다음의 표처럼 만들어 봅니다.

날짜 목표	1	2	3	4	5	6	7	8	9	10	11	12	13	14
차 마시기														
스트레칭하기														
거울 보고 칭찬하며 웃기														
지인(친구나 친척)에게 안부 문자 보내기														
뉴스를 보고 가장 인상적인 것 적기														
강아지와 저녁에 산책하기														
가족과 저녁식사 함께 하기														
새벽 2시 전에 잠자리에 들기														

치료자 tip ……

간단한 목표는 충분한 휴식을 취하는 내용이며, 이것을 단지 조직화, 목표화한 것에 불과합니다. 환자들이 세우는 목표 역시 위의 예와 같이 조직화된 충분한 휴식이 되어야 합니다. 특히 만성환자가 아닌 경우, 이것이 양성 증상이 조절되어 퇴원 후 보통 3~6개월 혹은 1년 동안 환자가 해야 할 일이고, 음성 증상을 극복할 수 있는 가장 확실한 길입니다.

이러한 목표들을 구체화하여 실행하기 위해 활동 계획표를 만들어 점검해 보기로 하였습니다.

요일 시간	월요일	화요일	수요일	목요일	금요일
아침	차 마시기 스트레칭 하기 TV 보기	스스로 칭찬하며 미소 짓기	스트레칭 하기 TV 보기	차 마시기 스스로 칭찬하며 미소 짓기	스트레칭 하기 TV 보기
낮	지인에게 안부 문자 보내기 자기	스트레칭 하기 자기	스스로 칭찬하며 미소 짓기 자기	지인에게 안부 문자 보내기 자기	뉴스를 보고 가장 인상적인 것 적기 자기
저녁	강아지와 산책하기 스스로 칭찬하며 미소 짓기	뉴스를 보고 가장 인상적인 것 적기 밤 12시 전에 잠자리에 들기	가족과 저녁식사 함께 하기	강아지와 산책하기 밤 12시 전에 잠자리에 들기	가족과 저녁식사 함께 하기
달성 여부 (○/×)와 느낌	○ 오랜만에 연락해 보는 거라 두려웠지만 친구가 반갑게 답문을 보내 줘서 용기가 생겼다.	× 아직까지 일찍 잠자리에 들기가 쉽지 않다.	× 늦게 잠자리에 들어서 일찍 일어나기가 어려웠다.	○ 사람들의 시선을 견디기가 아직은 어렵지만, 맑은 공기를 쐬니 기분 전환이 되었다.	○ 가족들과 오랜만에 대화를 하니 어색하지만 부모님이 좋아하셔서 기뻤다.

여러분도 한번 빈칸을 채워 보세요.

나의 최종목표

____

이를 이루기 위해 거쳐야 할 중간목표

____

____

먼저 당장 할 수 있는 간단한 일들을 적어 봅시다.

〈 목표점검표 〉

날짜 목표	1	2	3	4	5	6	7	8	9	10	11	12	13	14

적어 본 목표들을 요일과 시간별로 구체화해 봅시다.

〈 활동계획표 〉

요일 시간	월요일	화요일	수요일	목요일	금요일
아침					
낮					
저녁					
달성 여부 (O/X)와 느낌					

(2) 중기계획 설정하기

먼저 우진의 중기계획을 살펴봅시다. 우진은 목표점검표와 활동계획표를 활용한 단기목표를 달성한 후에 중기목표를 세워 보았습니다.

〈 목표점검표 〉

날짜 목표	1	2	3	4	5	6	7	8	9	10	11	12	13	14
어머니와 차 마시기														
서점에 가기														
독서하기														
지인(친구나 친척 등)에게 통화 2분 하기														
정신보건센터 등록하기														
강아지와 낮에 산책하기														
가족과 아침식사 함께 하기														
새벽 1시 전에 잠자리에 들기														

〈 활동계획표 〉

요일 시간	월요일	화요일	수요일	목요일	금요일
아침	어머니와 차 마시기	스트레칭 하기	가족과 아침식사 함께 하기	어머니와 차 마시기	가족과 아침식사 함께 하기
낮	서점 가기	강아지와 산책하기	정신보건센터 등록하기	친구에게 안부 통화하기	강아지와 산책하기
저녁	새벽 1시 전에 잠자리에 들기	새벽 1시 전에 잠자리에 들기	독서하기	새벽 1시 전에 잠자리에 들기	독서하기
달성 여부 (O/X)와 느낌					

여러분도 한번 빈칸을 채워 보세요.

〈 **목표점검표** 〉

날짜 목표	1	2	3	4	5	6	7	8	9	10	11	12	13	14

〈 **활동계획표** 〉

요일 시간	월요일	화요일	수요일	목요일	금요일
아침					
낮					
저녁					
달성 여부 (O/X)와 느낌					

부록 11에는 앞으로 여러분이 생활하면서 구체적으로 목표를 세우고 활동 내용을 체크해 볼 수 있는 목표점검표와 활동계획표를 실었습니다. 이번 주에 계획한 활동을 적어 두고 활용해 봅시다.

치료자 tip ......

약물치료는 음성 증상의 호전을 촉진할 수도 있고 방해할 수도 있습니다.

과거 1세대 항정신병약물은 음성 증상에 효과가 매우 제한적이었습니다. 그러나 2세대의 새로운 약들은 음성 증상에 도움이 될 수도 있습니다. 한편, 약물 복용의 경우 환자를 처지게 만들고 힘이 없어지고, 졸립게 하는 영향이나 얼굴 표정을 포함하여 동작이 뻣뻣해지고 느려지게 만드는 추체외로 증상이 있습니다.

환자마다 약의 용량 중에 양성 증상이 줄어들고 음성 증상이 늘어나는 지점이 다를 수 있습니다. 따라서 최적의 수준으로 약 복용을 줄이는 것은 필요한 일입니다. 하지만 이는 양성 증상이 악화될 위험을 무릅쓰는 일이기 때문에 약물치료를 담당하는 치료자와 신중하게 협력하여 이루어지는 것이 좋습니다.

여러분의 목표와 활동계획에는 건강한 생활 습관을 만드는 것도 포함될 수 있을 것입니다. 부록 10에는 건강한 생활 스타일을 위해 도움이 될 수 있는 레크리에이션, 식사와 운동, 수면, 성적인 활동에 관한 팁들이 제시되어 있습니다. 다음 시간까지 읽어 보고 치료자와 상의해 봅시다.

COGNITIVE THERAPY

제11장

재발 방지와 프로그램 정리하기

1. 재발 방지
2. 프로그램 정리
3. 새로운 시작

1. 재발 방지

1) 재발의 정의

여러분은 '재발' 이라는 말을 많이 들어 봤을 것입니다. 여러분이 생각하는 재발의 의미는 어떤 것인가요? 다음 빈칸에 적어 보도록 합시다.

〈 **재발이란?** 〉

재발이란 증상이 많아지거나 다시 시작되는 것 혹은 증상의 내용이 보다 부정적인 것으로 변화하는 것을 의미합니다. 재발이라고 하면 상태의 의미 있는 악화나 증상의 증가를 의미하는 경향이 있지만, 재발이라고 생각하는 기준은 정하기 나름입니다. 여러분과 보호자의 관점에서는 어떠한 악화도 의미가 있을 수 있습니다. 재발은 환경의 변화나 약물의 중단에 의해서도 생길 수 있고, 증상에 대처하다가 지쳐도 생길 수 있습니다. 우선 현호의 예를 살펴보면서 재발에 대해서 한번 같이 생각해 봅시다.

현호의 경우 첫 입원치료 후 외래치료를 받으며 계속해서 주치의의 처방대로 약을 잘 복용하였고, 가족들과 특별한 문제 없이 잘 지내고 있었습니다. 그러나 외래치료를 받은 지 1년 정도의 시간이 지났을 때, 현호는 '이제 환청이나 관계사고도 없고 약도 저녁에 한 알씩만 먹는데 그만 약을 끊어도 되지 않을까?' 라는 생각을 했고, 그 후로 병원에 가지도 않고 약도 먹지 않았습니다. 처음에는 약을 먹지 않아도 특별한 이상이 없었고 오히려 머리가 맑아지며 몸도 개운한 느낌까지 들어 자신이 잘했다는 생각까지 들었습니다. 그러나 약을 복용하지 않은 지 두 달이 지나자 서서히 잠을 못 자는 날이 많아졌고, 잠을 못 자니 예민해져서 가족들에게도 짜증을 내기 시작했습니다. 그러던 중 서서히 첫 입원 시 들리던 가족들이 자신에게 "죽어라."라고 이야기하는 내용의 환청이 들리기 시작하였고, 머릿속에 가득했던 '우리 부모님이 친부모님이 아닌 것 같다.' 는 생각이 다시 들기 시작했습니다.

여러분은 재발을 스스로 조절할 수 있습니까? 과연 어느 정도 조절할 수 있을 것 같은지 아래의 표에 표시해 보도록 합시다.

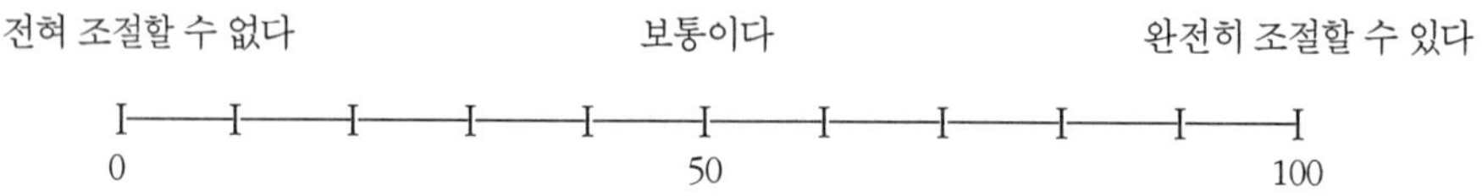

치료자 tip......

재발 방지는 지금까지의 증상과 관련된 모든 작업 중 핵심 부분에 해당합니다.

환자가 지금까지의 작업을 잘 통합하는 경우는 집짓기(조직화하기, formulation)를 통해 자신에게 어떤 일이 일어났는지 이해하고 받아들일 수 있는 기회가 됩니다.

하지만 잘 통합하지 못하는 경우는 정신건강을 위한 어떤 치료적 개입도 피하며 "저는 아무 이상도 없는데요." 라며 부정(denial)하거나 "이전의 일들은 생각하고 싶지 않아요." "이전엔 증상이 있었지만 지금은 없는데요?" 라며 당시의 경험에 대한 이야기를 봉쇄(seal off)하려고 합니다.

이처럼 환자가 증상에 대해서 부정을 하거나 봉쇄를 하는 경우 '정신증' 이나 '조현병' 이라는 용어로 인한 낙인의 영향 때문은 아닌지 우선 살펴봅니다. 특히 급성기 때에는 증상에 대한 부정과 봉쇄가 걱정을 감소시키기도 하기 때문에 무리하게 증상에 대해 직면하지 않도록 합니다.

재발을 방지하기 위해서 가장 먼저 알아야 할 것은 현재의 치료를 계속해야 한다는 것입니다. 여기에는 다음의 노력이 포함됩니다.

- 증상이 더 이상 느껴지지 않더라도 주치의가 제시하는 기간 동안 규칙적으로 약을 복용한다.
- 자기 자신과 가족들이 정신증의 치료와 회복 과정에 대해 많은 정보를 배우고 알아야 한다.
- 사회적인 접촉과 지지를 유지한다.

• 스트레스 관리 기법을 실천한다.
• 건강한 생활방식을 유지한다.

이러한 노력은 재발의 가능성을 상당히 감소시켜 줍니다. 하지만 이를 열심히 해도 재발의 위험은 완전히 사라지지 않고 여전히 발생할 수 있습니다. 재발이 임박할 경우 이를 방지하거나 재발의 증상 정도와 그 기간을 줄이기 위해 부가적인 노력을 기울여야 합니다.

자, 그럼 이제부터는 재발을 극복하기 위한 방법들을 알아보도록 합시다.

2) 재발과 스트레스

재발은 생활하면서 일어나는 사건(예: 스트레스)과 직접적인 관련이 있을 수 있습니다. 이러한 스트레스에 지나치게 몰두하게 되면 여러분은 자신의 정신건강을 잘 돌보지 않게 되고 재발에 취약해질 수 있습니다.

강도가 낮은 스트레스일 경우 재발과의 연관에 대해 스스로 알아채기 힘들 수도 있지만, 이러한 스트레스가 지속되는 것이거나 특히 불안감을 일으키는 종류일 경우에는 재발을 일으키는 원인이 될 수 있습니다.

재발 후 여러분 중 대부분은 재발과 관련된 '무엇' 인가를 발견하지만, 특정 스트레스를 확인하는 것은 어려울 수도 있습니다. 그러나 특정 스트레스를 확인하는 것은 훗날 재발을 방지하기 위해 중요하기 때문에 이 부분에서 꼭 확인하고 넘어가는 것이 필요합니다.

여러분의 경우에는 재발 전에 어떠한 스트레스가 있었습니까? 예전의 자료들(5장 '집짓기' 에서의 촉발 요인 등)을 살펴보는 것도 좋습니다.

____

____

치료자 tip ......

하지만 원인을 찾느라 응급 증상을 다루는 것을 지연시켜서는 안 됩니다. 때로는 환자가 스스로 적절한 처치(투약의 재개 혹은 적응)를 받지 않으려고 원인을 찾는 일에 강박적으로 매달리는 경우가 있기 때문입니다.

3) 재발과 관련된 요인

재발을 일으키는 가능한 상황들로는 다음을 생각해 볼 수 있습니다.

- 연중, 주중, 하루 중 특정한 때
- 특정한 사람과의 만남(예: 장인이나 시어머니). 특히 일정 기간 동안에 만날 경우 (예: 설 연휴나 추석 연휴)
- 기념일들, 입원했던 날, 사별한 날, 생일날 등
- 투약의 변화(예: 혼자서 약을 끊거나 약의 용량을 줄이는 것)
- 알코올이나 약물의 사용

이 중 당신에게 해당되는 것이 있나요? 있다면 어떤 것인지 적어 봅시다.

____

____

____

4) 재발의 첫 신호

재발 첫 신호는 수면 패턴의 변화(특히 수면 시간의 감소), 피곤함, 불안과 우울, 정신증 증상의 재발현 등으로 나타납니다. 가끔은 불쾌함만으로 재발이 시작될 수도 있고, 통증(예: 두통이나 요통)과 같은 신체적 증상으로 재발이 시작될 수도 있습니다.

어떤 사람들은 정신증 증상의 재발을 '정신증이 다가오는 기미' 라고 표현하기도 합니다. '미칠 것 같은 두려움' 은 자주 언급되는 재발의 첫 신호이므로 쉽게 간과해서는 안 되지만, 이에 너무 과도하게 반응하면 그 자체가 불안을 증가시킬 수 있으므로 두려운 느낌에 대해 너무 당황할 필요는 없습니다. 그런 두려운 느낌이 들 경우에는 치료자와 상의해 보도록 합시다. 실제로는 일시적으로 그러한 느낌이 들었다가 없어지는 경우가 많기 때문입니다.

보호자, 친구, 그 밖의 다른 사람들의 역할이 재발을 저지하는 데 중요합니다. 그들은 이전에도 자주 재발의 첫 신호를 확인해 왔고, 이를 당신과 치료자에게 상의할 수도 있습니다. 이러한 정보는 재발의 첫 신호를 분명히 확인하도록 하고, 언제 증상이 시작되는지 알 수 있게 합니다.

재발의 첫 신호가 늘 재발로 이어지는 것은 아니지만, 보호자들은 어떤 행동을 보고 불안해할 수도 있습니다. 자기주장을 강하게 하거나 반항하는 여러분의 모습이 특히 보호자들에게 불안을 유발하는데, 그것이 반드시 재발을 의미하는 것은 아닙니다. 가끔은 재발의 첫 신호가 어떤 것인지 확인할 수도 없고, 정확하게 표현할 수 없는 경우도 있습니다.

환자 스스로 혹은 보호자나 치료자가 불안해하는 것이 때로는 증상을 악화시키고 좋지 않은 결과를 초래할 수 있으므로 이를 명심하는 것이 중요합니다.

5) 재발을 방지하기 위해 평소에 해야 할 일

우리의 목표는 재발을 방지하는 것입니다!

어떤 사람들은 재발의 위험을 피할 목적으로 세상과의 관계를 피하고 가정과 개인 속으로 위축됩니다. 이런 방법은 여러분을 계속 더 위축시킬 수 있으므로 재발의 위험을 피하는 것과 정상적인 삶을 사는 것 사이의 균형을 이루는 것이 필요합니다.

그렇다면 여러분이 재발을 방지하기 위해 미리 할 수 있는 일에는 어떤 것들이 있을까요?

(1) 도움 받을 지원군 찾기

정신건강 서비스, 친구, 가족, 투약 등 도움을 받을 수 있는 곳이 있어야 합니다. 일 년에 한 번일지라도 의료 서비스를 지속적으로 받는 것은 재발 방지에 도움이 될 수 있습니다. 때로는 그러한 의료 서비스가 과거에 있었던 곳에서 여전히 존재하고 있다는 것(즉, 장소, 전화번호, 치료자도 바뀌지 않았다는 것) 자체를 아는 것만으로도 도움을 받을 수 있습니다.

당신의 지원군을 적어 봅시다.

지원군	장 소	연락처

이 장의 맨 뒤 숙제의 표를 작성하여 코팅을 한 후 항상 가지고 다니도록 합시다.

(2) 치료자와 급성기 증상이 있었을 때의 사건을 정리하기

급성기 증상이 있었을 때의 사건을 치료자와 이야기하며 정리해 두지 않으면, 여러분은 막연하게 재발에 대한 두려움과 혼란 속에 남겨져 있게 됩니다. 이런 두려움과 혼란은 재발이 더 잘 일어나게 합니다. 만약 여러분이 당장 급성기 때의 증상에 대해 이야기하는 것이 힘들다면 좀 더 나중에 이야기해도 됩니다. 하지만 나중에라도 꼭 이야기하는 것이 중요합니다.

여러분이 안정된 상태일 때는 급성기 증상이 있었을 때의 사건에 대해 체계적으로 설명하기가 훨씬 더 쉽고 간단합니다. 급성기 증상에 대해서 이야기 나누는 것은 증상에 대한 여러분 스스로의 이해를 도울 뿐만 아니라 그것을 다른 사람들에게 더 쉽게 설명할 수 있도록 하는 데에 도움을 줍니다.

치료자 tip ......

치료자는 재발을 감지하고 예방하도록 하는 데 시간적, 정신적 노력이 많이 필요하다는 생각에 부담을 가질 수 있습니다. 특히 보호자나 환자의 협조가 이루어지지 않을 시에는 부담이 더욱 커지게 됩니다.

물론 함께 재발을 감지하고 예방하도록 하는 데 노력을 기울이는 것은 별도의 시간, 노력이 필요하여 당장은 힘들게 느껴질 수 있습니다. 하지만 재발을 감소시킨다면 결과적으로 시간, 노력이 절약되며 훨씬 더 큰 보람을 느낄 수 있습니다. 또한 환자가 치료에 참여하도록 돕고, 그 환자에게 문제가 생길 때 치료자에게 올 가능성을 증가시키며, 치료계획을 함께 세우는 것에도 보다 도움이 될 것입니다.

일단 재발의 첫 신호가 나타나면, 여러분과 주변 사람들이 기억해야 할 가장 중요한 것은 '당황하지 말라!' 는 것입니다. 증상이 다시 나타날 것 같은 신호가 있다고 해서 그것이 꼭 재발을 의미하는 것은 아닙니다.

자, 이제 여러분은 어떻게 해야 할까요?

(3) 도움 요청하기

일단 재발의 첫 신호가 나타나면 여러분 스스로가 지원군들에게 도움을 청하는 것이 좋습니다.

(4) 투약 검토하기

만약 여러분 스스로 느끼기에 재발이 시작되는 것이 분명하거나 여러분의 주변 사람들에게 재발한 것처럼 보일 경우에는 투약을 검토하는 것이 필요합니다. 투약에 대한 검토가 늘 약을 증량시키는 것이라고 생각할 수 있지만 늘 그런 것은 아닙니다.

치료자 tip ......

만약 재발이 시작되는 것이 분명하거나 재발한 것처럼 보일 경우에는 환자의 저항에 부딪히더라도 투약을 검토하는 것이 의미가 있습니다. 그러나 투약에 대한 검토가 환자에게 있어 약의 증량으로만 받아들여지고, 이것이 매번 그렇게 된다면 환자와 협력하여 적절한 전략을 세울 기회를 방해할 수 있습니다. 환자가 투약의 조정을 거부할 경우에는 "약을 복용한다는 것은 당신 스스로에게 빨리 나아질 수 있는 기회를 주는 것과 같습니다."라고 말하는 것이 적절할 수 있습니다.

(5) 활동을 줄이거나 활동을 바꾸기

활동량의 감소나 변화가 도움이 되기도 합니다. 그러나 늘 변화를 주라는 말은 아닙니다. 단지 스트레스가 무엇인지 다시 정확하게 확인하는 것만으로도 재발을 방지할 수 있습니다.

아마도 재발 방지에서 가장 중요한 요소는 여러분 스스로의 조절감일 것입니다. 즉, 스트레스를 다룰 수 있다는 자신감, 재발의 첫 신호가 반드시 재발을 의미하지는 않는다는 생각입니다.

할 수 있다는 자신감이 생기면 대처 방안을 만들 수 있고, 그렇게 되면 스트레스를 극복하고 위태롭게만 느껴졌던 상황도 극복할 수 있습니다.

자, 이번에 다시 여러분이 어느 정도로 스스로 재발을 방지하고 조절할 수 있을 것 같은 것 같은지 표시해 볼까요?

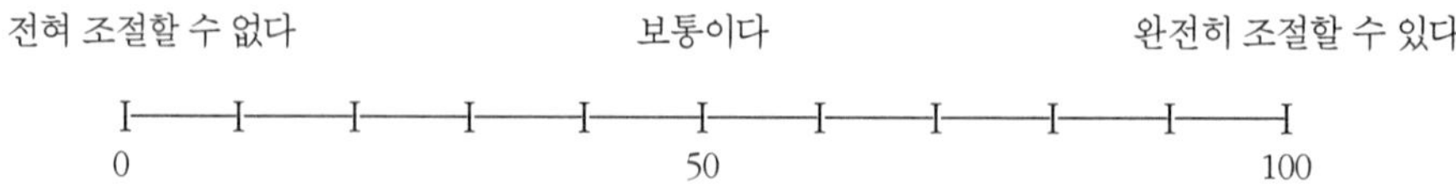

치료자 tip ......

조절감 체크 시 보다 높이 체크할 수 있도록 해야 자신감을 갖는 데 도움이 됩니다.

2. 프로그램 정리

이 절에서는 여러분이 지금까지 배운 내용을 다시 한 번 살펴보고 정리해 보는 시간을 갖도록 해 보겠습니다.

우선 지금까지 함께해 온 과정 중에서 기억이 나는 것을 적어 볼까요? 가장 재미있었던 것, 가장 이해가 가지 않았던 것, 특별히 의미가 있었던 것, 어렴풋이 기억이 나는 것 등 아무것이나 생각나는 대로 한번 적어 봅시다.

1. ______________________________

2. ______________________________

3. ______________________________

4. ______________________________

5. ______________________________

치료자 tip ……

환자들이 지금까지 배운 내용을 자세히 다 적어야 되는 것으로 생각하고 부담을 느낄 수 있으므로 생각나는 대로 자유롭게 적어 보는 시간임을 강조해 줍니다.

"약을 먹어서 기억력이 떨어졌어요." "바보가 되어 가는 것 같아요."라고 이야기하는 등 기억이 잘 나지 않아 힘들어할 경우에는 누구나 한번 공부하고 지나간 내용은 잘 기억하지 못함을 설명하여 안심시켜 줍니다. 또한 이 절에서 다시 한 번 이전의 내용들을 함께 살펴볼 것임을 설명해 줍니다.

그럼 이제 1회기부터 11회기까지 공부해 온 내용을 함께 되짚어 보도록 할까요?

1) 인지치료에 앞서

인지치료 과정의 첫 번째 순서로 여러분 스스로에 대해서 보다 정확하게 알아보는 시간이었습니다.

① '나의 문제와 어려움 찾기' 에서 여러분은 자신이 가진 어려움을 여러 각도에서 치료자와 함께 탐색해 보았고, ② '나의 멋진 모습 찾기' 에서는 자신의 장점을 발견해 봄으로써 스스로를 더 잘 이해할 수 있는 기회를 갖는 시간이었습니다.

2) 정신증 이해하기

여러분이 겪고 있는 '정신증' 의 종류, 증상들에 대해서 알아보는 시간이었습니다. 정신증을 크게 네 가지 종류, 즉 ① 불안성 정신증(anxiety psychosis), ② 민감성 정신증(sensitivity psychosis), ③ 외상성 정신증(traumatic psychosis), ④ 약물관련 정신증(drug-related psychosis)으로 구분하여 각각의 특징과 증상에 대해서 알아보았습니다.

여러분 각자의 경험과 비교하여 보고 자신이 어느 종류에 해당하는지, 또 어떤 증상들이 나와 관련이 있는지 알아보는 것은 정신증을 보다 정확하게 이해하도록 해줍니다.

3) 정신증의 인지 모델 이해하기

먼저 정신증의 여러 원인에 대한 이론들 중 가장 많은 지지를 받는 모델인 '스트레스-취약성 모델(stress-vulnerability model)' 에 대해서 알아보았습니다. 그리고 이어서 정신증과 관련된 취약성 인자를 ① 생물학적, ② 사회적, ③ 심리적 인자로 나누어 보다 자세히 알아본 시간이었습니다.

이를 통해 흔히들 잘못 알고 있는 정신증의 원인을 '스트레스-취약성 모델' 에 따라 설명할 수 있게 되고, 취약성 인자 중 심리적 인자에 해당하는 '인지적 취약성' 을 극복하는 것이 정신증에 대한 인지치료의 목표임을 알게 되었습니다.

4) 재앙화 사고에서 벗어나기

'재앙화 사고' 는 ① 정신증에 대한 정보 알기, ② 노멀라이제이션(normalization, 정상화하기)를 통해서 이겨 낼 수 있음을 배웠습니다. 또한 '자동화 사고에 대해 알기' 에서는 생각은 자동으로 떠오르는 것이지 내 의지대로 떠오르는 것이 아님을 알게 되었습니다.

이러한 과정은 여러분 스스로에게 어떤 일이 일어나는지 정확하고 객관적으로 알 수 있도록 도와주고, 그 상황을 이해하도록 돕고, 자신을 비난하지 않게 함으로써 결과적으로 잘 지낼 수 있도록 도와줄 것입니다. 여러분이 힘들어하는 것들이 자신만의 문제가 아님을 아는 것이 중요합니다.

5) 집짓기

1장 '인지치료에 앞서' 의 나의 문제와 어려움 찾기를 통해 알아본 자신의 과거문제와 사회적 환경, 장점 등 여러 분야에서 자신에 관한 정보를 스스로 정리하여 '나 자신에 관한 집' 을 짓는 과정이었습니다. 먼저 취약성에 해당하는 '선행 요인', 스트레스에 해당하는 '촉발 요인' 과 '지속 요인' 을 알아보았고, 자신의 강점을 바탕으로 '보호 요인' 을 알아보았습니다. 그다음 '가장 중요한 문제' 를 적은 후 '생각-느낌-행동'의 고리로 정리해 보았고, 이에 영향을 미치는 '사회적 상황' 과 '신체적 상태' 에 대해서도 알아보았습니다. 마지막으로는 나의 관심사, 소망까지 알아보면서 집짓기를 마쳤습니다.

'지피지기면 백전백승!' 여러분은 그 누구보다도 자신에 대해서 조직적으로 잘 이해하게 되었고 스스로의 치료자가 되기 위한 기초를 다지게 되었습니다.

6) 망상을 이해하고 극복하기

'망상 바로 알기' 를 통해 망상에 대해서 정확히 알았고, 'ABC 모델' 에 따라 사건(Activating event), 믿음(Beliefs), 결과(Consequence)를 연관 지어 보면서 여러분이 갖고 있는 생각을 보다 명확하게 하였고, '균형 잡힌 시각 갖기' 를 함께 하면서 보다 합리적으로 생각하는 방법을 배웠습니다. 그리고 다음과 같이 망상과 관련된 인지적 오류를 각각 극복할 수 있는 방법에 대해서도 알아보았습니다.

사고의 유연성 저하	⇨	가까운 사람들과 토론하기, 직접 확인해 보기
다른 사람 상황 헤아리기의 어려움	⇨	다른 사람의 상황 헤아리기('아마도' 놀이)
선부른 결론 편향	⇨	탐정놀이

7) 목소리를 이해하고 극복하기

이 장에서는 우선 '목소리 바로 알기' 를 통해 여러분이 겪은 목소리가 들리는 상황과 내용을 알아보았습니다. 그다음 '목소리의 내용에 대한 걱정 확인하기' 를 통해 목소리가 어디에서 비롯된 것인지 살펴보고 그에 대한 여러 설명들을 알아보았습니다. 마지막으로 '목소리에 대한 대처 전략 세우기' 에서 목소리 일기 쓰기와 대처카드 만들기를 통해 목소리에 대처하는 방법을 배웠습니다.

무엇보다도 목소리가 여러분으로 하여금 어떤 행동을 하게 만들 수 없다는 것을 알고 목소리가 들릴 때 적절히 대처할 수 있는 준비가 되었습니다.

8) 특이한 경험을 이해하고 극복하기

이 장에서는 사고 방해(thought interference), 수동 현상(passivity phenomena)에 대해 다루었습니다. '사고 방해'의 경우 사고 전파(though broadcasting)에 대해서 주로 다루었으며, 이는 관계망상과 밀접하게 연관이 있기 때문에 망상 다루기에서와 마찬가지로 'ABC 모델' 을 통해 믿음을 보다 정확하게 이해한 다음 '균형 잡힌 시각 갖기' '관계일기 쓰기' 를 해 보면서 그것을 극복할 수 있었습니다.

'수동 현상'에서는 여러분으로 하여금 '만들어진' 느낌이 실제로 따르지 않을 수 없는 명령인지 아닌지를 생각해 보고 가능한 설명을 찾아보는 것을 통해 극복할 수 있었습니다.

9) 안전 행동과 행동 실험하기

이 장에서는 먼저 안전 행동(safety behavior)이 무엇인지 알아보고, 행동 실험을 통해서 이를 극복해 보는 연습을 하였습니다. 우선 단기적으로 안전 행동은 여러분을 보다 편하게 할 수 있지만 장기적으로는 여러분을 더욱 힘들게 만들 것이라는 것을 아는 것이 중요합니다.

또한 안전 행동은 행동 실험을 통해 갖고 있는 믿음에 대해서 직접 테스트해 보고, 이를 통해 균형 잡힌 시각 갖기를 하게 되면서 극복해 낼 수 있었습니다.

10) 음성 증상을 이해하고 극복하기

이 장에서는 먼저 음성 증상을 인지치료 모델에 따라 이해하고 그 의미를 알아보았습니다. 그다음 '목표 정하기' 와 '나의 생활계획 세우기' 를 통해 음성 증상을 차근차근 극복해 나가는 과정에 대해서 설명하였습니다.

인지치료 모델에서는 음성 증상을 경험하고 있는 여러분에게 무리한 계획이나 압박감을 주기보다는 함께 대화해 나가면서 현실적으로 실천할 수 있는 활동계획을 세워 나가는 것이 중요합니다.

여러분은 다시 활동을 시작해 나가면서 자신이 갖고 있는 문제들에 대해 이전보다 더 잘 인식하게 되고, 점차 스트레스에 대처해 가는 기술을 익히게 될 것입니다. 또한 음성 증상을 이해하지 못하고 단지 여러분을 게으르다고 생각했던 주위 사람들이 여러분을 더욱 잘 이해할 수 있게 될 것입니다.

11) 재발 방지와 프로그램 정리하기

이 장을 통해 여러분은 재발이 여러 요인, 특히 스트레스와 연관이 있음을 알아보았고, 재발의 첫 신호를 알 수 있도록 연습하였습니다. 또한 재발을 방지하고 재발 시 빨리 호전되기 위해 평소에 '지원군 찾기' '투약 검토하기'를 할 수 있음을 배웠습니다.

여러분은 이 장을 공부하면서 자신도 모르는 사이에 다음과 같이 할 수 있게 되었습니다.

- 증상이 사라진 후 재발하게 되면 재발 초기에 그것을 알아채고 잘 다룰 수 있는 자신감을 느끼게 되었습니다.
- 재발 초기에 지원군을 찾고 계속해서 재발이 진행되는 것을 막을 수 있는 자신감을 느끼게 되었습니다.
- 증상이 계속되지만 안정화되어 잘 대처하며 살 수 있다고 느끼게 됩니다.

3. 새로운 시작

지금까지 여러분은 인지치료에 대해서 공부하고 이를 여러분이 힘들어하는 경험들에 어떻게 적용할 수 있는지 살펴보았습니다. 이러한 과정은 여러분 스스로가 자신의 치료자가 되어 문제를 해결해 나갈 수 있도록 준비하는 과정이었습니다.

'스스로 치료자가 된다.'는 말이 부담스럽게 느껴진다고요? 어렵게만 느껴진다고요?

천만에요! 여러분은 인지치료를 함께 배워 오는 동안 스스로의 훌륭한 치료자가 되기 위해 차근차근 준비를 해 왔습니다.

이미 여러분은 여러분 자신의 가장 훌륭한 치료자가 된 것입니다!

숙제

지원군 찾기 표를 완성하고, 보기 좋게 오린 후 지갑이나 수첩 등에 항상 소지하고 다니도록 합니다.

지원군	장소	연락처

지원군	장소	연락처

지원군	장 소	연락처

COGNITIVE THERAPY

부록

1. 환자와 관계 맺기
2. 정신증의 증상
3. 인지치료란 무엇인가
4. 망상 다루기의 시작
5. 소크라테스식 질문법
6. 지속되는 망상과 망상의 종류
7. 초인지
8. 텔레파시 단어카드
9. 정신증을 겪고 있는 가족을 둔 보호자분께
10. 건강한 생활 스타일
11. 각종 워크시트 모음

1. 환자와 관계 맺기

어떠한 정신과적 치료에 있어서든 첫 단계로 가장 중요한 것은 바로 서로 간의 신뢰와 협력 관계를 형성하는 것이라고 할 수 있겠습니다. 이러한 과정 없이는 치료 자체가 불가능하다고 이야기할 수 있을 만큼 중요한 과정입니다. 만약에 환자에 대한 어떠한 평가과정이나 중재과정이 환자-치료자 신뢰와 협력 관계를 강화하는 것이 아니라 방해하는 것이라면, 그 평가나 중재 방법은 다시 한 번 생각해 봐야 할 것입니다. 종종 가벼운 주제로 대화하는 시간을 갖거나 치료 시기를 잠시 멈추고 이야기를 나누는 것이 환자-치료자 관계 형성에 도움이 될 수 있을 것입니다.

민호의 예를 살펴봅시다.

> 민호는 암페타민 중독과 함께 정신증의 과거력을 가진, 의료진과 정신과 치료를 매우 신뢰하지 않는 환자였습니다. 그는 자신을 담당하고 있는 치료자에게 요구 사항과 필요한 서비스에 대한 불만 목록을 가지고 와서 상담을 하였습니다. 민호는 약을 복용하면서 낮 시간에 졸려서 다른 일을 집중해서 할 수 없는 것이 가장 큰 불만이었는데, 담당의사와 투약 시간, 분복 등에 대해 협력적으로 접근하였고 결국 이 문제가 해결되면서 치료적인 관계가 점차 발전되었습니다.

치료적 개입은 특히 상호 협력과 따뜻함, 상호 존중이 요구됩니다. (자신을 비난하는 환청이나 사고 개입, 또는 본인이 위협당할 것만 같은 두려움으로 인해 고통받는 환자들의 관점에서 신뢰관계를 형성하거나 치료적 관계를 형성하는 데는 시간이 걸릴 것입니다.)

1. 치료적 개입

치료적 관계의 형성은 사람마다, 그리고 그것을 강화·약화시키는 아래의 요인들에 따라 달라집니다(이러한 요인들을 고려하는 것은 개입에 사용할 전략을 선택하는 데 매우 도움이 됩니다).

〈치료적 관계를 맺기 어려운 경우와 쉬운 경우〉

치료적 관계를 맺기 어려운 사람	치료적 관계를 맺기 쉬운 사람
- 다른 문화권에서 온 사람 - 약물 중독자 - 인격장애가 동반된 사람 - 피해의식이 있는 사람 - 공격적인 사람 - 과대망상이 동반된 사람(예: "내가 왜 그래야 하는데?") - 치료에 비협조적인 사람 - 도움을 필요로 하지 않는 사람 - 감정을 표현하는 것은 옳지 않다고 믿는 사람 - 도움을 받는 것을 약한 것과 동일시하는 사람 - 가족과 친구들로부터 자신에 대한 부정적인 태도를 경험한 사람 - 망상에 확신이 있으며 병식이 없는 사람 - 치료 서비스로부터 멀어진 사람(예: 타의로 병원에 입원한 사람, 입원과 치료, 약의 부작용, 격리, 신체적 억제 등에 대해 좋지 않은 경험을 가지고 있는 사람) - 약물로 인해 머리가 띵함을 느낀 사람 - 사람들로부터 고립된 사람	- 경계성 인격장애 환자(비록 이 환자들은 관계가 쉽게 깨지기도 합니다) - 자신을 괴롭히는 환청을 경험하는 사람(왜냐하면 보통 다른 치료로는 도움 받지 못하는 경우가 많기 때문입니다) - 퇴원하고 싶은 강한 욕망이 있는 사람 - 의료진과 과거에서 현재까지 좋은 관계를 유지한 사람

이제부터는 치료적 관계 형성을 도와줄 수 있는 전략들에 대해 알아봅시다. 우선 가능하면 의사소통이 상호 동등한 상황에서 신뢰를 바탕으로 서로 존중해야 한다는 것이 매우 중요합니다. 때때로 이러한 과정이 비치료적이라고 생각될 수 있으며 신뢰를 바탕으로 한 관계의 중요성을 간과하게 될 수도 있을 것입니다. 환자를 도저히 이해하지 못하겠다 하더라도 포기하지 마십시오. 지속적이고 충분한 노력을

기울이고 환자가 이를 따라 준다면 치료자는 결국 환자를 이해할 수 있게 될 것입니다.

- 적절한 단어를 사용하라.
  - 은어 사용하지 않기
  - 공통되는 언어 찾기
  - 환자의 교육 수준에 맞는 단어 사용하기
  - 서로 가까워질 수 있는 가장 적절하며 기술적인 언어 개발하기
    예) 정신분열증 → 정신증, 혼란증, 착각
    환청 → 목소리
- 당신과 환자가 상대방을 얼마나 이해하고 있는지 그 수준을 확인하라.
- 환자가 어떤 것을 하고 배웠으면 하는 것에 대해 이야기하고 그렇게 해야 하는 이유에 대해 간단한 설명을 하라.
  - 근거 제시해 주기
- 체계적인 방법으로 서서히 희망을 주라.
- 공동의 목표를 세우라.
  - 공통의 이해 구축하기
  - 적절한 경우 퇴원계획 세우기
  - 처방하는 사람(의사)과 협력하여 약 줄이기
  - 환자를 지지하기
- 환자가 자주 나타나는 곳에서 인터뷰하라.
  - 환자와 함께 산책하기
  - 정해진 인터뷰실보다는 환자의 병실 사용하기
  - 커피나 차 등을 대접하기
- 환자가 떠날 때
  - 새로운 방식으로 상황이나 증상을 볼 수 있는 시각을 갖게 해 주거나 적어도 환자의 얼굴에 웃음을 띨 수 있게 하는 등 환자가 무언가 가지고 떠날 수 있게 하라.
  - 친해졌다는(친구가 되었다는) 느낌을 갖게 해 주라.

- 친구가 되어라.
  - 중립적이고 위협적이지 않은 주제에 초점 맞추기
  - 너무 공식화하지 않기
  - 어떠한 기술을 가르치려 하거나 사용하는 것이 아님을 명심하기
  - 직접적으로 논쟁하지 않기
  - 공감하고 지지하고 받아주기

친구가 되는 것은 매우 주목할 만한 흥미로운 치료법이며 사람들과 치료적 관계를 유지하는 데 매우 효과적인 것으로 밝혀졌습니다. 이것은 간단하게 이야기해서 친구 같은 관계가 되는 것을 의미합니다(물론 어디까지나 환자-치료자 관계를 유지할 수 있어야 합니다). 예를 들어, 당신이 입원 중인 직장 동료를 병문안할 때나 새로운 이웃을 환영하기 위해 방문할 때 행동하는 것처럼 환자에게 행동하는 것입니다. 이는 환자가 어떠한 말이나 사람에 의해 실망하거나, 고통스러운 사건이 수면 위로 떠올라 불안해져 관계를 끝내려 할 때 더 효과적인 것으로 증명되었습니다. 일상적인 대화로 화제를 전환하는 것은 상황과 관계의 긴장을 풀어 주며, 환자로 하여금 넓은 시각으로 중요한 문제를 탐구할 수 있도록 도와줍니다.

2. 속도 조절하기(one session-one target)

정신증의 인지치료에 있어 치료의 속도는 매우 신중하게 고려해야 할 사항입니다. 정신증의 인지치료는 매우 느리게 진행될 수 있는데, 치료의 속도가 느릴 때 환자가 꾸준하고 빠르게 발전해 나가게 되는 것을 볼 수 있습니다. 또한 치료 회기마다 하나의 목표를 세우고, 하나의 적절하고 달성 가능한 숙제가 각 회기 사이에 주어지는 것이 효과적입니다.

회기는 충분한 피드백과 전반적인 영역과 결론에 대한 간결한 묘사(capsule summary)를 이용하여 이루어집니다. 환자는 정신병적 증상이나 다른 인지장애에 의해 생기는 문제 때문에 집중력이 흐려지며 이에 영향을 받을 수 있는데, 이럴 때에는 충분한 시간을 갖고 응답(치료자가 환자의 질문에 대답하는 것을 의미)을 해 주는 것이 중요합니다. 예를 들어, "너는 쓸모없는 사람이다."라는 환청을 계속 듣고 있

는 환자는 인지치료 중에 어떻게 반응할까요? 환자는 불안해하면서 느리게 답할 것이며, 만약 치료자가 환자의 증상을 알고 있다면 왜 그러한 모습을 보이는지 이해할 수 있을 것입니다. 반면에 침묵은 불안을 증폭시킬 수 있으므로 장시간의 침묵은 피하는 것이 좋습니다. 한꺼번에 너무 많은 내용을 다루려고 하지는 않되, 대화의 흐름이 이어지도록 하는 방식으로 대화를 계속해서 이어 가는 것이 관계를 형성하는 가장 좋은 방법입니다. 생각이나 관계를 묘사하는 칠판이나 플립차트 또는 유인물 등이 유용하게 쓰일 수 있습니다. 효과적인 치료를 원한다면 서두르는 듯한 느낌을 주어서는 안 됩니다.

3. 직면하지 않기

치료자와 환자의 관계는 쉽게 서로 대립될 수 있으며, 치료자는 환자 앞에서 생색을 내거나 동조하는 방식으로 행동하기 쉽습니다. 불행하게도 이러한 상호작용은 환자의 고립감을 증가시키고, 환자는 증상이 나타날 때 이를 의료진에게 알리지 않게 됩니다. 이는 현실 검증력의 발전을 더디게 합니다.

직면(direct confrontation)시키는 경우는 종종 망상의 타당성에 대한 확신을 증가시키는 결과를 초래하기도 합니다. 망상에 동조(collusion)하는 것은 항상 망상을 더 견고하게 만들 수 있습니다. 따라서 그에 동조하지 않는 것이 중요합니다. 치료자가 환자의 혼란스러운 경험에 관하여 무엇이 이루어지고 있는지(망상과 관련하여 어떠한 것을 환자가 경험하고 있는지)에 대해 환자와 이야기를 나눌 때, 치료자는 망상에 동조하는 것이 아니라 환자가 말한 사실을 설명한 그대로 받아들이는 것이 매우 중요합니다.

나는 임진왜란에서 져 본 적이 없으며, 이순신 장군과 함께 전투에 참여하였습니다.

- 치료자: 흥미롭군요. 당신이 어떻게 거기에 참여했다고 믿게 되었는지 더 설명해 주실 수 있겠어요?

이것은 대립하거나 같이 동조하지 않으면서 적절한 흥미를 표현하는 예시입니다. 이 방법은 환자가 자신에게 필요한 것이 무엇인지 치료자에게 더 설명하도록 만들며, 이는 당연히 심도 깊은 탐색으로도 이어집니다.

4. 정확하고 일관성 있게 대응하기

정신증 환자는 자신의 생각이나 걱정거리에 대해 말할 수 있는 충분한 시간을 가져 보지 못하였습니다. 그러므로 환자는 말할 기회가 주어졌을 때 치료자의 반응에 매우 관심이 많습니다. 따라서 치료자는 정확하고 일관성 있게 대응하여야 하고 너무 직면하거나 동조해서는 안 됩니다.

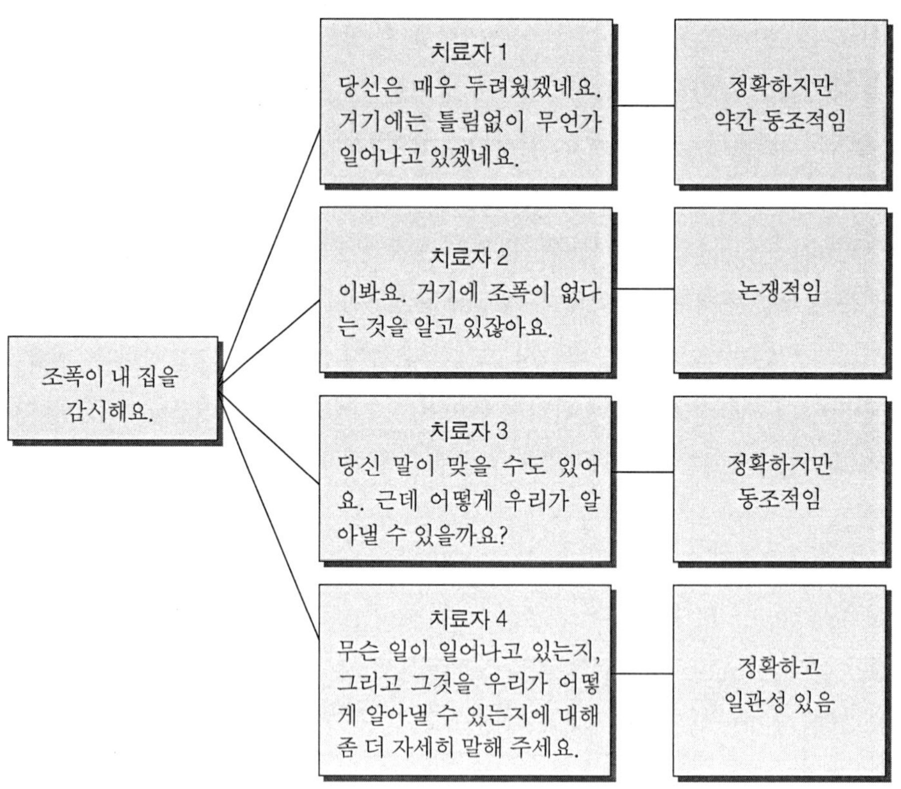

치료자 4의 상호작용이 가장 치료적인(정확하고 일관성 있는) 편이며, 이를 통해 환자는 현재 상황에서 몇 개의 설명 가능한 대안들을 고려해 볼 수 있습니다. 이와

같은 개념으로, 만약 치료자가 회기 시작 전에 논쟁적인 태도를 취했다면, 환자는 환청이나 망상에 대한 생각을 바꾸려 하지 않았을 것입니다. 그러므로 치료자가 그 동안 일관성 있게 행동하지 못했다는 것을 스스로 깨닫는다면, 또 치료자가 이 문제에 대해 처음부터 얘기를 할 수 있다면 환자에게 솔직하게 물어보고 서로 논의를 하여야 합니다. 다음과 같이 이야기해 봅시다.

> 당신도 알다시피, 나는 지난번에 그것은 조폭일 리가 없다고 말한 적이 있습니다. 하지만 나는 좀 더 마음을 열었어야 했습니다. 내 생각에 우리는 모든 가능한 설명들에 대해 생각해 보아야 합니다.

5. 다양한 반응에 대처하기(서로 적응하기)

- 환자가 침묵한다면,
  - 참고 기다리라.
  - 환자의 인지 기능 저하를 인정하라.
  - 환자의 집중력장애와 주의산만을 인정하라.
  - 당신을 소개하고 인터뷰의 이유에 대해 설명하라.
  - 인사를 반복하거나 간단한 질문을 하라(예: "요즘 어떻게 지내세요?").
  - 바꾸어 말하라(예: "제가 여기에 앉아서 조금 얘기를 하는 게 불편하십니까?").
- 그 이후에도 반응이 없다면,
  - "오늘 기분이 좋지 않으십니까? 제가 다른 날에 다시 올까요?"
  - 환자의 옆에 몇 분 동안 그저 앉아 있다가 헤어지는 인사를 하고 하루나 이틀 뒤에 다시 환자를 만나라.
  - 만약 어떠한 비언어적인 반응이라도 이끌어 냈다면 잠깐 적당한 대화를 시도하라(예: 만약 환자가 TV를 보고 있다면 TV에 대해, 또는 현재 주변에서 일어나고 있는 어떠한 것에 대해서라도).
- 퉁명스럽게 (또는 단답형으로) 대답한다면,
  - 친해질 수 있는 주제를 선택하라.

- 이전의 지식과 병동 간호사의 도움을 활용하라.
- TV를 보고 있다면 그에 대해, 또는 병동의 사건에 대해, 날씨, 가족 등에 대해 이야기를 하라.
- 스스로를 밝히라. 당신이 어떤 사람인지, 왜 환자에게 얘기를 하고 있는지에 대해 설명하라.
- 친구가 되라, 비형식적으로 대화를 나누라.
- 환자가 반응하는 주제에 초점을 맞추라.

• 말이 너무 많다면,
  - 중간에 끼어들 수 있을 때: 자연스럽게 대화가 이어지게 하고, 가능할 때 질문을 던지기 시작하라.
  - 중간에 끼어들 수 없을 때: 들어 주라. 호흡을 위해 잠시 멈추었을 때 끼어들거나 '잠깐만' 이라는 수신호를 사용하라. "휴~" "잠깐만요."(유머를 곁들여)와 같은 짧은 한숨을 내쉬라.

6. 한 발짝 뒤로 물러나기

환자와 면담하면서 특정한 내용에 대해 질문하거나 알고자 할 때 환자가 불안해하거나 갑자기 힘들어 한다면 그 주제에 대해 일단 거리를 둔 후 일정 시간 이후 다시 그것을 다루는 것이 좋습니다. 일반적으로 스트레스가 적은 영역에 대해 이야기하거나 가벼운 주제에 대해 말하는 것은 긴장을 감소시켜 우호적인 상태로 인터뷰가 끝날 수 있게 해 줄 것입니다.

만약 환자와 치료자의 다른 관점이 부각되고 환자가 치료자에 대해 논쟁적이 된다면, "당신은 나를 믿지 않아요, 그렇죠?"라며 서로 다른 점에 대해 인정하는 것이 이 문제를 일시적이고 비논쟁적으로 지나가게 해 주며, 다른 접근법을 취할 수 있게 해 주는 방법입니다. 다음과 같이 이야기해 봅시다.

> 이게 당신에게 얼마나 중요한지 나는 이제 알겠지만 우리가 이 모든 것들이 명확히 무엇을 의미하는지에 관하여 서로 다른 생각을 가지고 있는 것 같습니다. 가능하다면 우리는 이 주제로부터 약간 벗어나 다른 것들에 대해 이야기하는 것이 어떨까요? (이상적으로 환자가 논의할 수 있는 흥미로운 주제를 구체적으로 언급하는 것이 좋습니다.)

7. 기록하기

만약 환자가 회기가 녹음되는 것에 동의한다면, 환자는 매일 녹음된 내용을 회기 사이에 다시 들음으로써 양성 증상뿐만 아니라 음성 증상(특히 집중력과 기억력에 장애를 보이는 경우)에 도움을 받을 수 있습니다. 또한 회기를 녹음하는 것은 점진적으로 치료자의 질문 기법을 향상시키고 근거 자료에 관한 탐독을 가능하게 합니다. 녹음된 테이프가 환자에게 주어진다는 사실은 종종 피해망상에 대한 치료 회기에서 환자의 협조에 제한을 가져옵니다. 녹음은 경찰이나 비밀 조직의 감시 등과 밀접한 관련성이 있어, 현존하는 치료나 치료자에 대한 의심을 증가시킬 수 있기 때문입니다. 아주 가끔이라도 회기를 녹화해 놓는 것은 그것을 통해 치료자와 환자의 보디랭귀지에 대해 평가할 수 있다는 점에서, 그리고 상호작용을 더 효과적으로 판단할 수 있다는 점에서 매우 큰 가치를 지닙니다.

이제 정신증 환자와 관계 맺기에 자신감이 생겼나요? 앞의 내용을 잘 숙지한 후 실전에 활용해 봅시다.

환자용 참고자료

1. 치료자와 관계 맺기

어떠한 정신과적 치료에 있어서든 첫 번째 단계로 가장 중요한 것은 서로 간의 신뢰와 협력관계를 형성하는 것이라고 할 수 있겠습니다. 이러한 과정 없이는 치료 자체가 불가능하다고 할 수 있을 만큼 중요한 과정입니다. 만약에 여러분에 대한 어떠한 평가과정이나 중재과정이 환자-치료자 간의 신뢰와 협력관계를 강화하는 것이 아니라 방해하는 것이라면 그 평가나 중재 방법은 다시 한 번 생각해 봐야 할 것입니다. 종종 가벼운 주제로 대화하는 시간을 갖거나, 치료시기를 잠시 멈추고 이야기를 나누는 것이 환자-치료자 관계형성에 도움이 될 수 있을 것입니다.

민호의 예를 살펴봅시다.

> 민호는 암페타민 중독과 함께 정신증의 과거력을 가진, 의료진과 정신과 치료를 매우 신뢰하지 않는 환자였습니다. 그는 자신을 담당하고 있는 치료자에게 요구사항과 필요한 서비스에 대한 불만 목록을 가지고 와서 상담을 하였습니다. 민호는 약을 복용하면서 낮 시간에 졸려서 다른 일을 집중해서 할 수 없는 것이 가장 큰 불만이었는데 담당의사와 투약시간, 분복 등에 대해 협력적으로 접근하였고 결국 이 문제가 해결되면서 치료적인 관계가 점차 발전되었습니다.

치료적 개입은 특히 상호 협력과 따뜻함, 상호 존중이 요구됩니다. (자신을 비난하는 환청이나 사고개입, 또는 본인이 위협당할 것만 같은 두려움으로 인해 고통 받는 환자들의 관점에서 신뢰관계를 형성하거나 치료적 관계를 형성하는 데는 시간이 걸릴 것입니다.)

1. 치료적 개입

이제부터는 치료적 관계 형성을 도와 줄 수 있는 전략들에 대해 알아봅시다. 우선 의사소통이 상호 동등한 상황에서 신뢰를 바탕으로 서로 존중하면서 이루어져야 한다는 것이 매우 중요합니다. 때때로 이러한 과정이 비치료적이라고 생각될 수 있으며 신뢰를 바탕으로 한 관계의 중요성을 간과하게 될 수도 있을 것입니다. 치료자를 도저히 이해하지 못하겠다 하더라도 포기하지 마십시오. 치료자는 지속적이고 충분한 노력을 기울일 것이며, 여러분이 이를 따라준다면 여러분은 결국에 치료자를 이해할 수 있게 될 것입니다.

- 적절한 단어를 사용하라.
  - 은어 사용하지 않기
  - 공통되는 언어 찾기
  - 서로 가까워질 수 있는 가장 적절하며 기술적인 언어 개발하기
    예) 정신분열증 → 정신증, 혼란증, 착각
    환청 → 목소리
- 여러분과 치료자가 상대방을 얼마나 이해하고 있는지 그 수준을 확인하라.
- 치료자는 환자에게 어떤 것을 하고 배웠으면 하는지를 이야기하고 그렇게 해야 하는 이유에 대해 간단한 설명을 할 것이므로 이를 심사숙고하라.
- 공동의 목표를 세워라.
  - 공통의 이해 구축하기
  - 적절한 경우 퇴원계획 세우기
  - 처방하는 사람(의사)과 협력하여 약 줄이기
  - 환자를 지지하기
- 친구가 되어라.
  - 중립적이고 위협적이지 않은 주제에 초점 맞추기
  - 너무 공식화하지 않기
  - 어떠한 기술을 가르치려 하거나 사용하는 것이 아님을 명심하기
  - 직접적으로 논쟁하지 않기

- 공감하고, 지지해 주고, 받아주기

친구가 된다는 것은 주목할 만한 흥미로운 치료법이며 사람들과 치료적 관계를 유지하는 데 매우 효과적인 것으로 밝혀졌습니다. 이것은 간단하게 이야기해서 친구 같은 관계가 되는 것을 의미하는데(물론 어디까지나 환자-치료자 간의 관계를 유지할 수 있어야 합니다), 치료자는 때때로 일상적인 대화로 화제를 전환하기도 할 것입니다. 이는 상황과 관계의 긴장을 풀어주며, 여러분으로 하여금 넓은 시각으로 중요한 문제를 탐구할 수 있도록 도와줍니다.

2. 속도 조절하기(one session-one target)

정신증의 인지치료에 있어 치료의 속도는 매우 신중하게 고려해야 할 사항입니다. 정신증의 인지치료는 매우 느리게 진행될 수 있는데 치료의 속도가 느릴 때 환자가 꾸준하고 빠르게 발전해 나가는 것을 볼 수 있습니다. 또한 각 세션마다 하나의 목표를 세우고, 한 개의 적절하고 달성 가능한 숙제가 각 세션 사이에 주어지는 것이 효과적입니다. 세션은 충분한 피드백과 capsule summary(전반적인 영역과 결론에 대한 간결한 묘사)를 이용하여 이루어집니다. 여러분은 정신병적 증상이나 다른 인지장애에 의해 생기는 문제 때문에 집중력이 흐려지며 이에 영향을 받을 수 있는데 이럴 때엔 충분한 시간과 응답(치료자가 환자의 질문에 대답하는 것을 의미)을 할 수 있는 시간을 갖는 것이 중요합니다. 예를 들어, 여러분이 만약 '너는 쓸모없는 사람이다.' 라는 환청을 계속 듣고 있는 경우라면, 인지치료 중에 여러분은 불안해하면서 느리게 답할 것입니다. 이에 대해 치료자에게 알리는 것이 중요합니다. 반면에, 침묵은 불안을 증폭시킬 수 있으므로 장시간의 침묵은 피하는 것이 좋습니다. 한꺼번에 너무 많은 내용을 다루려고 하지는 않되, 대화의 흐름이 이어지도록 하는 방식으로 대화를 계속해서 이어가는 것이 관계를 형성하는 가장 좋은 방법입니다. 생각이나 관계를 묘사하는 칠판, 플립차트 또는 유인물 등을 유용하게 사용할 수도 있습니다. 효과적인 치료를 원한다면 서두르는 듯한 느낌을 가져서는 안 됩니다.

이제 관계 맺기에 자신감이 생겼나요? 앞의 내용을 잘 숙지한 후 실전에 활용해 봅시다.

2. 정신증의 증상

정신증의 증상은 크게 양성 증상과 음성 증상으로 구분할 수 있습니다.

1. 양성 증상

1) 환청(목소리)

환청이란 주위에 아무도 없는데 사람 목소리나 어떤 소리가 들리는 것을 말합니다. 환청의 종류는 단순한 잡음(기계 소리, 벌레 소리, 소음 등)에서 또렷한 말소리까지 다양하며, 사람 말소리인 경우는 대부분 간섭하거나 욕하거나 명령하는 내용으로 환자에게 불쾌감을 줍니다. 하지만 환자를 즐겁게 하고 아첨하는 내용의 환청도 있습니다.

환청이 들리면 환자는 환청에 따른 행동을 하게 됩니다. 처음으로 환청을 들으면 당황하고 심하면 공포에 질리기도 합니다. 초기에는 현실감이 있어 왜 자신에게 사람 목소리가 들리는지 알아내려고 하나, 시간이 지남에 따라 현실감을 잃고 결국은 환청의 내용에 따라 다른 사람들이 이해하기 힘든 어려운 말과 행동을 하게 됩니다. 즉, 환청의 내용과 대화를 주고받거나 혼자서 중얼거리거나 갑자기 난폭한 행동 또는 상황에 맞지 않는 행동을 하게 됩니다.

양성 증상			
지각(감각)의 장애	환각	환청(목소리)	누가 어떤 일을 시키는 소리나 여러 사람이 수근거리는 소리가 들림
		환시	남이 못 보는 환상을 봄
		환촉	'몸에 벌레가 기어가는 느낌' 등
		환취	'썩는 냄새' '타는 냄새' 등
		환후	나만 느껴지는 맛
생각의 장애	생각 흐름의 장애	연상의 이완	생각이 연결이 안 되어 토막토막 끊어진 말을 하게 됨
		생각의 차단	생각이 갑자기 끊기게 됨
	생각 내용의 장애 (망상)	피해망상	'누가 나를 해치려 한다.' '밥에 독을 탔다.'
		관계망상	'TV에서 내 얘기를 한다.' '사람들이 나를 비웃는다.'
		과대망상	'나는 신이다.' '나는 위대한 사람이다.'
		애정망상	'탤런트가 나를 좋아한다.' '모든 사람이 나를 좋아한다.'
		조종망상	'어떤 힘에 의해 조종당하고 있다.'
		신체망상	'내 신체나 장기가 뒤바뀌었다.'
		사고 전파	'내 생각이 방송을 통해 알려진다.'
		편집증적 사고	피해를 입을 수 있다는 생각에 필요 이상으로 의심하고 경계하는 태도
행동의 장애	상황에 맞지 않는 행동이나 말		부적절한 외모 치장, 성적/폭력적 행동, 반복적인 행동

2) 망상

망상이란 사실과는 다른 잘못된 생각을 실제 사실이라고 믿고 있는 것을 말합니다. 환자는 자신이 왜 그런 생각을 하게 되었는지에 대해 누구나 공감할 수 있게 논리적으로 설명하지 못하는 경우가 많습니다. 망상의 종류와 내용은 표를 참조하세요.

3) 상황에 맞지 않는 말이나 행동

주로 망상 및 환청의 내용과 관련된 것으로 아주 다양합니다.

- 상황에 맞지 않는 말
  - 어떤 이야기를 하다가 갑자기 상관없는 전혀 엉뚱한 이야기를 하는 것
  - 조리에 맞지 않는 말을 하여 무슨 말인지 이해가 안 되는 것
  - 주제와 상관없는 이야기를 중간에 섞어서 빙빙 둘러서 말하는 것
  - 말은 많이 하는데 말하고자 하는 알맹이가 없이 막연하게 말하는 것
- 상황에 맞지 않는 행동
  - 옷차림, 외모에 신경을 쓰지 않거나 계절, 상황에 맞지 않는 옷차림
  - 사회적, 성적으로 부적절한 행동을 하는 것
  - 공격적, 적대적인 행동이나 초조한 행동을 하는 것
  - 경직되고 부자연스러운 자세를 오랫동안 지속하는 것
  - 똑같은 말이나 행동을 목적 없이 계속 반복하는 것

2. 음성 증상

사회생활을 하는 데 기본적으로 필요한 다양한 사회적 기능이 부족한 것을 말합니다. 보통 사람들은 이런 증상을 병의 증상으로 이해하기보다는 환자가 게을러서 그렇다고 잘못 생각하기 쉽습니다.

음성 증상		
감정 및 의욕의 장애	감정의 둔화	무표정한 얼굴, 눈을 못 마주침, 말의 억양이 없고 표현력이 제한됨, 자발적인 행동의 부족
	논리의 부족	말의 내용이 빈약, 말수가 적어짐, 반응이 늦음
	의욕이 없음	외모나 위생을 안 챙김, 몸을 움직이지 않음
	사회성의 결여	사교성이 없고 친구도 안 만남, 여가 활동에 관심이 없음

- 얼굴 표정에 변화가 없습니다.
- 주위에서 일어나는 일에 관심이나 흥미가 없습니다.
- 대인관계에 관심이 없습니다.

- 사람들을 만나려고 하지 않습니다.
- 직장이나 학교, 사회 생활에 적극적으로 참여하지 않습니다.
- 말을 잘 하지 않고 말을 해도 내용이 빈약하거나 얼굴 표정이 없거나 로봇같이 억양 없이 말합니다.
- 일을 하려는 의지가 없습니다.
- 자기 몸의 위생 상태나 외모에 신경을 쓰지 않습니다.
- 언제나 피곤하고 힘이 없다고 합니다.

3. 인지치료란 무엇인가

우리는 우울하거나 불안한 시기에, 또 어찌해야 할 바를 몰라 혼란스러울 때 '자신이 무엇을 어떻게 느끼고 있는지' 이야기를 나누는 것이 매우 유용하다는 것을 종종 경험하게 됩니다. 실제로 우울하거나 불안할 때 그 느낌과 동반되는 생각에 대해 이야기하는 것이 도움이 된다는 것은 널리 알려져 있습니다. 예를 들어, 돌아가신 어머니, 이전에 일어났던 사건 등과 같이 우울한 '생각'으로 인해 기분이 처지는 경우가 많기 때문입니다.

이와 같이 자신에게 벌어진 일을 걱정하고 혼란스러워할 때 그것이 어떤 생각과 관련이 있는지 밝히려는 노력은 많은 도움이 될 수 있습니다. 어쩌면 누군가는 자신이 쫓기거나 괴롭힘을 당하고 있다고 '확신' 하기 때문에 이러한 일에 화가 날 수도 있습니다. 그렇기 때문에 왜 그런 일들이 생긴다고 생각하게 되었는지를 밝히려는 노력은 매우 의미 있는 일입니다.

인지치료는 이러한 생각을 명확하게 밝히고 이해하고자 하는 과정입니다. 이 생각들은 언뜻 보기에는 논리적일 수 있지만 실제로는 두려움이 상당 부분을 차지하거나 매우 사소한 것이 대부분입니다. 생각을 지지하는 근거와 지지하지 않는 근거로 나누어 보면 상황을 다르게 바라볼 수 있는데, 이는 고통이 유발하는 결론에는 '다른 대안' 들이 있을 수 있다는 것입니다. 불안감은 모든 종류의 낯선 감정을 불러일으킬 수 있고, 이는 때때로 전기 충격 또는 다른 사람에 의한 신체적 간섭과 같이 잘못 해석될 수 있습니다. 따라서 이러한 걱정에 대해서는 이야기를 나누어 보는 것이 도움이 됩니다.

때로는 상황을 어떤 관점에서 바라보는지에 따라 만들어지는 믿음도 있습니다. 예를 들어, 자기 자신이 쓸모가 없다고 믿으면서 성장했다면 훗날 뭔가 일이 잘못되었을 때 자신의 잘못이 아닌데도 스스로를 탓할 수 있습니다. 또한 때로는 생각이 목소리처럼 크게 들릴 때도 있습니다. 인지치료는 이런 상황을 이해하고 더 잘 대처하는 데 도움이 됩니다.

1. 인지치료란 무엇인가

인지치료는 기본적으로 자신을 더 잘 이해하기 위해 의사, 간호사, 심리치료사 또는 다른 숙련된 사람에게 걱정과 고민거리를 이야기하는 것입니다. 예를 들어, 다음과 같습니다.

- 문제가 어떻게 시작되었는지에 대해 이야기하기
- 무슨 일이 어떻게 일어나게 되었다고 해석하는지 이야기하기
- 낯설어 보이는 상황을 이해하기
- 무엇에 대한 어떤 종류의 걱정인지 구분하기

주위에 아무도 없는데도 목소리가 들리거나 길을 걸을 때 또는 TV나 라디오에서 사람들이 자신에 대해 말하는 것처럼 느낄 수 있습니다. 대화를 통해 도움을 받을 수 있는 생각은 그 외에도 여러 가지인데, 예를 들어 누군가 혹은 어떤 단체가 자신을 감시하거나 생각하는 것을 알고 있다는 느낌이 그것입니다. 한편 스스로 다른 사람에게 이해받거나 받아들여지지 못하리라고 생각할 수 있는데 그러한 경우는 다음이 도움이 될 수 있습니다.

- 자신의 생각을 일기로 써 내려가는 것
- 문제를 명확하게 확인하는 것
- 믿음을 더 세밀하게 그리고 자신이 어떻게 그 믿음에 영향을 받는지 밝히는 것
- 여러 문제 중에서도 더 나아지게 혹은 나빠지게 만드는 부분을 아는 것

다른 사람이 믿어 주지 않을 때 문제가 되는 믿음을 다루는 것은 어려운 일이기 때문에 이를 치료자와 상의하는 것이 대처하는 데 도움이 됩니다.

2. 인지치료가 환청이나 강력한 믿음을 다루는 데 도움을 줄 수 있을까

정신증이 있는 사람들은 종종 다른 사람에게는 들리지 않는 누군가의 말소리를 듣습니다. 이러한 '목소리'는 대개 모욕적이거나 불쾌한 것을 지시하는 말이기 때문에 많은 스트레스를 유발합니다. 인지치료는 이러한 목소리가 '그 자신의 생각이나 기억들'이 큰 소리로 들리는 것이라는 사실, 그리고 왜 그런 일이 생기는지, 어떻게 대처해야 하는지 이해할 수 있도록 도와줍니다. 이해하는 과정은 공포나 불안감을 줄이고 슬기롭게 대처하는 데 매우 중요합니다. 강력한 믿음은 스트레스와 자신의 취약성이 어떻게 상호작용하는지를 되돌아보면 이해할 수 있을 것입니다.

3. 인지치료가 목소리나 강력한 믿음을 악화시키지는 않을까

아직까지 의사나 간호사들 중에는 목소리와 강력한 믿음에 대해 이야기를 하다 보면 이러한 증상에 더욱 주목하게 되어 상태를 악화시킬 것이라고 생각하는 사람들이 적지 않습니다. 어떤 정신과학 교과서에서는 이러한 증상에 대한 논의를 반대하고 있지만 이를 뒷받침하는 직접적인 근거는 뚜렷하지 않습니다. 물론 스트레스를 받는 일에 대해 말하도록 강요하는 것은 잘못된 일입니다. 그러나 인지치료에서는 말을 하도록 허용함으로써 인간적이고 긍정적인 효과를 낳을 수 있습니다. 만약 대화 도중 스트레스를 받는다면 대화를 중단하고 가능한 시점에 다시 이어 갈 수도 있습니다. 논의가 지속될수록 '다름을 인정한다'는 점을 인정할 수 있으며 숙련된 인지행동 치료자들은 이런 문제를 극복하는 기술들을 쓸 것입니다.

4. 약물치료 대신에 인지치료를 사용할 수 있을까

지금까지 진행된 모든 연구에서는 약물치료와 인지치료를 함께 사용할 때 효과적이라는 것이 입증되었습니다. 이들 연구에서는 클로자핀, 리스페리돈이나 올란

자핀 같은 새로운 약들이 사용되었습니다. 가끔 인지치료가 아닌 약물치료만 혹은 반대로 인지치료만을 받아들이려는 사람들도 있지만 둘을 병행하는 것이 가장 좋습니다.

5. 정말로 효과가 있을까

영국, 캐나다, 네덜란드, 이탈리아, 벨기에 등에서의 연구에서 인지치료가 증상을 줄이는 데 도움이 된다는 새로운 근거들이 보고되었습니다. 이는 통상적인 치료에 부가적으로 원인을 이해할 수 있도록 도와줍니다. 예를 들어, 약물은 인지치료를 받아들이고 자신의 상황을 이야기할 수 있도록 준비하는 데 유용합니다.

이러한 인지치료는 사람들 대하기가 힘든 대인공포증, 여러 사람 앞에서 발표하기가 힘든 무대공포증, 이유 없이 가슴이 두근두근 터질 것 같은 공황장애를 비롯하여 강박증과 우울증에도 널리 쓰이고 있습니다.

'인지치료는 [ ] 입니다.' 를 통해 인지치료가 무엇인지 좀 더 알아보겠습니다.

(1) 인지치료는 **생각** 입니다.

인지치료는 여러분의 '생각' '사고방식' 을 중요하게 여깁니다. 인지치료에서는 우리 자신의 잘못된 생각이나 신념을 통해 문제가 발생하고 또 지속된다고 생각합니다. 다음의 예를 한번 봅시다. 아마 '물병 이야기' 를 들어 보았을 것입니다. 물병에 물이 반 정도 차 있을 때, 어떤 사람은 '반밖에 안 남았어?' 라고 생각하는 반면에 또 다른 사람은 '반이나 남았구나.' 라고 생각한다는 것입니다. 똑같이 물병에 물이 반 차 있지만 그것을 부정적으로 생각하느냐 긍정적으로 생각하느냐에 따라 그 사람의 반응과 기분은 완전히 달라질 수 있습니다. 또 다른 예가 있습니다. 어떤 두 남자가 여자에게 데이트 신청을 했다가 "오늘은 안 되겠는데요" 라는 말을 들었습니다. 한 남자는 '내가 매력이 없어서 그런 거야. 나 같은 남자를 어떤 여자가 좋아하겠어.' 라는 생각에 한없이 우울해져서 회사에도 그만 결근을 하고 말았습니다. 하지만 다른 한 남자는 '바쁜 일이 있나 보군. 다음에 한번 더 연락해 보자.' 라며 대수롭지 않게 생각하고 출근을 하였습니다.

이 두 가지 예에서 알 수 있듯이 우리에게 '어떤 일이 벌어졌느냐' 보다는 '그것을 어떻게 생각하고 해석하느냐' 가 이후의 기분이나 감정 상태를 결정한다는 것입니다. 하지만 우리는 대개 재수없는 일이 생겼기 때문에 기분이 나빠지고, 화가 나서 짜증을 부리게 된다고 생각합니다. 하지만 실제로는 내가 재수없게 '생각' 했기 때문에 그런 경우가 많습니다.

실제 인지치료를 받은 한 친구의 이야기를 봅시다.

17세 여학생인 하나는 인지치료 첫 시간에 와서 속이 울렁거렸습니다. 하나가 울렁거린다고 하자, 치료자는 "물을 한 잔 가져다 줄게요." 라고 말하고 밖으로 나갔습니다. 하나는 그 순간 '저 분이 다른 사람들을 데리고 와서 나를 강제로 입원시키는 것은 아닐까?' 라고 생각했습니다. 그러자 하나는 불안해져서 치료실 밖으로 뛰쳐나가고 싶었습니다. 그 순간 치료자가 물컵을 들고 들어왔습니다. 치료자는 하나의 얼굴 표정이 딱딱하게 굳어 있는 것을 보고 이유를 물었고, 하나는 솔직하게 자신의 생각을 이야기했습니다. 하나는 물컵을 보자 자신의 생각이 바보 같았다는 생각이 들었고, 그 순간에 단순히 치료자가 물을 가지러 갔다고 생각했다면 훨씬 편했을 것이라고 말했습니다. 하나는 치료자와 함께 이 사건을 '생각의 고리' 로 만들었습니다.

〈 하나의 '생각의 고리' 예시 〉

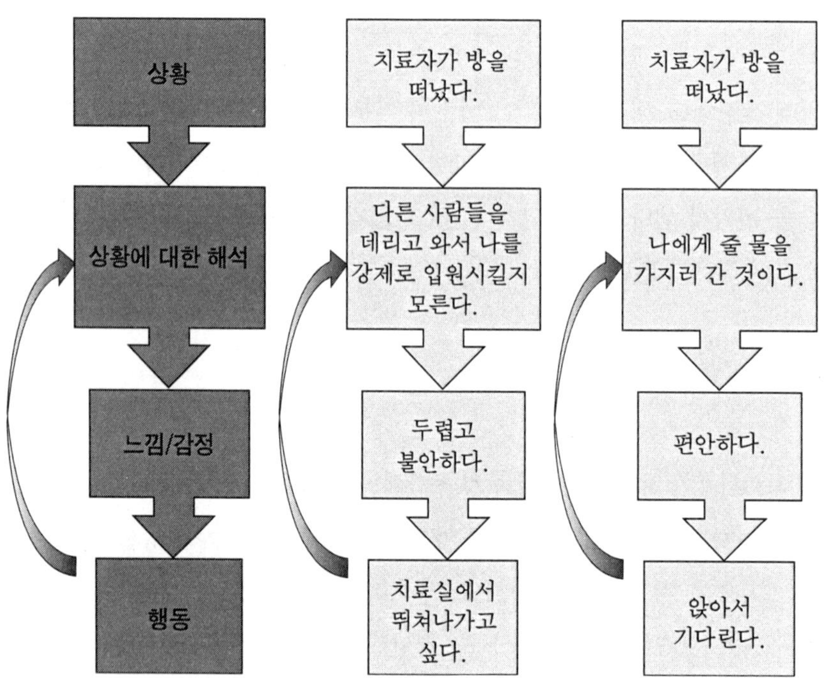

어떠신가요? 여러분의 경험 중에서도 이런 '생각의 고리' 를 만들 만한 상황이 있을까요? 최근 가장 신경 쓰이거나, 고민이 되었거나, 기분이 나빴던 상황을 하나 떠올려 봅시다. 그 상황에서 나는 어떤 생각을 했나요? 그 생각을 하고 나니 어떤 기분이 들었나요? 그래서 나는 어떻게 행동했나요?

자, 나의 '생각의 고리' 를 만들어 봅시다.

치료자 tip ……

부록 2에서 함께 이야기한 양성 증상과 음성 증상, 1장의 숙제로 작성한 증상들을 참조하여 만들어 봅시다.

〈 나의 생각의 고리 〉

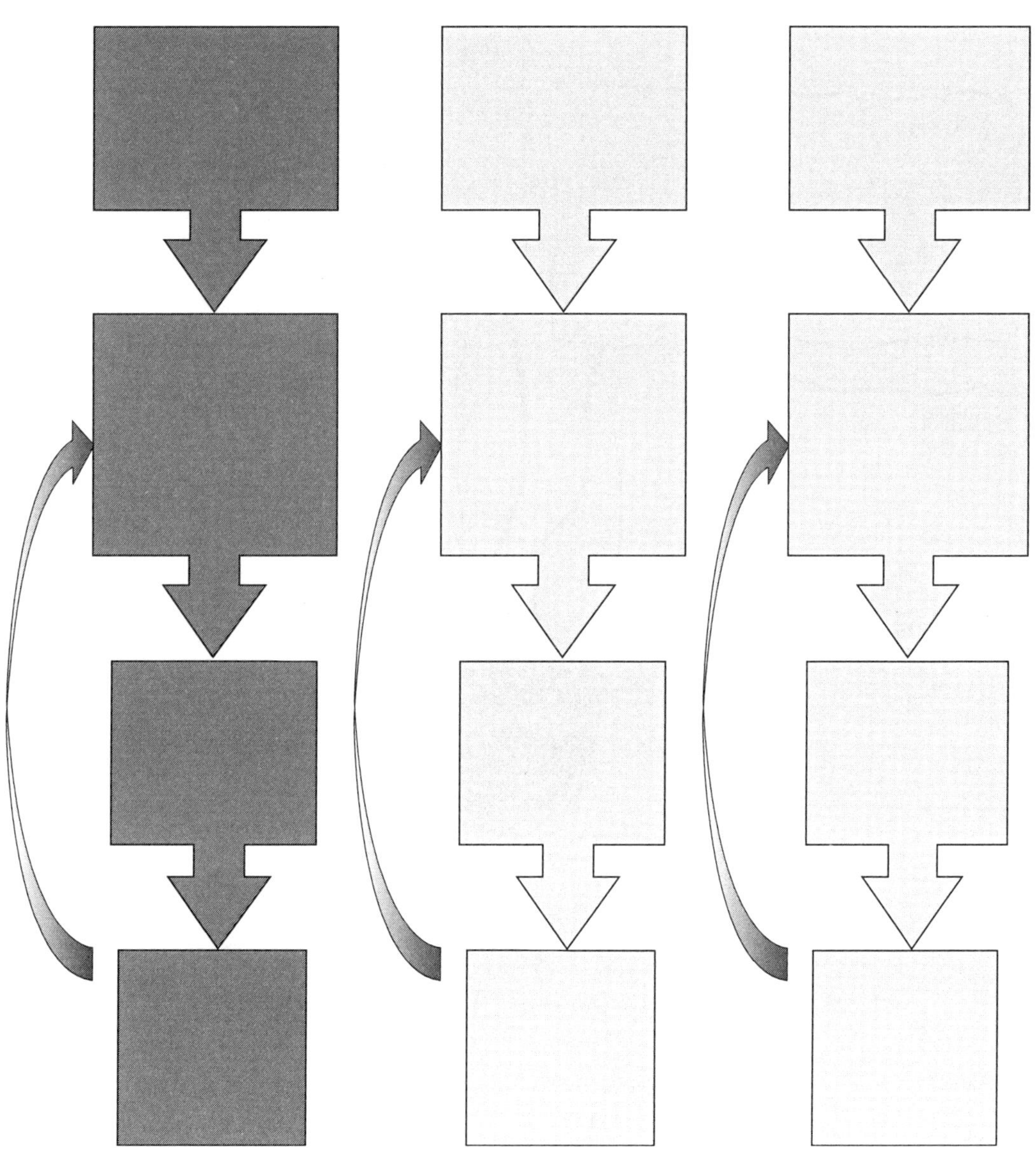

(2) 인지치료는 **문제를 목표로 바꾸는 것** 입니다.

인지치료에서는 '문제'를 중요하게 여깁니다. 지금 나의 '문제가 무엇인가'를 아는 것은 내가 인지치료에서 '원하는 것'이 무엇인가를 알게 해 줍니다. 그리고 그 문

〈 나의 마음속에 얽혀 있는 문제들을 찾아보기 〉

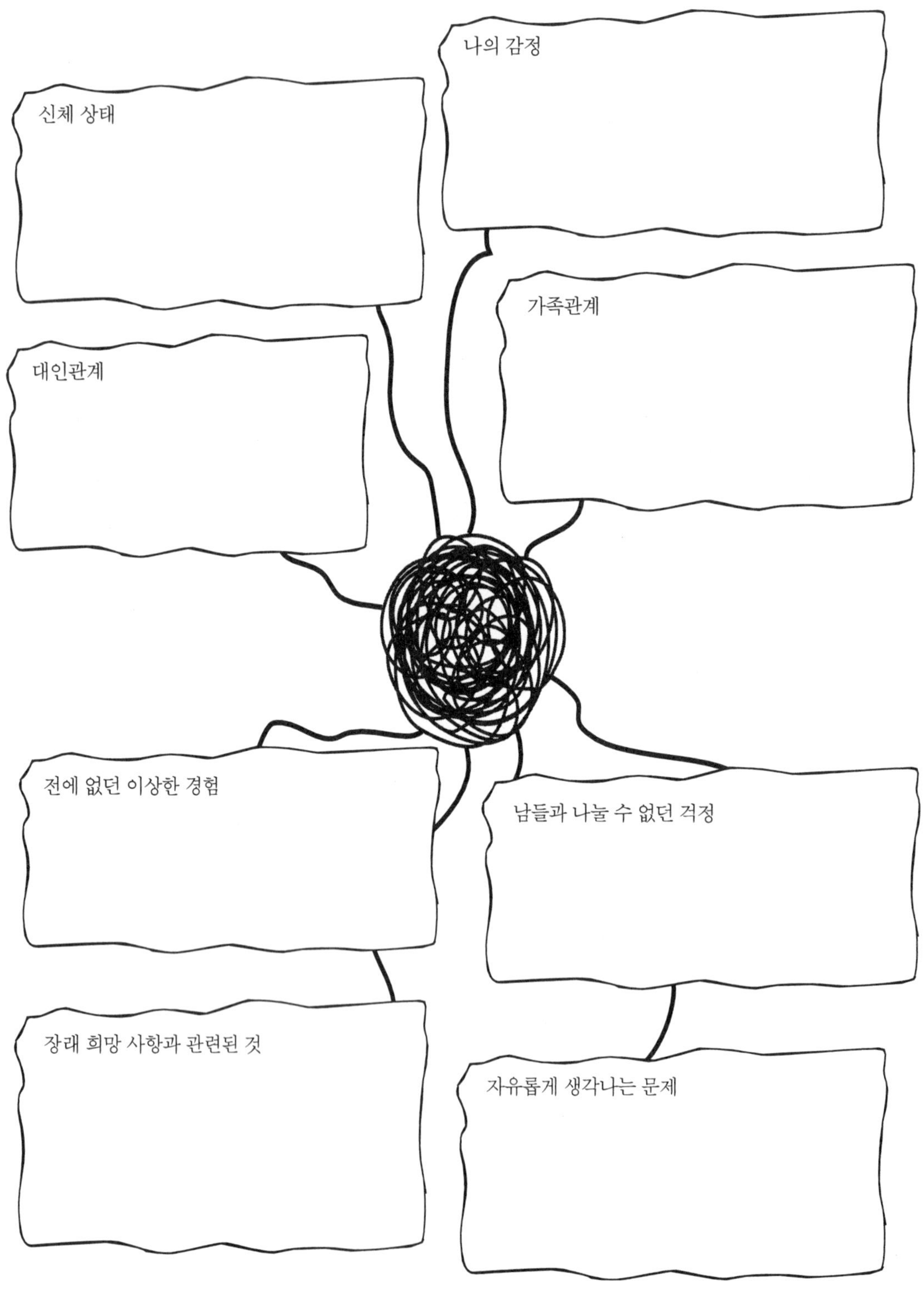

제를 바꾸는 것이 우리의 '목표'가 될 것입니다. 문제라는 말에는 '골칫거리'란 뜻도 있지만 '질문'이라는 뜻도 있습니다. 문제를 숨겨야 할 것, 골치 아픈 것으로만 여기면 그것이 나를 힘들게 하지만, 문제를 '풀어야 할 것'으로 여기고 어떻게 그것이 생겼는지 궁금하게 여기는 자세를 가지면 문제는 나를 발전시키는 또 하나의 기회가 됩니다. 우리는 문제가 여러분이 가진 힘을 찾는 기회가 되길 바랍니다.

여러 방향에서 내 마음속에 쌓인 문제들을 최대한 찾아봅시다. 여러 가지를 찾아낼수록 마음속에 실타래처럼 엉켜 있는 문제들을 풀어 낼 수 있는 방법도 많아질 것입니다.

(3) 인지치료는 **치료자와의 공동 작업** 입니다.

인지치료는 치료자가 일방적으로 하는 것이 아닙니다. 인지치료의 치료자와 참가자는 문제의 산을 함께 넘는 '동지의식'을 가져야 합니다. 자신의 '생각'을 바꾸고 '목표를 얻는 것'에는 참가자의 적극적인 자세가 중요합니다. 스스로 나를 치료한다는 생각을 가져 보십시오. 치료자는 그 과정이 좀 더 수월하고 효과적일 수 있도록 도울 것입니다. 그러기 위해서 중요한 것은 자신의 문제를 이해하고 스스로 구체화시키며 스스로 '자신의 치료자'가 되는 것입니다. 궁금한 것은 꼭 확인해 보고 적극적인 마음으로 임하며 매 회기 숙제를 열심히 해 나가는 것이 그 첫걸음이 될 것입니다.

4. 망상 다루기의 시작

치료자 tip ……

이 부분에 예시로 되어 있는 질문 등은 실제로 조현병 환자들을 대하는 데 있어 유용한 것들로서 여러 번 읽고 기억해 두는 것이 도움이 되겠습니다.

1. 망상 다루기의 시작

- 망상이 시작되는 시기를 추적한다.
- 증상이 시작되기 전후의 상황을 탐색한다.
  - 주요한 생활 사건 및 환경에 대해 알아보기
  - 인식(즉, 두려운 느낌, 혼란스러운 감정 등)과 사고(즉, 자살사고, 공격적인 사고 등)의 해석이 필요할 수도 있음
- 망상의 내용 탐색: 망상 중 비교적 약한 망상부터 다루기 시작하여 강한 망상을 나중에 다루도록 함

2. 전구기에 대한 윤곽 잡기

- 연속된 질문을 사용하여 망상적인 믿음이 생기게 한 첫 사건을 찾아냅니다.
- 망상의 시작 시점이 명확해진 후에 개인적인 현 병력으로 되돌아가도록 하는 것이 더 좋습니다.

"그 문제는 언제 시작되었나요?"

"언제 당신은 그것을 처음 생각했나요?"

"당신은 언제 마지막으로 기분이 좋았나요?"

"이 문제 때문에 의사를 찾아갔던 때가 언제죠?"

"이 문제로 언제 정신건강의학과를 처음 찾아갔나요?"

"당신은 언제 처음 입원했나요?"

- 자세한 설명을 얻기 위해서는 환자가 고통을 느끼지 않고 편안하게 기억할 수 있어야 합니다. 환자는 병과 관련된 기억을 하면서 불편감이나 고통을 느끼는 경우가 있으므로 이에 대해 환자에게 확인해 보는 것이 필요합니다.
- 일반적인 개방형 질문으로 시작하여 환자가 충분히 긴장이 풀리고 정보를 줄 수 있는 상황이 되면 폐쇄형 질문을 하는 것이 도움이 됩니다. 폐쇄형 질문의 예는 다음과 같습니다.

치료자: "오늘 기분이 어떠세요?"

민 규: "좋아요."

치료자: "걱정이나 문젯거리가 있진 않아요?"

민 규: "아니요."

치료자: "제가 뭐 하나 질문해도 될까요?"

민 규: "그럼요."

치료자: "제가 보기엔 아마 당신이 이웃들이나 집에서 무슨 문제들이 있어서 입원하게 된 것 같은데요."

민 규: "네."

치료자: "당신은 왜 그들에게 화가 났죠?"

민 규: "그들이 벽을 통해서 내 이야기를 듣고 있었어요."

치료자: "언제부터 당신은 그들이 그렇게 하고 있다고 생각했나요?"

민 규: "작년 크리스마스 이후로요."

치료자: "그래서 무슨 일이 생겼나요? 다투거나 어떤 것이든?"

민 규: (침묵) "그에 대해 이야기하고 싶지 않아요."

치료자: "좋아요. 그럼 어떻게 여기 병동까지 왔죠? 여기 음식은 어때요?"

- 충분한 탐색을 위해 치료자는 무슨 일이 일어났는지 논리적이고 시간 순서에 따라 설명할 수 있도록 합니다. 다음과 같은 질문을 해 볼 수 있습니다.

"당신은 어디에 있었죠?"
"당신은 누구와 있었죠?"
"무슨 일이 일어났나요?"
"어떻게 그런 일이 일어났죠?"
"당신은 무슨 말을 했죠?"
"그들은 무슨 말을 했죠?"
"얼마나 그것이 지속되었나요?"
"그런 다음 무슨 일이 생겼죠?"

5. 소크라테스식 질문법

환자와 망상에 대해서 이야기를 나눌 때 소크라테스식 질문법을 사용하면 도움을 받을 수 있습니다. 소크라테스식 질문법은 상대방의 논리와 생각에 대해서 충분히 들어 주기, 결론에 대해 직접적으로 이야기하는 것이 아니라 적절한 질문과 토론하기 등을 통해 현재의 생각과는 다른 결론에 이르도록 하는 것입니다.

소크라테스식 질문법은 다음과 같은 과정으로 나눠 볼 수 있습니다.

1. 개념을 명확히 하기

환자들로 하여금 현재 생각하고 궁금해하는 것에 대해 보다 정확하게 생각해 보도록 하는 방법입니다. "조금 더 말씀해 주시겠어요?" 등의 질문을 통해서 보다 깊은 주제에 대해서 이야기해 볼 수 있습니다.

예) "그 생각이 정확히 의미하는 바는 어떤 건가요?"
"그 생각이 지금 우리가 이야기하고 있는 것과 어떤 연관이 있을까요?"
"예를 들어 주실 수 있을까요?"
"다시 한 번 말씀해 주실 수 있을까요?"

2. 추정하고 있는 것에 대해 살펴보기

환자가 갖고 있는 믿음 중에서 추정이나 의문 없이 받아들인 믿음에 대해서 자세히 살펴보는 과정입니다. 환자 생각의 기반을 찾고 흔들어서 보다 현실적인 생각을 할 수 있도록 합니다.

예) "그 생각 말고 또 우리가 추측해 볼 수 있는 것에는 어떤 것이 있을까요?"
"당신은 어떻게 이러한 추측을 하게 되었습니까?"
"그것이 왜 그런지, 어떻게 그런 것인지 설명해 주실 수 있으세요?"
"만약 그것이 사실이라면 어떤 일이 벌어질까요?"

3. 추정의 근거에 대해 살펴보기

환자가 어떤 추측에 대한 근거를 제시할 때 추측보다는 제시한 근거에 집중하여 살펴보는 방법입니다. 환자들은 그냥 추측만으로 그치거나 혹은 그들의 주장에 대해 충분한 근거를 갖고 있지 않는 경우가 많습니다.

예) "왜 그렇게 생각하셨어요?"
"그 일의 이유에 대해서 어떻게 생각하세요?"
"그 생각의 충분한 근거가 되는 건가요?"
"제가 어떻게 생각해야 당신의 생각에 확신을 가질 수 있을까요?"
"당신이 말한 것에 대한 증거로는 어떠한 것들이 있을까요?"

4. 관점을 재조명하기

환자가 갖고 있는 생각, 추측에 대해서 다르게 생각해 보고, 다른 것과 비교해 보고, 얼마나 중요한 것인지 생각해 보도록 하는 방법입니다.

예) "다른 관점에서 생각해 볼 수도 있지 않을까요?"

"그것 외에 대체할 만한 다른 설명이 있을까요?"
"그 생각들 사이에서의 차이점으로는 어떤 것이 있을까요?"
"그 생각은 다른 생각보다 왜 더 중요할까요?"
"그 생각을 다른 생각과 비교해 보면 어떨까요?"

5. 생각의 의미와 결과에 대해서 살펴보기

환자가 생각하고 있는 것에 대한 의미와 그 생각으로 인한 결과에 대해서 생각해 보도록 하는 방법입니다.

예) "그렇다면 그 후에 어떤 일이 일어날까요?"
"그렇게 추측을 했다면 어떤 결과가 나타날까요?"
"그 생각은 어떤 의미가 있는 것일까요?"
"왜 그 생각이 중요할까요? 그 이유는 무엇일까요?"

6. 질문에 대한 질문하기

환자가 치료자에게 한 질문, 치료자가 환자에게 한 질문에 대해서 다시 이야기해 보는 과정입니다.

예) "그 질문의 요점은 무엇인가요?"
"제가 왜 이 질문을 한 것 같으세요?"
"제가 그 질문을 제대로 이해한 건가요?"
"그 질문이 왜 중요할까요?"

6. 지속되는 망상과 망상의 종류

치료자 tip ......

이 부분에 예시로 되어 있는 질문 등은 실제로 조현병 환자들을 대하는 데 있어 유용한 것들로서 여러 번 읽고 기억해 두는 것이 도움이 되겠습니다.

1. 지속되는 망상

환자가 확고부동한 망상적인 믿음을 보이거나 망상에 대해 접근하는 것을 불쾌하게 여길 때는 비록 망상적인 믿음과 관련성이 떨어져 있어 보일지라도 우선적으로 환자 입장에서 중요한 주제를 따라가는 것이 필요합니다.

만약 이러한 주제들이 잘 드러나지 않는다면 그 믿음이 환자 스스로에게 어떤 의미가 있는 것인지 살펴보는 것이 도움이 됩니다.

"만약 다른 사람들이 당신과 당신의 믿음에 대해 동의한다면 당신에게 무슨 의미가 있나요? 그리고 어떻게 그것이 당신에게 영향을 미치나요?"

이러한 과정에서 망상 그 이면에 숨어 있는 근본적인 문제가 드러나기도 합니다. 예를 들어, 다음과 같은 경우가 있습니다.

- 삶의 목적을 제공한다(나의 진짜 아버지를 찾는 것).

- 자존감을 향상시키고 절망으로부터 보호한다.
- 부모님과의 관계와 같은 개인적인 관계에 영향을 준다.
- 일이나 친구를 사귀는 것과 관련된 불안을 막아 준다.
- 예를 들어, '나는 쓸모가 없다.' 또는 '나는 암에 걸렸다.'는 등의 잠재적인 두려움으로부터 보호한다.

만약 환자가 "나는 더 행복하게 될 거예요." "나는 여자친구가 생길 거예요." "나는 외롭지 않을 거예요."와 같은 대답을 한다면 치료자는 이에 대해 더 세부적인 질문을 할 수 있습니다. 예를 들어, "그러면 당신은 특히 누구로부터 존경받기를 원하나요?"라고 질문을 이어 갈 수 있습니다. 이런 과정을 통해 이전에 저항을 보여 탐색이 어려웠던 부분(대인관계의 어려움, 외로움)에 대해서도 환자 스스로 변화를 위한 동기가 생길 수 있습니다.

2. 도식 다루어 주기

사람들이 자신이 지각한 것을 분류하여 그들이 이해하는 것을 만들어 가는 것을 도식이라고 합니다. 벡(Beck)과 동료들은 이러한 도식을 사용하면 성격에 대해 이해할 수 있고, 그 속에 핵심적인 믿음이 있다고 생각하였습니다. 예를 들어, '나는 사랑받을 자격이 없어.'라는 믿음은 인격장애를 가진 환자들과 작업을 하는 데 중요한 부분이 될 수 있을 것입니다.

하지만 조현병 환자들에게도 이렇게 깊숙이 생각해 보는 작업이 도움이 될지에 대해서는 아직 분명히 밝혀진 바가 없습니다. 반복적으로 'hot cognition'(감정의 변동을 일으키는 생각들)에 집중하도록 하는 화살표 기법이나 질문하기 방법은 조현병이 있는 환자들을 더욱 심란하게 하여 부정적인 영향을 미칠 수 있습니다. 5장 '집짓기'에서 정신증 고위험군에서와 달리 조현병 환자들을 대상으로 할 때 핵심신념(core belief)을 비중 있게 다루지 않은 것은 이러한 이유 때문입니다. 망상이나 환청의 내용에 대해서는 단도직입적으로 부정적인 언급을 하는 편이 더욱 치료적일지도 모릅니다.

3. 망상의 종류

6장에서 망상을 다루기 위한 원칙과 실제에 대해 이야기하였지만, 망상적인 내용에 따라 강조할 부분에 차이가 있습니다.

1) 과대망상

과대망상(grandiose delusions)은 환자가 특별한 능력이 있다고 믿는 망상입니다.

"나는 미래를 예언할 수 있다."
"나는 사람들의 생각을 읽을 수 있는 능력이 있어요."
"나는 다른 사람의 행동을 조절할 수 있다."
"나는 치유의 능력이 있다."

이러한 믿음은 자존감과 관련되어 있는 경우가 많기 때문에, 환자는 적절하게 협동적인 탐색이 잘 이루어졌다고 하더라도 치료에 저항을 보이는 경우가 많습니다. 또한 환자들은 망상으로 인해 다른 사람들, 특히 낯선 사람들과의 관계에서 낙인이 찍혀 고립될 수 있기 때문에, 대인관계에서 발생할 수 있는 노골적인 거부를 최소화할 수 있도록 치료 상황에서 어떻게 자기 제시를 적용할지 다루는 것은 도움이 됩니다. 또한 연쇄적 추론이나 6장에서 제시한 치료에 저항을 보이는 망상을 다루기 위한 기법을 사용하는 것도 좋습니다.

2) 피해망상

피해망상(persecutory delusions)은 조현병의 가장 흔한 증상으로 누군가 자신을 해치려 한다는 망상입니다. 이러한 예로 다음과 같은 것이 있습니다.

"경찰이 나를 추적 감시해요."
"엄마가 날 죽이려고 음식에 독약을 타요."

치료자는 이러한 망상에 대해 과잉 일반화를 막고, 환자로 하여금 적어도 모두가 그들을 반대하거나 위협하는 것은 아니라는 예외의 가능성을 생각할 수 있게 하는 것이 중요합니다. 이미 좋은 치료관계가 형성되어 있다면 다음과 같은 질문을 통해 환자가 가지고 있는 망상의 믿음 체계를 객관화할 수 있습니다.

"왜 그들이 따라다니죠?"
"쫓아 다니는 사람이 몇 명이나 됩니까? 돈이 얼마나 들까요?"
"당신이 그렇게 될 만한 무슨 행동을 했나요?"
"당신이 정부나 어떤 기관에 불평을 했나요?"
"이게 당신에게만 일어나는 일인가요, 아니면 다른 사람들에게도 해당되나요?"

치료자가 환자들을 공포로부터 보호하기 위해 '개인 알람을 지니고 다닌다.'나 '문에 걸어 놓는 자물쇠의 수를 늘린다.'는 식의 방법을 제안하는 것은 당장은 지지적일 수 있지만 망상을 강화시킬 수 있다는 점에서 도움이 된다고 보기 어렵습니다.

3) 영적 망상

"나는 신의 대변자이고 하나님의 음성이나 언사를 들을 수 있어요."

영적 망상(spiritual delusions)과 영적 믿음을 구별하는 것은 쉽지 않습니다. 특히 환자의 영적, 문화적 특성을 잘 아는 사람이 옆에서 거들어 주지 않거나, 평가자의 문화적 배경이 환자와 상당히 다를 경우 더욱 어렵습니다. 이러한 영적 망상을 다루기 위해서는 환자의 믿음과 기분 상태, 자존감을 함께 고려하는 것이 도움이 됩니다. 치료자가 망상 그 자체를 바로잡으려 할 경우 환자는 저항을 보일 수 있는데, 이런 경우 다음과 같은 접근이 도움이 될 수 있습니다.

"만약 다른 사람들이 당신을 신의 대변자라고 믿는다면 그게 어떤 의미가 있나요?"
"그러면 어떤 변화가 일어날까요?"

4) 기이한 망상

"내 몸속에 외계 생물체가 살고 있어요."

이런 기이한 망상(bizarre delusions)에 대해 치료자가 어떻게 대응할 것인지는 얼마나 환자가 치료에 개입하고 있는지에 달려 있습니다. 치료자가 환자의 이야기에 무조건 동조해 주라는 것이 아니라, 비록 그 내용이 전혀 이해할 수 없는 것이라고 해도 환자로 하여금 그들이 합리적일 수 있고 치료자가 그것을 이해할 수도 있다고 여기도록 하는 것이 중요합니다. 이러한 믿음은 종종 환자가 이전에 알고 있던 노래, 영화, TV와 관련이 있는 경우가 많은데, 이것은 환자를 이해하는 데 도움이 됩니다. 또한 치료자가 "실리콘 칩은 어떻게 에너지를 공급받나요?" "그것이 어떻게 몸 안에 들어간 거죠?"와 같은 질문에 대해 환자가 적절하게 설명한다면 그에 동의해 주는 것도 필요합니다.

또한 이런 망상적 믿음은 불안과 관련된 신체 증상에서 비롯된 것일 수 있다는 점에서 환자의 내재된 불안에 대해 이해하는 것이 중요합니다. 이를 통해 환자 스스로 불안에 대해 이해하고 불안에 대한 다른 일반적인 설명을 찾고 대처하기 때문에 치료적일 수 있습니다.

5) 건강염려증적 믿음

건강염려증적 믿음에는 다음과 같은 형태가 있습니다.

"양쪽 턱이 비대칭적인 것 같아요." (남들은 그렇게 생각 안 함)

"피부 안이 곤충에 감염된 것 같아요."

건강염려증적 믿음(hypochondriacal beliefs)을 가진 사람들은 지역 내의 다른 건강 센터나 가정 주치의들을 찾을 준비는 되어 있어도 정신건강의학과 의사나 다른 정신보건 전문가를 찾아가는 것을 꺼릴 수가 있습니다. 한 가지의 고정된 믿음을 굳게 갖고 있는 환자의 경우, 자신이 상상하는 신체 증상이 이미 있는 것으로 여기고 반응하기 때문에 치료자는 선입관 없이 정중하게 환자의 믿음에 대한 것을 끌어 낼 필요가 있습니다.

"나는 당신이 이런 증상 때문에 무척 힘들 거라고 생각합니다."
"그 중에서도 당신 생활에 가장 지장을 주는 게 어떤 거죠?"
"어디가 아픈 건가요, 아님 불편한 겁니까?"
"당신은 당신 가족이나 어머니 일을 돕지 못하게 되었나요?"
"당신은 이 문제로 인해 수치스럽게 되었나요?"
"당신은 이 문제로 인해 고립되었습니까?"

그다음에 이런 각각의 문제들에 대해 직접적으로 다루는 것이 도움이 됩니다. 환자가 불편함을 호소한다면 다음과 같이 말할 수 있습니다.

"설령 우리가 당신의 불편함을 제거하지는 못한다고 할지라도 당신이 좀 덜 힘들도록 도와줄 수는 없을까요?"

만약 고립감이 문제라면 환자에게 사회적인 대인관계의 기회를 만들어 주는 것이 지지적입니다. 망상 그 자체는 직면시킨다고 쉽게 변하지 않기 때문에 망상을 제거하려고 노력할 것이 아니라 그로부터 생기는 불안을 줄여 주려고 애쓰는 것이 목표가 되어야 합니다.

6) 후각망상

"몸에서 더러운 냄새가 나요."

후각망상(olfactory delusions)은 자신에게서 어떤 냄새가 난다고 생각하는 믿음입니다. 이는 종종 사회적 불안이나 관계망상과 관련이 있고, 환자들은 사회적 상황이나 자신들이 거부당하는 것의 원인이 자신들에게서 냄새가 나는 데 있다고 착각하곤 합니다.

7. 초인지

목소리 등의 증상을 이해하고 대처하기 위해서는 초인지를 이해하는 것이 중요합니다. 정신기능의 이상은 자기 지식(self-knowledge)의 잘못을 인지하고 수정하지 못하는 것과 관련이 있습니다. 특히 위협 자극에 대한 객관적 관찰이 잘못 작동하면서 과도한 걱정과 불안, 부적응적 신념이 활성화되는 '자기조절 전략의 실패'가 목소리 등의 증상의 발생에 중요한 이유가 된다고 알려져 있습니다. 예를 들어, 목소리를 경험하는 사람에게서 통제 불능성 및 위험성에 대한 부정적 신념, 걱정에 대한 긍정적 신념 점수, 혹은 인지적 자의식 점수가 상승한다고 알려져 있습니다.

초인지를 측정하기 위해서는 걱정이나 침습적인 생각에 대한 신념을 측정하는 자기보고식 '초인지 설문(meta-cognitive questionnaires: MCQ)'을 이용하면 됩니다. 초인지 설문 점수는 5개 항목으로 채점하게 됩니다. 즉, 통제 불능성과 위험성에 대한 부정적 신념, 걱정에 대한 긍정적 신념, 인지적 불확신, 인지적 자의식, 미신, 벌, 책임감을 포함한 부정적 신념으로 채점하게 됩니다. 연세대학교 의과대학 의학행동과학연구소의 정동 및 신경과학섹션에서 조사한 바에 의하면 한국인 청년에게서 평균과 표준편차로 계산한 일반적 범주는 다음의 표와 같습니다.

- 통제 불능성과 위험성에 대한 부정적 신념: 사람이 제대로 기능하기 위해서는 본인의 걱정을 통제해야 할 필요성이 있다는 신념, 걱정은 정신적·신체적으로 위험하다는 신념, 본인의 걱정은 통제할 수 없다는 신념을 평가하는 항목

	전체	남성	여성
통제 불능성과 위험성에 대한 부정적 신념	13~57 (35.1+/-10.8)	15~48 (31.5+/-8.0)	13~59 (36.2+/-11.4)
걱정에 대한 긍정적 신념	21~59 (39.7+/-9.4)	20~68 (43.7+/-12.0)	22~54 (38.4+/-8.0)
인지적 불확신	7~28 (17.7+/-5.1)	8~26 (17.0+/-4.3)	7~29 (18.0+/-5.4)
인지적 자의식	10~24 (17.5+/-3.4)	9~26 (17.7+/-4.3)	11~23 (17.4+/-3.0)
미신, 벌, 책임감을 포함한 부정적 신념	15~40 (27.2+/-6.1)	16~39 (27.5+/-5.5)	14~40 (27.1+/-6.4)

- 걱정에 대한 긍정적 신념: 걱정은 문제를 해결하거나 부정적인 상황을 피하는 데 도움이 된다는 신념, 걱정은 즐거움과 정상적인 성격을 갖기 위해 필요한 요소라는 신념을 평가하는 항목
- 인지적 불확신: 자신의 인지적 기술, 특히 주의 집중력과 기억력의 효용성에 대한 걱정과 근심을 평가하는 항목
- 인지적 자의식: 본인 스스로의 사고과정에 주의를 기울이고 모니터하는 경향성을 평가하는 항목
- 미신, 벌, 책임감을 포함한 부정적 신념: 어떠한 생각을 해서 야기될지도 모르는(실제로는 거의 야기되지 않는데도) 부정적인 결과에 대한 두려움, 이러한 결과를 예방하지 못하는 데 대한 책임을 져야 한다는 신념 등을 평가하는 항목

초인지 설문을 통해 본인의 초인지적 특성을 이해함으로써 스스로를 좀 더 객관적으로 관찰하고, '자기조절 전략'을 성공적으로 수행함으로써 목소리 등의 증상으로부터 덜 힘들어질 수 있습니다.

초인지 설문 및 채점법은 대한조현병학회지 2011년도 14권 2호 84쪽을 참조하면 됩니다. 혹은 저자에게 요청하시면 됩니다(안석균: ansk@yonsei.ac.kr).

8. 텔레파시 단어카드

1. 바구니	2. 건물	3. 사물함	4. 의자	5. 턱
6. 원	7. 기둥	8. 끈	9. 문	10. 팔꿈치
11. 엔진	12. 손가락	13. 발	14. 주민	15. 건전지

1. 바구니	2. 건물	3. 사물함	4. 의자	5. 턱
6. 원	7. 기둥	8. 끈	9. 문	10. 팔꿈치
11. 엔진	12. 손가락	13. 발	14. 주민	15. 건전지

9. 정신증을 겪고 있는 가족을 둔 보호자분께

안녕하세요?

저는 여러분의 가족인 ________________와 함께 정신증의 인지치료를 진행하고 있는 치료자입니다. 여러분은 정신증을 겪고 있는 가족과 함께 생활하면서 무엇을 도와주어야 할지, 어떻게 하면 회복을 도울 수 있는지 고민이 많으실 것으로 생각합니다. 저는 여러분에게 정신증의 여러 증상 중 하나인 음성 증상과 회복과정에 대하여 설명 드리고자 합니다.

음성 증상이란 사회생활을 하는 데 기본적으로 필요한 다양한 사회적 기능이 부족한 것을 말합니다. 이는 감정의 둔화(무표정한 얼굴, 눈을 못 마주침, 말의 억양이 없고 표현력이 제한됨, 자발적인 행동의 부족), 논리의 부족(말의 내용이 빈약, 말수가 적어짐, 반응이 늦음), 의욕이 없음(외모나 위생을 안 챙김, 몸을 움직이지 않음), 사회성의 결여(사교성이 없고 친구도 안 만남, 여가 활동에 관심이 없음) 등을 말합니다.

여러분의 자녀나 가족 중에 음성 증상을 겪는 사람이 있다면 여러분은 좀처럼 이해하기 어려울 것입니다. 왜냐하면 보통 사람들은 이런 증상을 병의 증상으로 이해하기보다는 환자가 게을러져서 그렇다고 잘못 생각하기 쉽고, 고의로 일을 미루거나 굼벵이처럼 움직이는 것같이 보이기 때문입니다. 그래서 때로는 이러한 환자의 모습에 화가 치밀어 오르기도 하고 답답함을 느낄 때가 많겠지요. 하지만 여러분께서 음성 증상에 대해 이해하고 있다면 환자의 상태를 이해하고 회복을 돕는 데 도움이 될 때가 많습니다.

정신증 환자가 환청과 망상이라는 양성 증상이 줄어들어 더 나타나지 않는다고 해서 다시 활동을 재개할 준비가 된 것은 아닙니다. 양성 증상이 심했던 시기의 생각과 행동을 정리하고 다시 가다듬기까지는 충분한 휴식과 회복기가 필요하게 마련이며, 이때는 무엇보다 외부 자극을 줄이고 잠을 충분히 자는 것이 도움이 됩니다. 또한 양성 증상이 걷히고 나면 음성 증상이 자리 잡고 있는 경우도 많아 생활을 해 나가는 의욕과 에너지가 줄어들기 때문에 더욱 휴식이 필요합니다.

정신증 환자의 회복은 다음과 같이 일어난다고 알려져 있습니다.

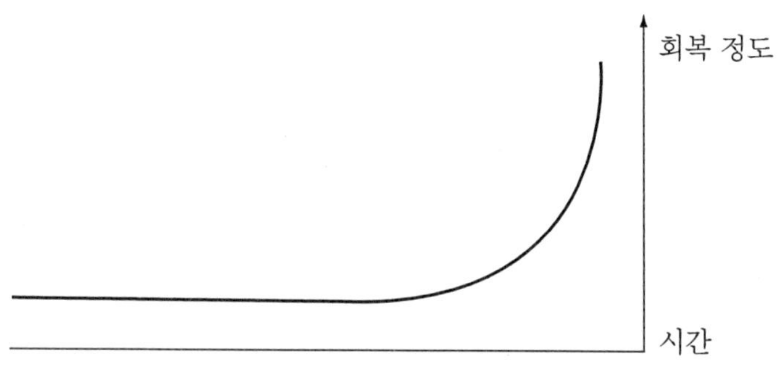

따라서 환자를 도와주기 위해 여러 가지 치료 및 사회 활동에 참여하도록 강요하거나 동기를 부여하려고 하는 노력은 오히려 환자로 하여금 심리적인 압박감을 주며 역효과를 낳을 수 있습니다.

물론 어떤 보호자들은 그대로 놓아두고 한 발짝 뒤로 물러서는 것이 매우 어렵다는 것을 발견하겠지만, 대부분은 그렇게 두어도 좋다는 말을 들으면 안심을 합니다. 그러나 습관은 쉽사리 없어지지 않아서 환자와의 접촉을 줄이고 또 다른 보호자를 중재인으로 두는 것이 적어도 첫 번째 단계에서는 그 상황을 조절할 수 있는 유일한 방법이 될 수 있습니다.

어떤 음성 증상(늦게 자고 늦게 일어나는 것)은 다른 걱정을 유발시킬 수도 있습니다. 예를 들면, 새벽 두 시에 음악을 듣는 것은 다른 가족들이 반기지 않을 수 있고 그에 대한 협상을 하는 것(예: 헤드폰을 사용하거나 볼륨을 줄이는 것)이 필요할 수 있습니다. 보호자는 또한 안전문제에 대해(예: 흡연이 화재를 일으키는 것) 걱정할 수도 있고 다시 합리적인 안전 절충안을 만드는 것이 치료계획의 일부일 수 있습니다. 환자가 일하는 날 일찍 일어나지 않는다는 사실 자체가 걱정을 유발할 수 있지만,

적어도 처음에는 이러한 걱정은 위의 회복기 모델을 생각해 보면 조금 더 마음이 편안해질 수 있을 것입니다.

환자에게 도움이 되는 행동은 환자가 좋아할 만한 것이 무엇인지 의견을 물어보면서 수동적인 활동(듣거나 보기)부터 경험해 보고 시작해 보는 것, 심심하다고 할 때 TV 보기나 음악감상, 산책, 화분 돌보기 같은 단순한 활동에 참여하도록 하는 것입니다. 또한 집안일을 도울 때 완벽하지 않더라도 충분히 칭찬하고 보상해 주는 것처럼 결과보다 과정에 초점을 맞추어 환자가 점진적으로 활동 반경을 넓혀 나갈 수 있도록 돕는 것입니다. 환자에게 너무 많은 일을 지시하거나 외출을 하도록 강요하는 것, 제대로 해내지 못한 점을 비난하는 것, 환자를 대신해 너무 많은 일을 하느라 보호자가 지쳐 버리는 것은 도움이 되지 않습니다.

치료자, 보호자가 함께 환자를 위해 노력해 나간다면 환자는 좀 더 빨리 이전의 모습을 되찾을 수 있을 것입니다.

"직장이나 학교에 가기 위해 제시간에 일어나는 것은 중요한 일입니다. 그러나 제시간에 일어나기 위해 우선적으로 휴식하고 회복하는 시간이 환자에게는 더욱 중요합니다."

년　　월　　일

치료자 ______________ 드림

10. 건강한 생활 스타일

생활 습관은 정신건강을 유지하는 데 있어 필수적인 요소입니다. 건강한 생활 스타일을 선택함으로써 신체적, 정신적 건강을 증진시킬 수 있고, 인생을 더 풍요롭게 할 수 있습니다. 다음 내용은 여러분의 건강한 생활 스타일을 계획하는 데 도움이 될 것입니다.

1. 레크리에이션

레크리에이션(recreation)은 '즐기기 위한 활동' 을 말하며, 스포츠와 게임, 영화, 취미 등 수많은 종류가 있습니다. 레크리에이션은 스트레스 수준을 낮추어 주고, 기분이 나아지고 재미있게 해 줍니다. 많은 레크리에이션은 스포츠처럼 다른 사람과 함께 하는 활동인데, 자신과 비슷한 활동을 좋아하는 다른 사람과 함께 레크리에이션을 하는 것이 더 재미있을 수 있습니다. 몇몇 레크리에이션 활동을 통해서 여러분은 스스로의 기분과 활력－즉, 여러분 자신－을 느낄 수 있게 되고, 여러분에게 의미 있고 가치 있는 시간을 가지게 됩니다.

정신증을 경험하는 많은 사람은 그들 스스로 즐기던 많은 레크리에이션 활동을 중단하고 하지 않곤 합니다. 이런 경우에는 예전에 익숙하던 활동을 다시 시도해 보거나 또는 그동안 해 보고 싶었던 전혀 새로운 활동을 도전해 볼 수 있습니다.

중요한 것은 즐길 수 있는 뭔가를 찾고, 그것을 하면서 재미를 느끼는 것입니다. 즐거웠던 것이 더 이상 재미가 없어지면 다른 활동을 시도해 보고 거기서 재미있는 무엇인가를 찾아보도록 합시다.

2. 식사와 운동

균형 잡힌 식사는 여러분에게 활력과 건강한 에너지를 줍니다. 그래서 균형 잡힌 식사를 할수록 여러분의 몸은 더욱 좋아질 것입니다. 반대로 균형 잡히지 않은 식사는 필수 영양분을 고갈시켜 몸에 더 많은 스트레스를 주게 됩니다. 균형 잡힌 식사를 하게 되면 우리 신체는 효과적으로 기능하기 위해 필요한 영양분을 충분히 흡수하고 활용하게 됩니다.

또한 걷는 것에서부터 힘찬 에어로빅에 이르기까지 운동을 매일 하는 것이 신체적인 건강에 좋습니다. 운동은 몸에서 자연스럽게 엔도르핀을 분비시켜 안녕감(well-being sensation)을 느낄 수 있도록 해 줍니다. 운동은 여러분의 생활에 활력을 주고, 더 깊고 편안하게 잘 수 있도록 돕습니다. 규칙적인 운동은 신체적 스트레스를 푸는 가장 효과적인 방법입니다. 우리가 잘 아는 것처럼, 건강에 도움을 줄 뿐만 아니라 근육의 긴장을 풀어 주고 스트레스를 날려 버릴 수 있습니다.

중요한 것은 운동이 재미있어야 한다는 것입니다. 즐길 수 없다면 그것을 계속해서 하기 힘들 수 있습니다. 운동을 할 수 있는 뭔가 창조적인 방법을 생각해 봅시다. 예를 들어, 운동과 관련해서 게임을 하면서 운동의 재미를 극대화하거나, 등산하는 방법을 새로 배우는 것처럼 새롭게 배우고 점점 나아지는 활동을 하거나, 친구와 함께 할 수 있도록 팀을 짜는 등 레크리에이션의 일부로 운동을 하는 방법도 있습니다.

몇몇 약물은 부작용으로 체중을 증가시킬 수 있습니다. 건강한 체중 상태를 유지하기 힘든 경우 혹은 체중 증가가 걱정되는 경우에는 이에 대해 치료자와 의논하는 것이 좋습니다. 치료자는 체중 관리 계획을 짤 수 있도록 함께 도와줄 수 있고 또는 다른 약으로 교체하는 것을 제안할 수도 있습니다.

균형 잡힌 식사와 규칙적인 운동은 건강한 체중을 달성하고 유지할 수 있도록 도와줍니다. 다이어트 및 운동에 대해 잘못된 혹은 유해하기까지 한 정보가 인터넷이나 다이어트 책자와 잡지에 많이 실립니다. 정보를 얻기에 가장 좋은 대상은 바로 치료자와 전문적인 영양사입니다. 그들은 여러분에게 정확한 정보를 전달해 주고, 변화를 꾀하기 위한 계획을 개별적으로 짜는 데 도움을 줄 것입니다.

3. 수면

매일 밤 적당한 양의 잠을 자는 것은 낮 시간 동안 기분을 안정적이게 하고 활력을 갖게 하는 데 좋은 효과가 있습니다. 바람직하지 않은 수면 습관은 잠들기 어렵게 하고 밤에도 푹 자지 못하게 합니다.

좋은 수면 습관을 기르기 위한 몇 가지 방안은 다음과 같습니다.

- 일정한 시간에 잠자리에 들고, 아침에도 일정한 시간에 일어나도록 합니다. 주말이나 쉬는 날에도 마찬가지입니다.
- 저녁 식사 후에는 커피, 콜라, 홍차, 담배를 피하도록 합시다.
- 자기 전 뜨거운 물에 목욕을 하면서 편히 쉬거나 조용한 음악을 듣는 것도 도움이 됩니다.
- 잠자리에서 책을 읽거나, TV를 보거나, 글을 쓰거나, 음식을 먹지 말도록 합니다.
- 잠자리에 누웠는데 30분 이내에 잠이 들지 않으면, 자리에서 일어나서 다시 졸릴 때까지 조용한 활동을 해 보도록 합니다. TV를 보지 않도록 합니다.
- 낮에, 특히 저녁 무렵에 잠깐 동안이라도 잠을 자지 말도록 합니다. 만약 낮잠을 꼭 자야 한다면 매일 오후에 30분 미만으로만 자도록 합니다.
- 방을 어둡고 조용하며 안락한 온도로 유지하도록 합니다. 이불과 베개가 편안하도록 합니다.
- 저녁 식후 과한 운동은 피해야 합니다. 잠을 지연시키기 때문입니다. 그러나 저녁 식후 혹은 잠자리에 들기 전에 천천히 걷는 것과 같은 가벼운 운동을 하는 것은 수면에 필요한 피곤을 적당히 유발하여 도움이 될 수도 있습니다.

위의 방법으로도 도움을 받지 못하면 치료자와 상의하도록 합니다. 주요 수면문제를 효과적으로 다룰 수 있는 방법이 많습니다.

4. 성적 활동

다른 사람과의 섹스에 적극적이든 그렇지 않든 성적 생활에 만족을 느끼는 것은 중요합니다. 성병이나 원하지 않는 임신, 다른 안전하지 못한 성적 활동으로 인한 위험으로부터 스스로를 보호하기 위해 안전한 성적 활동을 하는 것 또한 매우 중요합니다. 많은 사람이 성적 기능에 대해 어느 시점에 문제를 경험할 수 있고, 대부분의 사람들은 전문가에게 자문해야 할 최소한 몇 가지 의문을 갖고 있습니다.

안타깝게도 많은 사람들이 도움을 받거나 자문을 받지 않습니다. 단순히 이런 문제로 전문가와 얘기하는 것이 꺼려지기 때문입니다. 다른 사람과 일반적으로 얘기하지 않는 개인적인 주제에 대해 이렇게 느끼는 것은 지극히 정상적입니다. 그러나 성적 활동에 문제를 경험하고 있다면 부끄러워하지 말고 그에 대해 치료자와 상의하도록 합시다.

성적 기능에 최근 들어 문제가 생겼다면, 이는 투약의 부작용일 수 있습니다. 성적 기능을 정상화시킬 수 있는 많은 방법이 있습니다. 성적 기능의 문제 중 대부분은 치료될 수 있으며 대다수의 의문 역시 답변될 수 있는 것들입니다. 관련 전문가와 터놓고 상의하는 것만으로도 답을 얻을 수도 있고, 필요한 도움을 받을 수 있습니다.

성적 문제 및 성적 활동에 관한 주제에 대해 전문가들은 귀 기울여 듣고 편안히 상담할 수 있도록 해 준다는 사실을 기억하도록 합시다.

11. 각종 워크시트 모음

〈 나의 예전 자아상에 대한 증거 찾아보기 〉

증거	새로운 이해
지금 느끼는 나의 자신감 점수	________점

회복된 자신감을 유지시키기 위한 나의 장점 목록
1.
2.
3.
4.

〈 나의 예전 자아상에 대한 증거 찾아보기 〉

증거	새로운 이해
지금 느끼는 나의 자신감 점수	________점

회복된 자신감을 유지시키기 위한 나의 장점 목록
1.
2.
3.
4.

〈증상 알아 가기〉

양성 증상			
지각(감각)의 장애	환각	환청(목소리)	
		환시	
		환촉	
		환취	
		환후	
생각의 장애	생각 흐름의 장애	연상의 이완	
		생각의 차단	
	생각 내용의 장애 (망상)	피해망상	
		관계망상	
		과대망상	
		애정망상	
		조종망상	
		신체망상	
		사고 전파	
		편집증적 사고	
행동의 장애	상황에 맞지 않는 행동이나 말		

음성 증상		
감정 및 의욕의 장애	감정의 둔화	
	논리의 부족	
	의욕이 없음	
	사회성의 결여	

〈 증상 알아 가기 〉

양성 증상			
지각(감각)의 장애	환각	환청(목소리)	
		환시	
		환촉	
		환취	
		환후	
생각의 장애	생각 흐름의 장애	연상의 이완	
		생각의 차단	
	생각 내용의 장애 (망상)	피해망상	
		관계망상	
		과대망상	
		애정망상	
		조종망상	
		신체망상	
		사고 전파	
		편집증적 사고	
행동의 장애	상황에 맞지 않는 행동이나 말		

음성 증상		
감정 및 의욕의 장애	감정의 둔화	
	논리의 부족	
	의욕이 없음	
	사회성의 결여	

〈 재앙화 사고에서 벗어나기(탈재앙화) 연습 〉

재앙화 사고	탈재앙화
- '죽어라' 라는 내용의 목소리가 나한테만 계속 들리는 것으로 보아 나는 정말 죄를 많이 지은 사람인 것 같다.	- 내가 죄를 많이 지어서 목소리가 들리는 것이 아니라 요새 시험 준비를 하느라 스트레스를 많이 받아서 환청을 더 듣는 것 같다. 맞아. 누구든지 스트레스를 받으면 환청을 들을 수 있는 거고. 내가 죄를 지어서 환청을 듣는 게 아니야.

〈 재앙화 사고에서 벗어나기(탈재앙화) 연습 〉

재앙화 사고	탈재앙화
- '죽어라' 라는 내용의 목소리가 나한테만 계속 들리는 것으로 보아 나는 정말 죄를 많이 지은 사람인 것 같다.	- 내가 죄를 많이 지어서 목소리가 들리는 것이 아니라 요새 시험 준비를 하느라 스트레스를 많이 받아서 환청을 더 듣는 것 같다. 맞아. 누구든지 스트레스를 받으면 환청을 들을 수 있는 거고. 내가 죄를 지어서 환청을 듣는 게 아니야.

〈 재앙화 사고에서 벗어나기(탈재앙화) 연습 〉

재앙화 사고	탈재앙화
– '죽어라' 라는 내용의 목소리가 나한테만 계속 들리는 것으로 보아 나는 정말 죄를 많이 지은 사람인 것 같다.	– 내가 죄를 많이 지어서 목소리가 들리는 것이 아니라 요새 시험 준비를 하느라 스트레스를 많이 받아서 환청을 더 듣는 것 같다. 맞아. 누구든지 스트레스를 받으면 환청을 들을 수 있는 거고. 내가 죄를 지어서 환청을 듣는 게 아니야.

〈 재앙화 사고에서 벗어나기(탈재앙화) 연습 〉

재앙화 사고	탈재앙화
- '죽어라' 라는 내용의 목소리가 나한테만 계속 들리는 것으로 보아 나는 정말 죄를 많이 지은 사람인 것 같다.	- 내가 죄를 많이 지어서 목소리가 들리는 것이 아니라 요새 시험 준비를 하느라 스트레스를 많이 받아서 환청을 더 듣는 것 같다. 맞아. 누구든지 스트레스를 받으면 환청을 들을 수 있는 거고. 내가 죄를 지어서 환청을 듣는 게 아니야.

〈집짓기〉

취약성	스트레스	
선행 요인	촉발 요인	지속 요인

보호 요인

1.
2.
3.

현재 나의 가장 중요한 문제는?

1.
2.
3.
4.

사회적 상황

1.
2.
3.
4.

생각

느낌

행동

신체적 상태

1.
2.
3.
4.

나의 관심사, 소망

1.
2.
3.

〈 **집짓기** 〉

취약성	스트레스	
선행 요인	촉발 요인	지속 요인

⇩ ⇩ ⇩

보호 요인

1.
2.
3.

현재 나의 가장 중요한 문제는?

1.
2.
3.
4.

사회적 상황

1.
2.
3.
4.

생각

느낌

행동

신체적 상태

1.
2.
3.
4.

나의 관심사, 소망

1.
2.
3.

〈 **집짓기** 〉

취약성	스트레스	
선행 요인	촉발 요인	지속 요인

보호 요인
1.
2.
3.

현재 나의 가장 중요한 문제는?
1.
2.
3.
4.

사회적 상황
1.
2.
3.
4.

생각

느낌

행동

신체적 상태
1.
2.
3.
4.

나의 관심사, 소망
1.
2.
3.

〈 망상을 이해하고 극복하기 〉

도전해야 할 생각	
믿음 점수	
〈지지하는 증거〉	〈반대되는 증거〉
믿음 점수(재평가)	
균형 잡힌 시각 갖기	

도전해야 할 생각	
믿음 점수	
〈지지하는 증거〉	〈반대되는 증거〉
믿음 점수(재평가)	
균형 잡힌 시각 갖기	

〈 망상을 이해하고 극복하기 〉

도전해야 할 생각	
믿음 점수	
〈지지하는 증거〉	〈반대되는 증거〉
믿음 점수(재평가)	
균형 잡힌 시각 갖기	

도전해야 할 생각	
믿음 점수	
〈지지하는 증거〉	〈반대되는 증거〉
믿음 점수(재평가)	
균형 잡힌 시각 갖기	

〈 망상을 이해하고 극복하기 〉

도전해야 할 생각	
믿음 점수	
〈지지하는 증거〉	〈반대되는 증거〉
믿음 점수(재평가)	
균형 잡힌 시각 갖기	

도전해야 할 생각	
믿음 점수	
〈지지하는 증거〉	〈반대되는 증거〉
믿음 점수(재평가)	
균형 잡힌 시각 갖기	

〈 나의 목소리 일기 〉

날짜	목소리가 들렸을 때				
	목소리의 내용	나의 기분	나의 행동	떠올랐던 장면	나의 대처방법
년 월 일					
년 월 일					
년 월 일					
년 월 일					
년 월 일					
년 월 일					

〈 나의 목소리 일기 〉

날짜	목소리가 들렸을 때				
	목소리의 내용	나의 기분	나의 행동	떠올랐던 장면	나의 대처방법
년 월 일					
년 월 일					
년 월 일					
년 월 일					
년 월 일					
년 월 일					

〈 나의 목소리 일기 〉

날짜	목소리가 들렸을 때				
	목소리의 내용	나의 기분	나의 행동	떠올랐던 장면	나의 대처방법
년 월 일					
년 월 일					
년 월 일					
년 월 일					
년 월 일					
년 월 일					

〈 목소리를 이해하고 극복하기 〉

상황:
"너는 남들로부터 왕따를 당할 것이다."라는 목소리가 들릴 때

대처 전략:
- 이어폰을 꽂고 노래를 듣는다.
- 산책을 나간다.
- 명상을 한다.
- 친구에게 전화를 한다.
- 내가 왕따가 아닌 이유에 대해 이야기해 본다.

이와 같이 한번 함께 해 보도록 할까요?

상황:

대처 전략:

〈 목소리를 이해하고 극복하기 〉

상황:
"너는 남들로부터 왕따를 당할 것이다."라는 목소리가 들릴 때

대처 전략:
- 이어폰을 꽂고 노래를 듣는다.
- 산책을 나간다.
- 명상을 한다.
- 친구에게 전화를 한다.
- 내가 왕따가 아닌 이유에 대해 이야기해 본다.

이와 같이 한번 함께 해 보도록 할까요?

상황:

대처 전략:

〈 목소리를 이해하고 극복하기 〉

상황:
"너는 남들로부터 왕따를 당할 것이다."라는 목소리가 들릴 때

대처 전략:
- 이어폰을 꽂고 노래를 듣는다.
- 산책을 나간다.
- 명상을 한다.
- 친구에게 전화를 한다.
- 내가 왕따가 아닌 이유에 대해 이야기해 본다.

이와 같이 한번 함께 해 보도록 할까요?

상황:

대처 전략:

〈 특이한 경험을 이해하고 극복하기 〉

1. 한 주간의 관계일기를 적어 보도록 합시다.

날짜/시간	다른 사람의 행동, 말 등이 당신에게 특별히 의미가 있었던 일에 대해서 적어 볼까요?	당신에게 왜 그러한 행동 또는 말을 했을 것이라고 생각하세요?	당신과 연관된 행동이나 말이 당신에게는 어떤 의미가 있나요?	다른 의미가 있었을 수도 있지 않을까요? 다른 가능성을 생각해 볼까요?

날짜/시간	다른 사람의 행동, 말 등이 당신에게 특별히 의미가 있었던 일에 대해서 적어 볼까요?	당신에게 왜 그러한 행동 또는 말을 했을 것이라고 생각하세요?	당신과 연관된 행동이나 말이 당신에게는 어떤 의미가 있나요?	다른 의미가 있었을 수도 있지 않을까요? 다른 가능성을 생각해 볼까요?

2. 수동 현상의 명령대로 행동하지 않았을 경우 일어날 수 있을 것 같은 안 좋은 일에 대해서 적어 보고 명령대로 따라 하지 않았을 때 그러한 일이 실제로 일어났는지 적어 봅시다.

날짜/시간	명령의 내용은?	명령대로 행동하지 않았을 때 일어날 수 있는 일은?	명령대로 행동을 하였는가요?	예상했던 안 좋은 일이 실제로 일어났나요?

〈 특이한 경험을 이해하고 극복하기 〉

1. 한 주간의 관계일기를 적어 보도록 합시다.

날짜/시간	다른 사람의 행동, 말 등이 당신에게 특별히 의미가 있었던 일에 대해서 적어 볼까요?	당신에게 왜 그러한 행동 또는 말을 했을 것이라고 생각하세요?	당신과 연관된 행동이나 말이 당신에게는 어떤 의미가 있나요?	다른 의미가 있었을 수도 있지 않을까요? 다른 가능성을 생각해 볼까요?

날짜/시간	다른 사람의 행동, 말 등이 당신에게 특별히 의미가 있었던 일에 대해서 적어 볼까요?	당신에게 왜 그러한 행동 또는 말을 했을 것이라고 생각하세요?	당신과 연관된 행동이나 말이 당신에게는 어떤 의미가 있나요?	다른 의미가 있었을 수도 있지 않을까요? 다른 가능성을 생각해 볼까요?

2. 수동 현상의 명령대로 행동하지 않았을 경우 일어날 수 있을 것 같은 안 좋은 일에 대해서 적어 보고 명령대로 따라 하지 않았을 때 그러한 일이 실제로 일어났는지 적어 봅시다.

날짜/시간	명령의 내용은?	명령대로 행동하지 않았을 때 일어날 수 있는 일은?	명령대로 행동을 하였는가요?	예상했던 안 좋은 일이 실제로 일어났나요?

〈안전 행동과 행동 실험하기〉

행동 실험 일지					
확인해 보고 싶은 생각:					
생각에 대한 확신도(0~100%)		실험 전:		실험 후:	
실험해 볼 생각	예상되는 문제	대처 전략	예상 결과	실제 결과	균형 잡힌 시각

행동 실험 일지					
확인해 보고 싶은 생각:					
생각에 대한 확신도(0~100%)		실험 전:		실험 후:	
실험해 볼 생각	예상되는 문제	대처 전략	예상 결과	실제 결과	균형 잡힌 시각

〈 안전 행동과 행동 실험하기 〉

<table>
<tr><th colspan="6">행동 실험 일지</th></tr>
<tr><td colspan="6">확인해 보고 싶은 생각:</td></tr>
<tr><td colspan="2">생각에 대한 확신도(0~100%)</td><td colspan="2">실험 전:</td><td colspan="2">실험 후:</td></tr>
<tr><td>실험해 볼 생각</td><td>예상되는 문제</td><td>대처 전략</td><td>예상 결과</td><td>실제 결과</td><td>균형 잡힌 시각</td></tr>
<tr><td></td><td></td><td></td><td></td><td></td><td></td></tr>
</table>

<table>
<tr><th colspan="6">행동 실험 일지</th></tr>
<tr><td colspan="6">확인해 보고 싶은 생각:</td></tr>
<tr><td colspan="2">생각에 대한 확신도(0~100%)</td><td colspan="2">실험 전:</td><td colspan="2">실험 후:</td></tr>
<tr><td>실험해 볼 생각</td><td>예상되는 문제</td><td>대처 전략</td><td>예상 결과</td><td>실제 결과</td><td>균형 잡힌 시각</td></tr>
<tr><td></td><td></td><td></td><td></td><td></td><td></td></tr>
</table>

〈 목표점검표 〉

날짜 목표	1	2	3	4	5	6	7	8	9	10	11	12	13	14

〈 활동계획표 〉

요일 시간	월요일	화요일	수요일	목요일	금요일
아침					
낮					
저녁					
달성 여부 (O/X)와 느낌					

요일 시간	월요일	화요일	수요일	목요일	금요일
아침					
낮					
저녁					
달성 여부 (O/X)와 느낌					

시간 \ 요일	월요일	화요일	수요일	목요일	금요일
아침					
낮					
저녁					
달성 여부 (O/X)와 느낌					

시간 \ 요일	월요일	화요일	수요일	목요일	금요일
아침					
낮					
저녁					
달성 여부 (O/X)와 느낌					

요일 시간	월요일	화요일	수요일	목요일	금요일
아침					
낮					
저녁					
달성 여부 (O/X)와 느낌					

요일 시간	월요일	화요일	수요일	목요일	금요일
아침					
낮					
저녁					
달성 여부 (O/X)와 느낌					

〈 목표점검표 〉

목표 \ 날짜	1	2	3	4	5	6	7	8	9	10	11	12	13	14

〈 활동계획표 〉

시간 \ 요일	월요일	화요일	수요일	목요일	금요일
아침					
낮					
저녁					
달성 여부 (O/X)와 느낌					

요일 시간	월요일	화요일	수요일	목요일	금요일
아침					
낮					
저녁					
달성 여부 (O/X)와 느낌					

요일 시간	월요일	화요일	수요일	목요일	금요일
아침					
낮					
저녁					
달성 여부 (O/X)와 느낌					

요일 시간	월요일	화요일	수요일	목요일	금요일
아침					
낮					
저녁					
달성 여부 (O/X)와 느낌					

요일 시간	월요일	화요일	수요일	목요일	금요일
아침					
낮					
저녁					
달성 여부 (O/X)와 느낌					

참고문헌

고려대학교 부설 행동과학연구소(1999). 심리척도 핸드북(2판). 서울: 학지사.

고경봉(2010). 스트레스와 정신신체의학(2판). 일조각.

김광일, 서혜희, 박용천, 이승탁, 김이영(1989). 정신질환에 대한 일반인의 견해조사: 추적조사. 정신건강연구(8), 118-131.

김경란, 이수영, 강지인, 김보라, 최수희, 박진영, 이은, 안석균(2011). GRAPE 인지치료: 청년워크북. 서울: 학지사.

안석균(2011). 정신병 위험상태에서의 인지치료의 개괄. 대한조현병학회지(14), 13-19.

이만홍, 안석균(1999). 통합재활치료의 개괄. 이만홍, 유계준 저. 정신분열병의 통합재활치료(pp. 15-46). 서울: 하나의학사.

이수영, 김경란, 강지인, 김보라, 최수희, 박진영, 이은, 안석균(2011). GRAPE 인지치료: 전문가 매뉴얼. 서울: 학지사.

이은희, 김경자, 이신영(2009). 광주지역 일반인들의 정신질환을 앓고 있는 사람에 대한 인식 및 태도. 신경정신의학(39), 495-506.

이훈진(1999). 편집증의 원인에 대한 탐색적 연구: 자기 개념과 추론편향. 한국심리학회지, 임상(18), 1-15.

An, S. K., Kang, J. I., Park, J. Y., Kim, K. R., Lee, S. Y., & Lee, E. (2010). Attribution bias in ultra-high risk for psychosis and first-episode schizophrenia. *Schizophr Res, 118*, 54-61.

Bellack, A. S. (2006). Scientific and consumer models of recovery in schizophrenia: concordance, contrasts, and implications. *Schizophr Bull, 32*, 432-442.

Bentall, R. P., Rowse, G., Shryane, N., Kinderman, P., Howard, R., Blackwood, N.,

Moore, R., & Corcoran, R. (2009). The cognitive and affective structure of paranoid delusions: a transdiagnostic investigation of patients with schizophrenia spectrum disorders and depression. *Arch Gen Psychiatry, 66*, 236-247.

Bentall, R. P., & Kinderman, P. (1998). Psychological processes and delusional beliefs: implications for the treatment of paranoid states. In T. Wykes, N. Tarrier, & S. Lewis (Eds.), *Outcome and innovation in the psychological treatment of schizophrenia*. Chichester, UK: Wiley.

Birchwood, M., Smith, J., Macmillan, F., Hogg, B., Prasad, R., Harvey, C., et al. (1989). Predicting relapse in schizophrenia: the development and implementation of an early signs monitoring system using patients and families as observers, a preliminary investigation. *Psychol Med, 19*, 649-656.

Chadwick, P., Brichwood, M., & Trower, P. (1996). *Cognitive therapy of voices, delusions and paranoia*. Chichester, UK: Wiley.

Chadwick, P., & Trower, P. (1996). Cognitive therapy for punishment paranoia: a single case experiment. *Behav Res Ther, 34*, 351-356.

Crow, T. J. (1980). Molecular pathology of schizophrenia: more than one disease process? *Br Med J, 280*, 66-68.

Ellis, A. (1962). *Reason and Emotion in Psychotherapy*. NY: Lyle Stuart.

Kim, K. R., Lee, S. Y., Kang, J. I., Kim, B. R., Choi, S-H, Park, J. Y., Lee, E., An, S. K., & Kwon, J. S. (2011). Clinical efficacy of individual cognitive therapy in reducing psychiatric symptoms in people at ultra-high risk for psychosis. *Early Interv Psychiatry, 5*, 174-178.

Kingdon, D. G., & Turkington, D. (1991). The use of cognitive behavior therapy with a normalizing rationale in schizophrenia: preliminary report. *J Nerv Ment Dis, 179*, 207-211.

Kingdon, D., & Turkington, D. (1994). *Cognitive-behavioral therapy for schizophrenia*. Hove, England: Lawrence Erlbaum.

Kingdon, D. G., & Turkington, D. (2005). *Cognitive therapy of schizophrenia*. New York: Guilford Press.

Kingdon, D., Turkington, D., & John, C. (1994). Cognitive behaviour therapy of schizophrenia. The amenability of delusions and hallucinations to reasoning. *Br J Psychiat, 164*, 581-587.

Leff, J., Kuipers, L., Berkowitz, R., & Sturgeon, D. (1985). A controlled trial of social intervention in the families of schizophrenic patients: two year follow-up. *Br J Psychiat, 146*, 594-600.

McGovern, J., & Turkington, D. (2001). 'Seeing the wood from the trees': a continuum model of psychopathology advocating cognitive behaviortherapy for schizophrenia. *Clin Psychol Psychother, 8*, 149-175.

Morrison, A. P. (2001). The interpretation of intrusions in psychosis: an integrative cognitive approach to hallucinations and delusions. *Behav Cogn Psychother, 2*, 257-276.

Morrison, A. P., Renton, J. C., French, P., & Bentall, R. P. (2008). *Think you're crazy? Think again*. England: Routledge.

New Freedom Commission on Mental Health: achieving the promise: Transforming Mental Health Care in America. Final Report. DHHS Pub. No. SMA-03-3832. Rockville, MDL Department of Health and Human Services; 2003.

Rabkin, J. (1974). Public attitudes toward mental illness: a review of the literature. *Schizophr Bul, 10*, 9-33.

Romme, M. A., & Escher, A. D. (1989). Hearing voices. *Schizophr Bull, 15*, 209-216.

Turkington, D., John, C. H., & Siddle, R. (1996). Cognitive therapy in the treatment of drug resistant delusional disorder. *Clin Psychol Psychother, 3*, 118-128.

Turkington, D., & Siddle, R. (1998). Cognitive therapy for the treatment of delusions. *Ad Psychiatry Treat, 4*, 235-242.

van Os, J., Linscott, R. J., Myin-Germeys, I., Delespaul, P., & Krabbendam, L. (2009). A systematic review and meta-analysis of the psychosis continuum: evidence for a psychosis proneness-persistence-impairment model of psychotic disorder. *Psychol Med, 39*, 179-195.

◐ 저자 소개 ◑

전임홍	연세대학교 의과대학 세브란스정신건강병원 정신건강의학과 전공의
이수영	관동대학교 의과대학 제일병원 정신건강의학과 조교수
선자연	연세대학교 의과대학 세브란스병원 정신건강의학과 전공의
송선미	연세대학교 의과대학 세브란스정신건강병원 간호과장
백수연	연세대학교 의과대학 세브란스정신건강병원 간호사
이희영	연세대학교 의과대학 세브란스정신건강병원 간호사
조혜현	강북삼성병원 종합건진센터 임상심리전문가
신경백	연세대학교 의과대학 세브란스병원 정신건강의학과 전공의
박종석	대성그린병원 정신건강의학과 과장
박지인	노원 연세주니어 소아정신과의원 원장
송윤영	연세대학교 의과대학 세브란스정신건강병원 정신건강의학과 강사
안석균	연세대학교 의과대학 세브란스정신건강병원 정신건강의학과 교수

정신증을 이해하고 전문가가 되기 위한
조현인지치료(전문가 매뉴얼)

2013년 1월 15일 1판 1쇄 발행
2020년 4월 10일 1판 2쇄 발행

지은이 • 전임홍 · 이수영 · 선자연 · 송선미 · 백수연 · 이희영
조혜현 · 신경백 · 박종석 · 박지인 · 송윤영 · 안석균
펴낸이 • 김 진 환
펴낸곳 • (주) 학지사
04031 서울특별시 마포구 양화로 15길 20 마인드월드빌딩 5층
대표전화 • 02) 330-5114　　팩스 • 02) 324-2345
등록번호 • 제313-2006-000265호
홈페이지 • http://www.hakjisa.co.kr
페이스북 • https://www.facebook.com/hakjisabook

ISBN 978-89-6330-441-0 94180
978-89-6330-440-3 (set)

정가 20,000원

저자와의 협약으로 인지는 생략합니다.
파본은 구입처에서 교환하여 드립니다.